역사에
없는

사람들의
미국사

로널드 다카키
레베카 스테포프 지음

오필선 옮김

역사에
없는
사람들의

밀려오고 적응하고 내쫓기며...
이민자들이 만든 나라, 미국

미국사

갈라파고스

일러두기

사랑하는 우리의 손자와 손녀,
니컬러스, 알렉시스, 조이, 쿠퍼, 미아 다카키,
레이첼과 태너 에이켄스에게 바친다.

차례

나의 이야기, 우리의 이야기

나는 파도가 좋아 서퍼가 되려고 했다. 학자가 되고자 했던 것은 아니다.

나는 하와이에서 나고 자랐다. 일본에서 건너온 이민자 아버지와 사탕수수 플랜테이션에서 태어난 일본계 미국인 어머니의 아들이다. 우리는 노동자 계급의 동네에 살았으며 그곳에서 함께 놀던 친구들은 일본, 중국, 포르투갈, 한국, 하와이 혈통이었다. 우리는 다문화라는 단어를 쓰지 않았지만, 그게 바로 우리들의 모습이었다. 우리는 문화와 국적과 인종적 배경이 다양한 사람들이 모인 공동체였다.

다섯 살이 되었을 때 아버지가 돌아가시고 어머니는 중국인 요리사와 재혼했다. 어머니는 겨우 8학년까지만 학교에 다녔고, 의붓아버지는 학교 교육을 거의 받지 않은 사람이었다. 그래도 두 분 다 나를 대학에 보내려는 의지가 대단했다. 하지만 십 대 시절 나의 마음은 서핑에 가 있었다. 별명도 "열 발가락 다카키"°였으니, 보드에 앉아 먼 산 위로 뜬

○   발가락 열 개로 서프보드 가장자리를 움켜쥐고 타는 기술에서 유래한 별명.

무지개와 태평양에 내려앉은 장엄한 일몰을 바라볼 때면 언제까지고 서 퍼가 되고 싶은 마음뿐이었다.

그러다 고등학교 마지막 학년이 되었을 때 선생님 한 분에게 영향을 받아 세상과 인간이란 존재에 대해 생각하고, 나 자신에게 물음을 던져 보게 되었다. 그 물음이란 "내가 무언가 알고 있음을 어떻게 알 수 있는 가?", 즉 세상사의 진실을 어떻게 알 수 있느냐는 것이었다. 바로 그 선 생님이 내게 하와이 밖의 대학에 다닐 수 있도록 용기를 심어주었고 그 결과 나는 1957년 오하이오주의 우스터대학교에 입학했다.

나에게 대학교는 문화적으로 충격이었다. 학생 구성이 그다지 다양 하지 않아서 내 또래 학생들은 내게 묻곤 했다. "우리나라에 얼마나 있 었니? 영어를 어디서 배웠니?" 그들에게 나는 미국인처럼 보이지 않았 거나 내 이름이 미국인 같이 들리지 않았던 것이다. 내가 그런 학생 중 한 명, 캐럴 랭킨과 사랑하는 사이가 되었을 때도, 그녀는 자기 부모님 이 우리의 관계를 결코 인정하지 않을 것이라 낙담했다. 나의 인종이 문 제였다.

캐럴의 예상이 맞았다. 그녀의 부모님은 크게 노했다. 하지만 우리 는 우리에게 옳은 일을 하기로 마음을 굳혔다. 우리의 결혼식 때, 그녀 의 부모님은 마지못해 참석했다. 사 년이 지나 우리의 첫 아이가 태어났 을 때 그녀의 부모님이 캘리포니아에 있는 우리 집을 방문했다. "랭킨 선생님, 제가 짐 내리는 것 좀 도와드릴게요." 내가 이렇게 말하자, 장인 께서 대답했다. "아버님이라 부르게나." 알고 보니 당신의 인종차별적 태도가 그렇게 단단한 것은 아니었다. 그분도 변하신 것이다.

그즈음 나는 미국사로 박사 학위를 준비하고 있었다. 캘리포니아주립대학교 로스앤젤레스 캠퍼스의 교수로 부임해 이 학교에서 처음으로 아프리카계 미국인 역사를 가르쳤다. 1971년에는 같은 대학의 버클리 캠퍼스로 옮겨 당시 신설된 인종·민족학과 소속으로 학생들을 가르쳤다. 그 이후 수십 년에 걸쳐 비교 민족학 분야의 교육과정과 학위 프로그램을 개발했으며, 미국 다문화사에 대한 책도 여러 권 집필했다. 이제 나의 확대가족 또한 일본, 베트남, 영국, 중국, 대만, 유대인, 멕시코 혈통을 포함한 다인종, 다문화가족이 되었다.

나는 내 이야기가 다문화 아메리카의 이야기를 비추고 있다는 점을 깨닫게 되었다. 그 이야기란 절망과 꿈, 투쟁과 승리, 그리고 제각각이면서도 통하는 정체성에 대한 것이다. 우리는 개별 집단의 역사를 기억해야 한다. 이것들이 모두 모여 세계 시민 국가의 이야기가 되기 때문이다. 모든 미국인이 소수 집단에 속하게 될 날이 다가오는 이 시점에서 우리는 이 도전에 직면해야 한다. 그저 세계를 이해하기 위해서가 아니라 세계를 더 나은 곳으로 만들기 위해서. 이 책 『역사에 없는 사람들의 미국사』는 미래를 위해 과거를 탐구한다.

1
미국인은 누구인가

전에 어느 교사 연수에서 다문화 교육에 대한 강연차 샌프란시스코에서 버지니아주의 노퍽까지 비행기로 이동한 적이 있다. 연수 장소로 향하는 택시 안에서 사십 대로 보이는 백인 기사와 날씨에 대해 이런저런 이야기를 나누었다. 그러다 기사가 뜬금없는 질문을 던졌다. "손님, 우리나라에 오신 지는 얼마나 되셨어요?"

한두 번 듣는 것도 아닌데 나는 이 물음에 그만 움찔하고 말았다.

"평생 살았어요. 미국에서 태어난 걸요."

"선생님 영어가 꽤 훌륭해서 궁금했지요." 그는 뒷거울로 나를 한번 흘긋 보며 말했다. 그가 보기에 나는 미국인처럼 보이지 않았던 것이다.

분위기가 갑자기 어색해지는 바람에 차 안이 고요해졌다. 나는 창밖에 펼쳐진 버지니아의 풍광을 바라보며 지금 지나는 길이 우리를 다문화 미국의 시작 지점으로 데려다주고 있음을 새삼 떠올리고 있었다.

이곳, 인디언°에게서 빼앗은 땅 위에 1607년 영국의 식민지 개척자

○ 명칭의 기원에 대한 논란이 있으나 이 책에서는 '북미 원주민Native American'과 혼용되

들이 제임스타운이라는 정착지를 세웠다. 여기에서 담배를 재배해 영국으로 실어 나르면 소득이 엄청나리라는 점을 알고 나서 그들은 인디언의 땅을 더 많이 차지하려 했다. 그리고 그 일을 할 사람도 필요해졌다. 1619년, 영국의 필그림Pilgrim °들이 매사추세츠의 플리머스록에 상륙하기 한 해 전, 네덜란드 노예선이 제임스타운에 도착했다. 배는 아메리카 식민지 최초의 아프리카 노동자 스무 명을 데리고 왔다. 이 땅은 이렇듯 시작부터 다인종·다문화의 배경을 타고 났다.

그러나 내가 탄 택시의 기사가 나를 동료 시민으로 알아보지 못한 것은 그의 잘못이 아니었다. 그가 다니던 학교의 미국사 수업에서는 아시아계 미국인에 대해 무어라고 가르쳤단 말인가? 그는 나를 필터로 걸러 보고 있었던 것이다. 내가 미국사의 "거대 서사"라고 부르는 이야기 틀이 바로 그 필터였다.

"거대 서사" 들여다보기

거대 서사대로라면 미국에 정착한 사람들은 유럽의 이민자이며 미국인은 곧 백인이다. 다른 인종, 유럽의 혈통이 아닌 사람들은 줄곧 거대 서사의 주변부로 밀려 나왔다. 그들은 완전히 없는 사람으로 취급당하기도 한다. 때로는 단지 '타자' 취급을 받기도 한다. 나와 다르고 열등

고 있다. 이 또한 백인이 붙인 표현이라는 반감 때문에 지금의 원주민들은 수백 년간 사용해 온 '인디언'이라는 명칭을 더 선호한다. 이 책에서는 원서의 표기에 따라 옮겼다.
○ 종교의 자유를 찾아 1620년 메이플라워호를 타고 아메리카 대륙으로 온 청교도.

하기까지 한 타자로. 어느 쪽이든, 그들은 미국의 국가적 정체성을 구성하는 일원으로 여겨지지 않는다.

거대 서사는 강력하면서도 대중적이다. 우리 문화에, 수많은 학자의 저술에, 미국사를 가르치고 이야기하는 방식에 깊숙이 스며들어 있다. 그러나 거대 서사는 정확하지 않다. 그 안에서 누가 과연 미국인인지에 대한 정의는 너무도 협소하다.

하버드대학교의 역사학자였던 오스카 핸들린도 거대 서사를 따랐던 수많은 학자 가운데 한 명이었다. 핸들린은 "오늘의 미국인을 있게 한 위대한 이주민들의 서사시"[1]라는 부제가 붙은 퓰리처상 수상작 『쫓겨난 사람들The Uprooted』에서 이주민들을 기렸으나, 그 대상은 유럽에서 미국으로 이주한 사람들에 그쳤다. 그의 "서사시"는 아프리카와 아시아, 중남미에서 온 사람들은 물론이고 북미 원주민까지도 지나치고 말았다.

그러나 핸들린의 책이 출판된 1951년 이후 세상은 변해왔다. 우리 사회의 인종적 다양성이 확장되면서 거대 서사도 도전을 받고 있다. 인구 추세를 연구하는 학문인 인구통계학에서는 원래 우리 모두가 유럽에서 온 것은 아니라고 밝힌다.

오늘날 미국인의 조상을 추적해보면 그중 3분의 1은 유럽이 아닌 다른 지역 출신이다. 캘리포니아만 하더라도 흑인°, 라티노°°, 아시아계

° 정치적 올바름의 차원에서 흑인이라는 용어 대신 '아프리카계 미국인African Americans'을 쓰는 추세이지만 이 책에서는 '흑인blacks'과 혼용되고 있다. 민권 운동기 흑인 운동가들은 자신들의 인종적 특징을 당당하게 내세웠다. 이 책에서도 용어를 통일하지 않고 원서의 표기에 충실하게 옮겼다.

°° 라틴아메리카계 즉 중남미계 미국인.

미국인, 북미 원주민이 다수로 성장했다. 보스턴, 뉴욕, 시카고, 애틀랜타, 디트로이트, 휴스턴, 샌프란시스코, 로스앤젤레스 등 대도시의 소수 집단을 합하면 수적으로 백인보다 우세하다. 지금 젊은 세대는 남은 생애에 미국에서 유럽계 후손이 소수가 되는 상황을 맞이하게 될 것이다.

이런 미래에 우리는 어떻게 대처할 수 있을까? 미국사에서 떨어져 나간 단원을 되찾아오는 것이 한 가지 방법이다. 미국이 어떻게 그리고 왜, 시인 월트 휘트먼이 일컬은 "국가들 중에서도 풍요의 국가"[2]가 되었는지 이해하기 위해서는 다양성을 연구해야 한다.

변화는 이미 일어나고 있다. 최근 수십 년 동안, 많은 교육 기관에서 다문화 연구를 교육과정에 포함해 학생들에게 더욱 다양하고 완전한 교육을 하고 있다. 한편으론 학자와 역사가들이 다양한 이민 사회와 소수 집단의 경험을 탐구해왔다.

모두를 아우르는 역사

다양한 집단을 비교적 관점에서 보게 되면 미국의 인종과 민족에 대해 훨씬 더 큰 그림을 볼 수 있다. 비록 책 한 권에 모든 인종과 민족 집단을 담는 것이 불가능할지라도, 『역사에 없는 사람들의 미국사』에서는 아프리카계, 아시아계, 아일랜드계, 유대계, 멕시코계, 라티노, 무슬림 미국인 그리고 북미 원주민에 초점을 맞춘다. 이들 소수 집단의 삶을 함께 엮어보면 우리 사회의 다양성이 어떻게 형성되어 있는지 눈에 들어온다.

1619년 버지니아의 제임스타운에 상륙한 네덜란드 노예선.

아프리카계 미국인은 미국의 역사 내내 중추적 소수 집단이었다. 식민지에서 플랜테이션을 운영하는 영국인들은 처음에는 백인 노동자를 선호했다. 새로운 사회도 순전히 백인 세상이 되기를 원했기 때문이다. 그러나 1676년에 노동자들의 무장 봉기가 일어난 후, 식민지를 지배하는 엘리트와 상류계급은 노동자의 주요 공급처를 찾아 아프리카로 눈을 돌렸다. 그들이 눈을 돌린 대상은 장차 노예가 되어 무기 소유가 금지당할 운명에 처한 사람들이었다.

남북전쟁으로 노예제가 종식된 후에도, 아프리카계 미국인에게는 인종 분리와 법외 처형, 그리고 인종 폭동으로 얼룩진 암울한 미래가 기다리고 있었다. 그들은 여전히 자유와 평등을 향해 끈질긴 투쟁을 벌이고 있다. 1960년대의 민권 운동에서 다른 인종의 동참에 힘입어, 아프리카계 미국인은 의미심장한 승리를 거두었으며 이것은 사회 변화로 이어졌다. 아프리카계 미국인의 역사는 미국사 그 자체와 촘촘히 엮여 있다. 마틴 루서 킹 주니어는 이 사실을 명확히 이해하고 있었으며, 감옥에서 쓴 글에 다음과 같이 밝혔다. "미국의 목표가 곧 자유인 까닭에, 이 나라 전역에서 … 우리는 자유라는 목표에 도달할 것입니다. 우리가 아무리 학대와 멸시에 시달린다 해도 우리의 운명은 미국의 운명에 단단히 묶여 있습니다."[3]

아시아계 미국인은 많은 유럽 이민자들에 앞서 미국에 들어오기 시작했다. 중국인은 금광이나 철도 노동자로 와서, 후에는 농장과 공장의 노동자가 되었다. 그들은 임시 노동자로서 필요한 존재였지만 영주민의 신분으로는 환영받지 못했다. 경제 불황기가 되자, 의회는 1882년 중국인입국금지법을 통과시켰는데, 이는 이민자들을 국적에 따라 미국에 들어오지 못하게 한 최초의 법이었다.

일본인도 자신들이 미국에서 일군 성과에도 불구하고 받아들여지지 못하는 쓰디쓴 처지를 깨달았다. 제2차 세계대전이 진행 중이던 1940년대, 정부는 12만 명의 일본계 미국인을 수용소로 보내 죄수처럼 감시했다. 그들 중 3분의 2가 미국 시민이었다. 훗날 하원의원이 된 로버트 마츠이는 한탄하며 물었다. "이 나라에서 태어난 지 불과 6개월이었던 내가 어떻게 내 나라 정부에 의해 적성 외국인enemy alien으로 분류되었단 말인가?"[4]

1975년에는 수만 명의 베트남 난민이 전쟁을 피해 미국으로 피신하면서 아시아에서 다시 한번 이민의 물결이 밀려왔다. 한국, 필리핀, 인도, 캄보디아, 라오스를 비롯해 여러 나라의 이민자들을 합쳐, 아시아계 미국인은 미국에서 가장 빨리 성장하는 민족 집단이 되었으며, 2050년경에는 전체 인구의 10퍼센트에 이를 것으로 예측된다.

19세기에는 아일랜드에서 이민의 물결이 밀려왔다. 400만 명에 달했던 그들은 본국에서 굶주림과 집 없는 신세에 내몰려 미국으로 왔다. 그들은 가톨릭 신자로서 지독한 개신교 사회에 정착하고자 했기에 적개심과 편견의 희생양이 되었다. 그러나 아시아계 이민자와 달리 백인이라는 이유로 미국의 시민이 될 수 있었다. (1790년 귀화법에 따라 백인 이민자만이 시민권을 신청할 수 있었다.) 1900년경이 되자, 아일랜드계 이민자는 중산층에 진입하게 되었다.

또 한편으로는 많은 유대인이 러시아에서의 박해를 피해 미국으로 들어왔다. 당시 러시아에서는 다수를 차지한 비유대인이 소수인 유대인을 대상으로 포그롬이라고 하는 조직적 대학살을 벌이고 있었다. 그들은 뉴욕시 맨해튼의 로어이스트사이드에 정착했다. 아파트 건물과 의류 공장이 빼곡히 들어선 그곳에서 유대인 여성들이 노동에 뛰어들었다.

이들 유대인에게 미국은 성경 속 약속의 땅과 같았다. 미래의 꿈에 부푼 그들은 교육에 힘써 장차 중산층으로 도약할 힘을 얻었다. 그러나 유대인 이민자와 그 자녀들이 미국 사회의 주류로 진입하던 1930년대, 그들은 아돌프 히틀러라는 독일의 지도자와 궁극의 포그롬이라 할 수 있는 홀로코스트에 직면해야만 했다. 홀로코스트는 히틀러가 유럽의 수백만 유대인과 다른 소수 집단을 대상으로 저지른 대학살이다.

미국의 유대인은 히틀러의 죽음의 수용소에 끌려갈 운명에 처한 사람들을 구하기 위해 미국이 가능한 모든 수단을 동원해줄 것을 요청했으나, 그에 대한 답변은 무관심이었으며, 더 심하게는 반유대주의, 즉 유대민족에 대한 편견과도 마주해야 했다. 그 결과 나타난 것이 인권과 사회 정의를 부르짖는 유대계 미국인의 행동주의였으며, 그들의 외침은 강력한 파도와 같았다.

멕시코계 미국인은 미국이 멕시코와의 전쟁에서 승리한 1848년에 처음으로 미국의 일원이 되었다. 이들 멕시코인이 미국으로 이주한 것이 아닌, 미국의 국경이 옮겨갔기 때문에 일어난 일이었다. 이전까지 멕시코의 북방 영토에 살고 있던 사람들은 졸지에 미국의 캘리포니아와 남서부 영토에 사는 처지가 되었다.

그렇다고는 해도 오늘날 멕시코계 미국인의 대다수는 이민자의 후손이다. '엘 노르테El Norte', 즉 북쪽 또는 미국으로 향하는 멕시코인의 발길은 20세기 초에 시작됐다. 멕시코계 미국인은 그들의 고국이 미국과 국경을 접하고 있다는 점에서 그 밖의 이민자들과 다른 경험을 해왔다. 고국과 인접한 조건으로 인해 그들은 조상의 언어와 민족적 정체성, 그리고 전통문화까지 유지할 수 있었다.

멕시코인들은 빈곤에서 벗어나고 일자리를 찾고자 여전히 남쪽으로부터 국경을 넘어온다. 적절한 서류를 갖추지 못해 미국에서 시민 대우를 받을 수 없는 이들, 미국에서 소위 "불법 체류자"로 불리는 사람 대부분이 멕시코 출신이다. 이 문제의 해결 방안은 정치적으로 뜨거운 논쟁거리다. 그럼에도 다른 집단의 구성원과 마찬가지로 많은 멕시코계 미국인이 영어를 배우고 시민권을 신청하고 투표를 하고 있으며 그 결과 미국인이 되고 있다.

미국이 남서부 영토를 정복할 당시 그곳에 살고 있던 멕시코인처럼,

카리브해의 섬나라 푸에르토리코 사람들도 자기 의지에 반해 미국 시민이 되어야 했다. 푸에르토리코는 1898년에 미국의 식민지가 되었으며, 1917년 의회에서 통과된 법에 따라 모든 푸에르토리코인이 미국 시민권을 부여받았으나 대통령 선거는 할 수 없다.

푸에르토리코인은 20세기 중반부터 그들의 섬을 떠나 미국 본토로 이주하고 있다. 2010년 인구 조사에 따르면 470만 명의 푸에르토리코인이 미국에 살고 있다. 당시의 푸에르토리코 인구보다 거의 100만 명 더 많은 수치다. 푸에르토리코인은 자메이카, 쿠바, 트리니다드, 과달루페, 도미니카공화국 등 다른 카리브해 섬나라 출신 이민자들과 함께 많은 지역에서 뚜렷하게 존재를 드러내고 있다. 그들은 뉴욕 같은 동부 연안의 도시에서 특히 두드러진다.

무슬림도 여러 나라에서 미국으로 들어오고 있으나, 전쟁으로 피폐해진, 서아시아의 국가 아프가니스탄에서 난민이 되어 들어온 사람들의 경우 그들이 처한 고유의 어려움에 직면하고 있다. 2001년 9월 11일까지만 해도 아프가니스탄 난민은 미국 사회에서 거의 두드러지지 않았다. 그러나 세계무역센터와 미 국방부 청사 펜타곤을 덮친 테러 공격으로 그들의 삶은 하루아침에 바뀌었다.

공격을 주도한 테러리스트들은 아프가니스탄에 근거지를 둔 알카에다라는 조직으로 밝혀졌다. 미국이 주도하는 서방 세력이 알카에다를 파괴한다는 명분으로 아프가니스탄을 침공하자, 아프가니스탄계 미국인은 반무슬림 정서와 폭력, 그리고 고국으로 돌아갈 길이 막연해진 현실 속에서 공포를 안고 살아야 했다.

북미 원주민의 경우는 미국 사회의 다른 모든 집단과 다르다. 그들은 유럽인들이 오기 수천 년 전부터 이 땅에 살고 있던 토박이 아메리카인이며, 이민자들과는 다른 차원의 일을 겪었다. 유럽인은 그들에게 '야만인'이라는 낙인을 찍고 땅을 무력으로 빼앗았다. 유럽인은 북아메리카대륙 동부 해안에 상륙한 이후 점차 서부 해안과 태평양에 이르는 영토 전부를 빼앗았다. 인디언 토벌 작전을 이끈 군인들은 영웅 대접을 받았다.

백인은 인디언을 통치하는 것이 곧 진보라 여겼으나, 인디언은 다르게 보았다. 수족Sioux 자치 국가의 일원인 '서 있는 곰 루서'가 말하듯이 "백인은 아메리카를 이해하지 못하는 고로 인디언을 이해하지 못한다. 유럽 사람은 여전히 이방인이며 외지인이다."[5]

갈등을 딛고 같은 꿈을 향해

사회에서 일을 찾고 자리를 잡는 과정에서 이들 집단은 서로 만나고 섞일 수밖에 없었으며, 종종 인종적 갈등에 말려들었다. 19세기에 불붙은 아프리카계 미국인과 아일랜드 이민자의 반목이 그 대표적인 예다.

아일랜드인은 개신교 중심의 주류 사회에서 무지하고 열등한 존재로 비추어졌으며 가장 열악하고 임금이 낮은 일자리를 감수해야 했다. 북부에서는 웨이터나 부두의 하역 노동자 자리를 두고 흑인과 경쟁했다. 남부에서는 노예가 하기에는 너무 위험해 보이는 일을 했다. 노예는 그 주인들에게 귀한 재산 취급을 받았기 때문이다.

아일랜드인은 흑인이 자기 분수도 모른다고 불평했다. 아일랜드인 사이에 흔히 터져 나오는 불만은 이랬다. "아프리카로 보내버려. 지들이 있어야 할 곳은 거기야!" 그러나 미국에서 나고 자란 흑인은 아일랜드에서 갓 건너온 자들이 자기들의 일자리를 빼앗는다며 불평했다. 어느 아프리카계 미국인은 아일랜드인이 "일자리가 있을 만한 곳마다 떼지어 다니며 가난한 유색인 미국 시민을 몰아내 버린다"[6]며 불만을 터뜨렸다.

비록 경쟁하고 반목했다고는 하나 소수 집단들끼리는 공통점이 많았다. 그들 모두 미국 땅에서 좋은 삶을 누릴 꿈에 부풀었다는 점에서 통하는 면이 있었다. 어느 아일랜드 이민자 여성은 고국의 아버지에게 편지를 쓰며 "어느 남자도 여자도 굶주려 본 적 없이 풍요로운 이 나라"[7] 라고 미국을 소개했다. 어느 일본 남자는 미국에 오고자 결심한 소회를 다음과 같이 읊었다.

넓디넓은 꿈결 같은 나날이여!
나는 미국행 배에 올랐네,
한껏 부푼 희망을 안고.[8]

러시아의 유대인도 자신들이 처한 폭력적인 상황에서 탈출하기를 갈망하며 꿈을 노래했다.

러시아인이 휘두르는 무자비한
복수의 칼이 우리에게 향할 때,
아메리카라는 땅이 있구나,

모두가 자유를 누릴 수 있는 그곳.[9]

어떤 집단에 속하든 간에 소수 집단의 노동자라면 공통적으로 겪는
경험이 또 하나 있었으니, 그것은 공장주와 고용주로부터 착취의 대상
이 되거나 그들에게 이용당하는 처지라는 것이었다. 때때로 노동자들은
인종과 민족적 차이를 딛고 일어나 더 많은 임금 또는 더 좋은 노동 환
경을 요구하며 파업으로 똘똘 뭉쳤다. 1903년 캘리포니아에서는 멕시
코와 일본 출신의 농장 노동자들이 함께 파업을 벌였다. 1920년 하와이
에서도 일본과 필리핀 출신 노동자들이 똑같이 들고일어났다. 1930년
대에는 산업별노동조직위원회라는 노조가 "조합원 내 인종 간 절대적
평등"을 요구했다. 이와 같은 연대 행동들은 다름을 이유로 사람을 갈
라놓을 수 없다는 사실을 보여주었다.

미국의 서사시

다문화 미국의 민중은 스스로 "힘없는 사람들"에 불과하다고 여겨,
말하기를 꺼리기도 했다. 1900년 어느 아일랜드 출신 가정부의 말처럼,
"내 이야기를 누가 왜 그토록 듣고 싶어 하는지 잘 모른다"[10]. 그러나 사
람의 이야기란 가치 있는 법이다. 북미 원주민 작가 레슬리 마먼 실코가
그 이유를 설명한다.

이야기란 건 말이죠 …

한낱 오락거리가 아니에요.

속지 마세요.[11]

　소수 집단의 이야기는 역사의 순간뿐 아니라 강력한 감정과 견해도 담아낸다. 해리엇 제이컵스는 노예 생활에서 탈출한 후 이렇게 썼다. "(나의 목적은) 내가 들은 것이 아닌 내 두 눈으로 본 것, 그리고 내가 감내한 것을 들려주는 데 있다."[12] 1920년에 어느 중국계 이민자는 자기의 이야기가 미국인으로 하여금 "중국인도 인간이라는 사실을 깨닫게"[13] 하는 데 보탬이 되기를 바란다고 했다. 어느 유대인 이민자도 미래 세대가 "자신들의 출신을 알게 됨으로써 자신이 누구인지 알게 되리라는" 바람으로 "라자르와 골디 글라우버먼의 자손"[14]에게 자서전을 바쳤다.

　그러나 역사가들이 미국의 다수 민중을 도외시한 채 이들의 이야기를 기록하지 않으면 무슨 일이 벌어지는가? 불완전한 역사는 모든 것을 다 비추지 않는 거울, 어떤 사람을 마치 투명 인간처럼 취급하는 거울과 같다. 그렇지만 역사를 향해 다른 거울을 들어 올리는 것은 가능하다. 모든 사람의 역사를 비추는 거울을 말이다. 시인 랭스턴 휴스가 떠올린 국가를 그 거울에서 언뜻 찾아볼 수 있다.

미국이 다시 미국 되게 하자.

…

다시 미국이 꿈꾸는 자의

꿈이 되게 하자

…

오, 나의 나라가 …

…

우리 들이쉬는 공기에 평등이 가득 찬 나라가 되게 하자.

…

이것 봐, 어둠 속에서 구시렁거리는 거기 당신 누구인가?

…

나는 가난한 백인, 바보 취급을 당해 구석으로 밀려나 있고,

나는 흑인, 노예의 낙인을 품고 있지.

나는 인디언, 살던 땅에서 쫓겨났고,

나는 이민자, 내가 찾는 희망을 부여잡고 있지.[15]

　"미국이 미국 되게 하자"는 투쟁은 이 나라의 서사시와 같다. 이 땅의 원래 주민들은 빈곤과 박해로 고국에서 떠밀려 나오거나 꿈을 좇아 새로운 땅에 이끌려온 사람들과 한곳에서 만났다. 어떤 이들은 사슬에 묶인 채 아프리카에서 이 땅에 끌려왔으며, 베트남과 아프가니스탄 같은 나라에서 전쟁을 피해 난민의 신세로 들어온 사람들도 있다. 그들 모두 다문화 미국을 만든 일원이었으며, 그 과정의 시작에 미국의 해안에 처음으로 내린 유럽인이 있었다.

19세기 미국 산업의 가장 커다란 성과 가운데 하나는 대륙 횡단 철도였다. 센트럴퍼시픽철도의 중국인 노동자와 유니언퍼시픽철도의 아일랜드 노동자가 만나 미국의 동서 연안을 연결하는 강철 리본을 묶었다. 대륙 횡단 철도는 사람들과 원자재와 재화를 전국 방방곡곡에 실어 나르는 철도망의 일부가 되었다.

미국 철도망의 건설에는 인종과 민족적 배경이 다양한 사람들의 노동이 필요했다. 저마다 다른 사람들이었지만 그들의 노동요에는 서로 통하는 경험이 담겨 있다.

흑인 노동자는 철도의 침목을 깔면서 이렇게 노래했다.

철길 따라, 음-허,
쇳덩이를 올리자, 음-허,
쇳덩이를 올리자, 음-허.[16]

아일랜드 노동자는 강렬한 태양 아래 등골에 땀이 맺히도록 일하며 외쳤다.

뚫어, 촌뜨기들아, 뚫어-

뚫어, 나의 영웅들아, 뚫어,

온종일 드릴질인데, 홍차에는 설탕 하나 없네

유니언퍼시픽에서 일하는 게 그렇지 뭐.[17]

일본 노동자는 북서부의 변덕스러운 날씨와 싸우면서 노래했다.

철도 노동자―

그게 바로 나!

나는 대단하지.

아무렴, 나는 철도 노동자.

여기저기 터지는 불만,

"너무 더워!"

"너무 추워!"

"웬 비가 이리도 잦아!"

"눈이 너무 많아!"

그치들 모두 내뺐어.

나만 혼자 남았지.

내가 바로 철도 노동자.[18]

그리고 남서부에서는 멕시코계 노동자들이 고된 노동의 고충을 후렴으로 부르며 목소리를 보탰다.

누구는 선로를 내리고

누구는 침묵을 내리고,

우리 일꾼들은

천 마디 욕설을 내뱉지.[19]

2
"야만인"을 멸하라

지금으로부터 1000년도 더 전에 북아메리카의 가장자리에서 어떤 조우가 있었다. 해안에는 베오투크족Beothuk 사람들이 서 있었다. 이들은 오늘날의 캐나다 동부 해안을 따라 살던 북미 원주민이다. 그들이 서 있는 곳으로 낯선 자들을 가득 태운 긴 배가 바다에서 다가오고 있었다. 모두 장신에 창백한 피부, 금발에 푸른 눈이 도드라진 사람들이었다. 그 만남은 피에 물든 참극으로 끝나고 말았다. 낯선 자들은 인디언을 살해했다. 겨우 살아남은 인디언 한 명이 가죽을 씌운 작은 배를 타고 간신히 현장을 탈출했다.

그 낯선 자들은 노르만인으로 노르웨이계 조상을 둔 그린란드의 바이킹들이었다. 그들의 대장은 토르발드 에이릭손으로 레이프 에이릭손과는 형제 사이다. 서기 1000년경 아이슬란드에서 항해를 시작한 레이프는 북아메리카에 도착한 첫 유럽인이 되었다. 토르발드와 그의 부하들이 레이프가 향한 곳을 따라 새로운 땅에 도착했으며, 그곳에서 처음 조우한 사람들과 전투를 벌인 것이다.

토르발드 일행은 주둔지를 만든 후 잠이 들었다가 베오투크족 한 무리의 기습 공격을 받았다. 토르발드는 이때 입은 상처로 죽었으나, 또 다른 바이킹 무리가 빈랜드라 부르는 곳을 차지하려는 시도를 멈추지 않았다. 하지만 오래지 않아 바이킹은 빈랜드를 단념하고 그린란드로 돌아갔다. 그들은 "이곳이 좋은 땅이기는 하나, 그곳에 사는 자들로 인해 공포와 마찰이 끊이지 않을 것"이라는 사실을 실감했다. 북아메리카에 바이킹이 세운 부락의 존재는 전설처럼 전해지다가 1960년이 되어서야 1000년 된 바이킹 건물 유적이 캐나다의 섬인 뉴펀들랜드에서 발견되면서 실체가 확인되었다.

거의 500년이 지나 또 다른 유럽인 무리가 북아메리카에 상륙했다. 카리브해의 섬에 도착한 크리스토퍼 콜럼버스가 이끄는 스페인 원정대였다. 애초에 콜럼버스는 아시아로 항해할 계획이었으며 자신의 계획이 성공했다고 믿었으나, 실은 유럽인에게 알려지지 않은 땅을 우연히 발견한 것이었다. 이 역사적 사건으로 스페인과 포르투갈, 프랑스와 네덜란드, 그리고 영국이 탐험가와 군인, 식민지 개척민을 장차 아메리카라 불리게 될 대륙으로 보낼 길이 열렸다.

바이킹과 달리, 이 새로운 이방인들은 떠나지 않고 머물렀다.

영국의 아일랜드 정복

영국의 식민지 개척자들은 1607년 버지니아에, 1620년 매사추세츠에 정착했다. 앞서 바이킹이 경험했듯이, 영국인도 자기들이 정착하려는 '새 땅'에 원주민이 살고 있다는 사실을 알았다. 이들 인디언을 상대하기 위해, 영국인은 다른 변경에서 이미 실행한 방법을 쓰기로 했다.

영국의 다른 변경은 아일랜드였다. 아일랜드와 아메리카에서 영국인은 그들이 '남'이라 여긴 사람들, 다시 말해 자기들과 다른 사람들을 상대하고 있었다. 두 곳 모두에서 그들은 '문명'과 '야만'을 가르는 선을 그어 자신들은 문명인으로, 남들은 야만인으로 규정했다.

16세기 말 영국인의 북아메리카 이주가 시작되기 전, 영국 여왕 엘리자베스 1세는 명을 내려 영국의 서쪽 바로 옆에 있는 섬 아일랜드를 식민지로 만들도록 했다. 여왕의 고문들은 아일랜드로 인해 영국이 위협에 직면할 수 있다고 경고했다. 아일랜드는 가톨릭 국가이므로 스페인이나 프랑스와 같은 더욱 강력한 가톨릭 국가들이 이를 구실로 영국을 공격할 수도 있었기 때문이다.

엘리자베스 1세가 선발한 군인 중에는 험프리 길버트 경과 월터 롤리 경이 있었다. 많은 영국인이 그렇듯이 이 둘도 개신교도로서, 아일랜드의 가톨릭 신자가 야만인인 것은 물론이고 기독교도 믿지 않는 이교도라 여겼다. 영국인이 보기에 아일랜드인은 '예의범절'과 건전한 노동 습관, 사유재산에 대한 개념이라고는 조금도 찾아볼 수 없는 존재였다.

아일랜드에 있는 영국의 식민지 운영자들은 사회 구조를 두 단계로 설계했다. 아일랜드인은 영국식으로 차려입거나 영국 무기를 소지하는 것이 금지되었으며, 이를 위반하면 사형에 처해졌다. 아일랜드인은 재산을 소유할 수도, 공직에 오를 수도, 배심원으로서 재판에 참여할 수도 없었다. 이 같은 사회적 분리를 강화할 목적으로, 영국은 아일랜드인과 영국 이주민 간의 결혼을 법으로 금지했다. 새로운 세계 질서는 영국이 아일랜드 위에 군림하는 것이었다.

아일랜드인 또한 영국인이 휘두르는 폭력의 표적으로 전락했으며, 특히 1594년에 일어난 9년 전쟁 동안 그 피해가 막심했다. "그토록 반항적인 자들에게 의무와 복종을 가르칠 수 있는 수단은 공포와 무력 말고는 없다."[1] 영국인 침략자들은 이렇게 우겼다. 영국인은 아일랜드인의 마을과 수확물을 태우고 사람들을 보호 구역으로 이주시켰다. 그 과정에서 일가족 전체를 몰살하기도 했는데, 영국인은 그들이 역도를 원조했다고 주장하며 자기들의 악행을 정당화했다.

침략자들은 살해한 적들의 머리를 베어 전리품으로 삼았다. 험프리 길버트 경은 전쟁터에서 자기의 막사로 이어지는 길에 이렇게 획득한 전리품을 나열하도록 명령하여, 자기를 만나러 오는 사람은 반드시 "잘린 머리의 길을 통과"하도록 했다.

아일랜드인 사망자가 늘어나면서 곧 땅도 텅텅 비게 되었고, 영국인은 땅 주인이 없으니 차지하기에 적기라 여겼다. 이내 아일랜드에서 벌어졌던 잔혹 행위와 맞먹는 참극이 북미 원주민을 대상으로 벌어질 차례였다. 영국이 아일랜드에서 벌인 전쟁에 참가한 백전노장들이 여기에 가담하기도 했다.

영국의 인디언 정복

영국인은 아메리카를 차지하기 전부터 이미 원주민을 야만인으로 여겼고 때때로 인간보다 못한 존재로 여기기까지 했다. 그들은 인디언에 대한 소문을 듣고 목격하기도 했다. 콜럼버스가 첫 항해에서 돌아와 금괴와 앵무새에 곁들여 포로로 잡은 인디언 여섯 명을 스페인 여왕과 왕°에게 바친 이후, 아메리카로 항해한 선장들은 인디언을 납치해 대양 건너편에 보내어 진기한 물건인 양 전시를 일삼았다.

1605년 조지 웨이머스 선장이 뉴잉글랜드 해안을 따라 항해했다. 그는 아베나키족Abenaki 인디언을 꾀어 배에 오르게 하고는 그 가운데 세명을 납치했다. "야만인 다섯과 카누 두 척, 여기에 그들의 활과 화살도 다 같이" 영국으로 보냈다고 떠벌리는 풍문도 돌았다. 그리고 1611년에 영국으로 잡혀간 인디언은 키가 커서 "런던 여기저기에서 괴물로 전시되며 돈벌이에 이용되었다".[2]

잡아간 북미 원주민을 전시한 자들은 그들을 "잔인하고 미개하며 무엇보다도 믿을 수 없는 놈들"이라고 소개했다. 리처드 존슨이라는 작가는 1609년 기록에서 그들을 "숲속의 사슴 떼처럼" 사는 "거칠고 야만스러운 자들"이라고 묘사했다.

영국 최초의 식민지 개척자들은 아메리카에 도착했을 당시, 북미 원주민의 집과 의복, 관습을 보고 "거친 아일랜드인"을 떠올렸다. 영국인들은 시작부터 아메리카 대륙을 그들이 구세계, 즉 유럽에서 쌓은 경험에 근거해 판단했다. 그들은 아일랜드인을 "야만인"으로 여겼기에, 인디언을 아일랜드인에 견주고는 똑같이 야만인이라 규정하고 말았다.

본래 런던에서 식민지 건설을 지휘한 사람들은 영국의 식민지 정착민들이 인디언 무리에서 아이들만 떼어내 "개화"시키고 "교양을 갖추

○ 당시는 카스티야 왕국의 이사벨 1세와 아라곤 왕국의 페르난도 2세가 부부 왕으로서 지금의 스페인을 통치했다.

도록 훈련시키며 영어를 가르칠 것"[3]으로 기대했다. 제임스타운을 세운 버지니아회사와의 1606년 계약에서 영국 왕 제임스 1세는 인디언에게 기독교 신앙을 가르치는 계획을 지지했다. 식민지를 홍보하는 글에서는 야만스러운 인디언일지라도 교육받을 수 있고 교육받아야 하며, 그렇게 해서 그들을 개화시킬 것이라 선전했다.

마침내 인디언과 영국의 식민지 주민이 마주하는 날이 왔을 때, 인디언을 "야만인"으로 보는 사고방식과 그들을 "개화"시키려는 계획이 과연 어떤 결과를 초래하게 될 것인가?

버지니아 영국인의 북미 원주민 소탕

버지니아의 제임스타운 식민지에 있는 영국인은 그곳이 1만 4,000명가량의 포와탄족Powhatan 사람들이 조상 대대로 살고 있는 땅이라는 사실을 알게 되었다. 포와탄족은 옥수수를 경작하는 농경 부족이었으며 벽을 두른 부락에 살고, 그 안의 건물에는 갈대로 짠 멍석과 나무껍질을 둘렀다. 그들은 구운 도기에 음식을 해 먹고, 매우 촘촘해 물을 담을 수 있는 바구니도 엮을 줄 알았다.

영국인과 포와탄족의 첫 번째 조우에서는 우호와 협력의 가능성이 보였다. 최초의 정착민 120명은 아메리카의 거친 환경에서 생존할 대비를 채 갖추지 못한 상태였다. 그들의 일원인 존 스미스는 혹독한 여건에서 살아야 한다는 사실을 깨닫고 나서 정착한 첫해를 "굶주림의 시기"라 돌아보았다. 그 해가 끝날 무렵에는 겨우 서른여덟 명만이 살아남았으나, 생사의 기로에서 간신히 버티며 "매 시각 야만인의 광포가 덮치지나 않을까 마음을 졸였다"[4]고 스미스는 기록했다. 인디언은 정말로 찾아왔다. 광포를 부리는 대신 음식을 가져와 굶주린 이방인들을 구해주었다.

이윽고 영국에서 이주민 몇백 명이 더 도착했다. 이번에도 그들은 비축한 식량이 금방 바닥나고 말았다. 그들은 "개와 고양이와 쥐"를 잡아먹어야 했으며 인육을 먹는 사태까지 벌어졌다. 영국인은 포와탄족을 공격하고 그들의 부락에 불을 지르면서까지 식량을 내달라고 겁박했다.

식민지에 새로운 총독이 부임해, 인디언은 정착민에게 해마다 옥수수와 사슴 가죽을 상납하고 그들을 위해 일하라는 명령을 내렸다. 이 일로 두 집단의 사이는 더욱 악화되었다. 영국인은 이 명령을 실행하면서 횡포를 일삼았다. 지휘관인 조지 퍼시는 인디언 아이들을 살해한 일을 "그 아이들을 배 밖으로 집어던져 물에 잠긴 머리통을 쏘아 갈겼다"[5]는 말로 설명했다. 이제 인디언은 두 종족이 평화로이 공존할 수 있기는 한지 의심할 수밖에 없었다. 마침내 그들은 이방인이 자기네 땅을 뺏기로 마음을 굳혔다는 사실을 알아차렸다.

정착한 지 몇 년 지나지 않아 제임스타운의 정착민들은 수지맞는 사업거리가 있음을 알아차렸으니 담배를 재배해 수출하는 것이었다. 담배 농장을 넓히려면 땅이 더 필요했는데, 그들은 포와탄족이 농사를 지으려고 개간해둔 땅에 유독 눈독을 들였다. 담배 농사는 더 많은 이민을 식민지로 끌어들였다. 1618년부터 1623년 사이의 단 5년 동안, 제임스타운의 인구는 400명에서 4,500명으로 늘었다.

인디언은 침입자들을 몰아내고자 하였으며 그 과정에서 약 300명의

벽으로 둘러싼 인디언 부락을 묘사한 목판화. 제임스타운 인근에 사는 포와탄족의 거주지와 흡사하다.

이주민을 공격해 죽였다. 스미스는 이 공격을 "잔인한 야수"에 의한 "대학살"이라 불렀다. 사망자가 발생하자 영국인은 자기들이 피를 흘린 대가로 산 땅이니 이 땅의 소유권이 자기들에게 있다고 생각하기에 이르렀다. 영국인은 "그들이 우리를 멸하려 하니 우리가 그들을 멸하겠다"고 다짐하며 인디언 부락과 농장을 탈취하기로 결심했다.

인디언을 상대로 저지른 전쟁은 악행과 배반으로 가득했다. 영국인은 말에 올라 포와탄족을 덮치고 사냥개를 풀어 뒤쫓았다. 포와탄족의 식량을 불에 태워 굶주림에 고통받게 했다. 그런가 하면 윌리엄 터커라는 지휘관은 평화 조약을 맺자며 포와탄족의 부락으로 찾아갔다. 두 집단이 조약에 합의하자 터커는 인디언에게 독을 탄 포도주로 축배를 권하고는 200명가량의 인디언을 독살했다. 터커의 병사들은 전리품으로 "그들의 머리에서 잘라낸 부위를 집에 가져갔다"[6].

1629년 무렵이 되자 버지니아의 영국인은 인디언의 개화나 교육을 더는 목표로 두지 않았다. 이제 "(인디언을) 소탕하여 더는 족속을 남기지 않는 것"[7]이 목표였다.

뉴잉글랜드의 악마 몰이

존 스미스는 버지니아에서 북쪽으로 항해하며 뉴잉글랜드° 해안을 탐험했다. 그는 1616년에 펴낸 책에서 매사추세츠라는 "낙원"에는 "온통 옥수수와 과수와 오디가 자라며 야생의 정원으로 덮여 있다"[8]고 보고했다. 실제로 뉴잉글랜드 해안의 왐파노아그족Wampanoag, 피쿼트족Pequot, 내러갠싯족Narraganset을 비롯한 원주민은 농사를 지었다. 그들은 옥수수와 콩, 호박을 키우고 밤나무와 히커리 나무를 심어 견과류를 조달했다. 농경하는 삶의 방식 때문에 이들은 1620년 플리머스록에 식민지를 세운 영국의 필그림과, 이후 오래지 않아 매사추세츠만에 정착한 청교도와 의도치 않게 경쟁하는 처지가 되었다.

뉴잉글랜드는 구릉과 암석이 많은 지역이다. 영국의 식민지가 들어선 지역에서 농사에 알맞은 곳은 20퍼센트에 못 미쳤는데, 인디언이 이

○ 미국 북동부 대서양 연안에 있는 지역을 통틀어 이르는 말.

미 가장 비옥한 땅을 차지하고 있었다. 처음에는 천연두와 같은 유럽인이 퍼뜨린 전염병으로 상당히 많은 인디언이 죽었기 때문에, 영국인은 싸우지 않고 인디언의 땅을 차지하려고 했다. 플리머스록에 필그림을 인솔해온 윌리엄 브래드퍼드는 일기에 다음과 같이 기록했다. "이 인디언들을 크나큰 질병과 죽음과 더불어 만나니 신께서 기뻐하시어 천 명 가운데 구백하고도 오십이 넘는 자들이 죽었으며, 그중 다수는 미처 묻히지도 못하고 땅 위에서 썩어 들어갔다."[9]

식민지 정착민들은 인디언의 죽음을 신께서 자신들에게 땅을 내어준 증거라 여겼다. 신이 정착민을 위해 "자리를 마련"했다는 것이다. 인디언의 죽음은 필그림에게는 생명을 의미했다. 코드곶의 인디언 무덤들 틈에서 발견한 비축된 옥수수 덕택에 그들이 생존할 수 있었기 때문이다. 훗날, 전염병이 휩쓸기 전 인디언이 살았던 바로 그 장소들에 뉴잉글랜드의 여러 도회지가 들어섰다.

영국인 정착민 인구가 점점 늘어나면서 이들에게 더 많은 땅이 필요해졌다. 살아남은 원주민에게서 땅을 뺏는 행위를 정당화할 목적으로, 영국인은 인디언이 게으르고 자신들만큼 근면하지 않으니 땅을 소유할 자격이 없다고 합리화했다. 영국인은 뉴잉글랜드에서 인디언이 농사를 지었다는 증거를 애써 모른 체하며, 인디언을 "초원을 달리기만 할 뿐" 하는 것은 아무것도 없는 "여우와 맹수"에 견주었다.

햇수가 쌓이면서 영국인 정착지가 증가하니 전쟁이 뒤따랐다. 1637년, 피쿼트 전쟁 중에 영국인은 동맹을 맺은 인디언과 함께 약 700명에 달하는 피쿼트족을 살해했다. 그들은 여자와 아이를 포함한 많은 인디언을 요새 안에 가두고 불을 질렀다. 거의 40년 후에 일어난 필립 왕 전

역사에 없는 사람들의 미국사

쟁에서 인디언은 당한 것을 대갚음해 주며 뉴잉글랜드에서 영국인을 몰아내기 일보 직전의 상황까지 갔다. 그러나 영국에서 온 지원군의 도움으로 정착민은 인디언을 막아내 수천 명을 죽이고 사로잡아 노예로 삼았다.

종교 지도자들은 원주민에게 벌인 전쟁을 정당화할 구실을 터주었다. 목사들은 인디언에 맞서 싸운 전쟁이 신과 악마의 전투와 같다며 설교했다. 코튼 매더는 인디언을 두고 악마를 섬기는 "비천한 야만인"이라 불렀다. 매사추세츠에 정착한 청교도는 엄격한 개신교도로서 사악한 마법이 존재한다고 믿었다. 그들은 마법에 씌었다고 고발당한 정착민 중 일부가 인디언의 탈을 쓴 악마에게 사주를 받았다고 주장했다.

그러나 모든 영국인 정착민이 원주민을 철저히 악마나 짐승 취급한 것은 아니다. 메리 롤랜드슨은 필립 왕 전쟁에서 내러갠싯족에 붙잡혀 그들과 11주 동안 함께 지냈다. 그녀는 1682년 백인 사회로 돌아와 인디언과 함께 살았던 경험을 책으로 펴냈다.

롤랜드슨의 이야기는 인디언을 "야만스러운 짐승", "무자비하고 잔인한" 존재, "지옥의 개"로 여기던 영국인의 고정관념에 반향을 일으켰다. 동시에 그 이야기는 인디언에 대한 부정적 이미지에 물음을 던졌다. 그녀는 인디언이 자신과 여섯 살배기 딸에게 친절과 아량을 베풀었다고 기록했다. 서로에게도 관대하게 대하는 인디언

메리 롤랜드슨의 인디언 포로 수기.
1773년 판 표지.

들의 모습을 보고 이런 기록도 남겼다. "(그들과 함께 지내는 내내) 나는 굶주려 죽는 사람이라고는 남자도 여자도 아이도 보지 못했다."[10]

롤랜드슨의 이야기를 통해 인디언의 인간미를 알아보게 됨으로써, 영국인은 자기들에게 땅을 빼앗긴 사람들을 이해하거나 심지어 그들에게 공감까지 해볼 수 있게 되었다. 그러나 영국인은 이 기회를 끝까지 쫓아가지 않았다. 그러기는커녕 북아메리카대륙에 대한 냉혹한 정복을 계속 이어나갔다.

빼앗긴 땅, 뒤바뀐 세계

18세기 내내 북아메리카의 영국 식민지에서는 인구가 늘어나고 경제도 번창했다. 식민지 정착민들은 독립을 위해 싸웠으며, 전쟁에서 승리한 후 미합중국에 가입했다. 도시와 도회지가 확장되고 정착민은 서쪽으로 이주했으며, 새로운 국가는 번영과 진보의 길에 들어선 듯 보였다.

그러나 백인의 진보란 북미 원주민에게는 빈곤을 의미했다. 1789년, 모히간족Mohegan은 코네티컷주 정부에 서신을 보내 그들의 고난에 대한 비통한 심정을 표현했다. "시대가 모든 것을 뒤바꿔 놓았다."[11] 서신은 이렇게 시작했다.

한때 모히간족은 사냥감도 풍족하고 물고기에 곡물도 넉넉해서 땅을 두고 다툴 필요가 없었다. "그러나 애석하게도 지금은 그렇지 않"았다. 인디언은 울타리를 두르고 말과 가축을 키우며 백인처럼 살기 시작했으나, 더는 그들 모두가 넉넉하게 지낼 수 없었다. "그리고 가난한 과

부와 고아들은 한쪽으로 밀려나 울고 굶주리다 죽기만을 기다리"게 되었다.

영국인이 도착한 이후부터 줄곧 인디언의 이야기는 빼앗긴 땅과 질병, 굶주림과 고통과 슬픔으로 가득 차 있었다. 독립전쟁과 새로운 국가 미국의 건국 이후, 북미 원주민은 그들 앞에 어떤 미래가 놓이게 될지 염려했다.

비슷한 시기에 같은 의문을 품은 또 한 사람이 있었으니 변호사이자 버지니아의 대농장주이며, 건국의 아버지Founding Fathers 중 한 사람으로 독립선언서를 기초한 인물이었다. 1781년 버지니아의 주지사였던 토머스 제퍼슨은 캐스캐스키아족Kaskaskia에게 백인과 인디언 "둘 다 같은 땅에서 태어난 미국인"이며 두 종족이 "오래도록 우정의 담배를 함께 피우기를"[12] 희망한다고 말했다. 그러나 다른 진술에서는 제퍼슨에게 매우 다른 견해가 있다는 것이 드러났다.

1776년 식민지 이주민들이 독립전쟁을 벌일 당시, 제퍼슨은 적대적인 인디언을 내쫓고 심지어 없애기조차 서슴지 않으려는 계획을 지지했다. 제퍼슨은 친구에게 이런 말을 남겼다. "저치들 나라 한가운데를 전장으로 만들지 않는 한, 저 미천한 자들을 제거할 방법은 없다네. 하지만 나는 거기서 끝내지는 않을 걸세. … 세상에 저들 중 한 놈이라도 남아 있는 한 멈추지 않고 저들이 전쟁으로 고통받게 해야만 하네."[13] 제퍼슨이 보기에, 인디언은 개화시키거나(즉 백인처럼 행동하도록 만들거나) 절멸시켜야 하는 존재였다.

제퍼슨은 후에 대통령이 되어서 체로키족Cherokee 사람들에게도 같은 말을 했다. "우리의 이웃인 인디언이 진정 우리와 한 주민이 되어 우리가 누리는 모든 권리와 특전을 누리고 우리처럼 평화와 풍요 속에 사는 날이 온다면 기쁠 것입니다."[14] 그러나 그렇게 되기 위해서는 북미 원주민이 그들의 관습과 믿음, 전통적으로 따르던 삶의 방식을 버려야 한다고 주장했다. 울타리를 두르고 셈하는 법을 배우고 백인처럼 살라는 것이 그의 요구였다.

제퍼슨은 인디언이 자신들의 땅을 계속 유지할 수 있도록 해주겠다는 약속도 했다. "당신들의 땅은 당신들의 것입니다. 우리는 땅에 대한 당신들의 권리를 결코 침범하지 않을 것입니다. 당신들의 땅이니 그대로 두는 것도 파는 것도 당신들에게 달려 있소."[15] 그런 약속에도 불구하고 제퍼슨은 인디언이 백인에게 땅을 팔지 않을 수 없게끔 일을 꾸몄다. 인디언의 사냥을 방해하고 대신 농사를 짓도록 유인하는 것이 한 가지 계책이었다. 제퍼슨은 인디언이 사냥할 숲의 필요성을 느끼지 못하면 백인에게 기꺼이 땅을 팔 것이라 내다보았다. 또 다른 계략은 교역소를 더 많이 지어 백인이 제작한 상품을 인디언에게 외상으로 파는 것이었다. 이렇게 하면 인디언을 금전적으로 무너뜨릴 수 있을 것이었다. 인디언이 부채에 허덕이게 되면 자신들의 땅을 넘기는 것 말고는 다른 방법이 없을 것이기 때문이다.

제퍼슨은 인디언이 인디언으로서 사회에 존재하는 것을 인정할 수 없었다. 17세기에 뉴잉글랜드 사람들은 그들의 거주지에서 늑대와 곰이 사라지자 환호했다. 제퍼슨도 어느 서신에 자신이 꿈꾸는 미국의 미래상을 밝히며 "맹수"와 그처럼 사는 "야만인"이 땅에서 사라지고 "문명의 진보"[16]가 완성되는 날을 내다보았다. 그가 사망한 1826년에 남긴 기록이었다.

아메리카 최초의 모험담 가운데 메리 롤랜드슨의 이야기와 같은 포로 수기가 있다. 포로 수기는 원주민에게 사로잡힌 백인 정착민의 이야기다. 사로잡혔다가 탈출하거나 풀려난 사람들은 백인 사회로 돌아와 그 경험을 글로 남기기도 했다.

그러나 잡혔던 사람 모두가 백인에게 돌아오기를 택한 것은 아니다. 메리 제미선이 그런 인물로 그녀는 원주민의 곁에 남아 그들과 함께 살았다.

1755년에서 1758년 사이 메리가 열다섯 살이 되던 즈음에, 그녀의 가족은 쇼니족Shawnee 인디언 무리와 프랑스 군인에게 잡혔다. 당시 아메리카 식민지의 변경에서 벌어진 전쟁에서 영국인은 프랑스인과 그 동맹인 인디언에 맞서 싸웠다. 제미선 가족은 펜실베이니아 중부의 인디언 영토에 터를 잡고 살았으나, 그곳의 다른 정착민과 마찬가지로 적대적인 부족에게 포로로 잡혔다. 쇼니족은 메리의 부모와 형제자매를 죽이고 메리는 세니커족Senica에 넘겼는데, 세니커족은 메리를 양녀로 받아들였다. 부족의 젊은 사내 한 명이 전투에 나섰다가 죽었기에 그 대신 메리를 받아들인 것이다.

세월이 흐른 뒤, 메리는 당시를 회상했다. "나의 입양 의식이 거행되는 동안, 나는 꼼짝도 하지 않고 앉아 있었다. 무리의 등장과 몸짓에 나는 거의 죽을 만큼 겁에 질린 상태였으며, 매 순간 그들의 복수심을 감지하다가 마침내 그 자리에서 죽음을 맞이하리라 예상했다. 그러나 내 예상과 달리 다행스럽게도 의식이 끝날 무렵 무리가 물러나고 (인디언) 자매들이 갖은 방법을 써서 나를 위로하기 시작했다. 나는 그들의 손에 맡겨져 몹시도 운이 좋았다. 천성적으로 친절하고 어진 데다 기질이 평화롭고 온화한 여인네들이었기 때문이다. 그들은 절제할 줄 알고 점잖았으며 매우 부드럽고 상냥하게 대해주었다."[17]

메리는 델라웨어족Delaware 인디언과 결혼했다. 그들은 아들 하나를 낳았으나, 가족이 뉴욕주의 새집으로 이주하던 와중에 남편이 죽고 말았다. 메리는 나중에 세니커족 남자와 재혼해 아이 여섯 명을 낳았다. 그들은 영국을 지지하는 편에 서기는 했으나 미국독립혁명기에도 살아남았다. 메리는 거의 아흔이 되어 죽음을 맞이할 때까지도 세니커족과 함께 살았다.

메리는 노년에 제임스 E. 시버 목사에게 자신의 이야기를 들려주었고, 그 이야기가 1824년에 책으로 출판되면서 세상에 알려졌다. 역사가들은 그 책 『메리 제미선 부인의 생애Narrative of the Life of Mrs. Mary Jemison』가 꽤 정확하다고 평가한다. 그보다 한 세기 앞선 메리 롤랜드슨의 이야기와 마찬가지로 메리 제미선의 이야기에도 백인과 북미 원주민 사이의 충돌에서 양측 모두가 겪은 옳고 그름, 친절과 폭력의 행위를 확인할 수 있다.

3
노예제의 숨겨진 기원

네 개의 통에 담긴 담배가 런던항의 뱃도랑에 도착했다. 1613년의 일이다. 영국의 버지니아 식민지에서 도착한 최초의 담배 화물이었다. 화물은 이것으로 끝이 아니었다. 담배 시장은 담배 농장 자체만큼이나 빠르게 성장했다. 소량에 그쳤던 최초의 담배 화물이 도착한 지 불과 7년 후에 식민지에서 보낸 6만 통의 담배가 런던에 도착했다.

담배 수요의 증가는 노동력 수요로 이어졌다. 담배 농장에서는 새로 장만한 들판을 개간하여 담배를 심고 재배해야 했으며, 그러자면 담배 성장기에 등이 굽을 정도로 힘든 노동이 필요했다. 그 시기가 끝나면 잎을 수확해 줄에 널고 건조한 다음, 수출용 목재 통에 담아 포장을 했다.

식민지의 지주가 담배로 수익을 보려면 자기 소유의 플랜테이션에서 일할 사람이 필요했다. 그 욕구를 충족하기 위해 그들은 버지니아 식민지에 복잡한 사회 구조를 조직했는데, 이 구조는 시간이 흐르면서 노예제로 나타나고 이윽고 반란으로 이어졌다.

노예인가 하인인가?

1619년, 아프리카인 스무 명이 네덜란드 상선에 실려 제임스타운 식민지에 도착했다. 이들은 아마도 전쟁이나, 다툼이 있는 부족의 습격에서 사로잡혀 노예로 팔려 왔을 것이다. 이들은 영국이 북아메리카에 개척한 식민지에 처음으로 데려온 흑인이었다. 비록 그들은 자유의 몸이 아니었지만, 버지니아에서는 아직 노예 신분도 아니었다.

노예는 법에 의해 재산으로 간주되는 사람이다. 노예 신분인 사람은 다른 사람에게 속해 있으며 종신토록 또는 주인이 자유롭게 풀어주기 전까지는 대가 없이 일해야 한다. 1619년 버지니아에는 노예제를 합법으로 규정한 법이 없었다. 네덜란드 상선에 실려 온 아프리카인들은 비록 팔리는 신세이기는 했어도 노예로서 팔린 것은 아니었다. 그들은 계약하인indentured servant이었으며 당시 식민지로 건너온 많은 백인 노동자도 같은 신분이었다.

계약하인이 되면 법이 정한 대로 계약을 맺어 일정 기간 주인을 위해 일해야 했다. 계약 기간은 보통 4년에서 7년이었다. 주인이 아메리카행 항해 비용을 대주거나 다른 누군가에게서(이를테면 첫 아프리카인 스무 명을 데려온 네덜란드 상선 주인) 돈을 주고 데려왔다면 그 사람은 하인이 되어 주인에게 노동할 의무를 지게 된다. 계약 기간이 끝나면, 계약하인은 자유의 몸이 되어 일을 구할 수 있고 땅의 소유권도 얻을 수 있고 자기 생활을 영위하기 위해 필요한 일을 할 수 있다.

북아메리카 밖의 영국 식민지에서는 아프리카인의 노동력에 크게 의존했다. 예를 들어 카리브해의 섬인 바베이도스에는 1660년경, 2만 명의 흑인 노예가 있었는데 섬 인구의 대부분을 차지하는 숫자였다. 그러나 버지니아에서는 흑인 인구가 매우 천천히 증가했다. 1650년 버지니아 식민지의 흑인 인구는 300명이었는데 전체 인구의 2퍼센트에 불과한 숫자였다. 20년 후에도 흑인 인구는 겨우 1,600명, 전체 인구의 5퍼센트에 그쳤다.

버지니아의 식민지 정착민들이 그토록 노동력을 필요로 했다면 아프리카의 노동자를 매우 적게 들여온 이유는 과연 무엇일까? 답은 바베이도스와 버지니아 식민지 간의 중요한 차이점에서 찾을 수 있다.

바베이도스의 영국인 대농장주 대부분은 사업가로서 그 섬에서 이익을 챙겨 영국으로 돌아갈 계획을 세운 사람들이었다. 반면에 버지니아의 식민지 정착민들은 가족과 함께 넘어온 사람들로, 아메리카에서 살 계획을 세우고 버지니아에 영국 사회를 재현하고자 했다. 영국이 백인 사회였으므로, 그들은 버지니아도 마찬가지로 백인 사회로 지속되길 원했다.

1700년 이전에 버지니아 식민지로 온 사람 가운데 4분의 3이 계약 하인이었다. 그들 대부분은 백인으로, 영국, 아일랜드, 독일 출신이었다. 또한 가난한 계급 출신, 유죄 판결을 받은 사람, 집 없는 사람, 실업자 등 사회에서 버림받거나 빚을 갚지 못하는 사람들이 많았다. 그런가 하면 사기를 당해 하인 계약을 맺거나 납치당한 사람, 절망에 쫓기거나 새 출발의 꿈에 이끌려 자발적으로 온 사람도 있었다. 버지니아에서 그들은 아프리카 출신 하인들과 함께 일하는 처지가 되었다.

고향도 언어도 달랐기에 백인과 흑인 노동자들은 서로를 이해할 수 있는 폭도 그만큼 좁을 수밖에 없었다. 그래도 착취와 혹사에 시달린다는 점에서는 같은 처지였다. 목에 쇠사슬이 채워진 하인도 있을 정도였다. 모든 하인은 주인이 다스리는 영역을 벗어나려면 통행허가증을 내보여야 했다. 그들은 구타당하고 때로는 고문을 받기도 했으며, 형편없는 음식을 먹고 비참한 환경에서 사는 사람들이 많았다. 계약하인의 처지가 되면 흑인과 백인, 남자와 여자 할 것 없이 플랜테이션 노동에서 오는 극도의 피로와 가혹한 처우 속에 하루하루를 버텨야 했다.

흑인과 백인이 힘을 모을 때도 있었다. 양 집단의 하인들이 함께 주인을 버리고 떠나는 일이 매우 잦아 버지니아 의회는 "영국 하인이 흑인과 함께 도주"[1]하는 문제로 골치를 앓았다. 또한, 법원 기록에는 두 인종 간 또 다른 종류의 제휴 관계가 기록으로 남아 있다. 인종 간 성관계가 그것이다. 이 일로 잡힌 사람들은 채찍질을 당하거나 공개 모욕을 감수해야 했다.

노예제, 합법화되다

흑백 하인들은 많은 고난을 함께 했으나, 점차 흑인은 다른 처우를 감내해야 했다. 주인들은 백인 하인의 무장은 허락해도 흑인 하인의 총기 사용은 금했으며, 계약 기간도 백인보다 흑인이 보통 더 길었다.

흑인은 처벌도 달리 받았다. 1640년에 도주한 남자 하인 세 명이 붙잡혀 주인에게 보내졌다. 두 명은 백인이고 나머지 한 명이 흑인이었다. 각자 채찍으로 서른 대를 맞았으며, 백인은 남은 계약 기간에 일 년이 추가되고 모든 계약 기간이 끝나면 추가로 삼 년을 더 식민지를 위해 노동해야 했다. 그러나 흑인 도주자인 존 펀치는 종신토록 예속 상태에 처하는 형을 선고받았다.

17세기의 법률 문서를 보면 식민지 정착민이 하인을 팔거나 맞바꿀 때 백인 하인은 "만기"(법에 따른 계약 기간)를 채우는 조건으로 팔렸으나 흑인은 "영구히" 팔리는 신세였다. 1653년 한 정착민이 조완이라는 열 살배기 흑인 소녀를 판 기록에 따르면, 조완이 낳게 될 아이들과 그 아이들의 자녀들 그리고 그 후대의 아이들까지 영원히 판매 계약에 포함되어 있었다.

흑인 하인은 재산 취급을 받았다. 그들은 법적으로는 아직 노예가 아니었으나 노예와 다름없는 취급을 받았다. 오래지 않아, 노예를 공식적으로 인정하도록 법이 바뀌었다. 1661년 버지니아 의회는 흑인에 대한 종신 예속, 다시 말해 노예제를 인정하는 법을 통과시켰으며 8년 후 또 다른 법에서는 흑인을 재산으로 규정했다. 노예의 제도화는 이렇게 북아메리카에서 뿌리를 내렸다.

아프리카 노동자들이 노예 신분으로 바뀔 즈음에 맞춰 버지니아로 오는 백인 계약하인의 수가 줄어들기 시작했다. 그래도 식민지의 대농장주들은 흑인 수입을 늘리려 서두르지 않았다. 그들은 여전히 버지니아가 백인 사회로 유지되기를 원했기 때문이다. 그러나 1680년대로 접어들면서, 식민지로 오는 흑인의 수가 증가하기 시작했다. 흑인 수입이 급증한 원인은 1670년대에 버지니아를 뒤흔든 계급 전쟁에서 찾을 수 있다.

무장하는 약자들

버지니아로 온 식민지 정착민의 대부분은 계약하인의 신분으로 왔다. 그들은 계약한 노동 기간을 마치고 자유민이 될 기대에 부푼 사람들이었다. 당시는 계약이 끝나면 법에 따라 50에이커° 상당의 토지 소유권을 청구할 수 있고 여기에 노력을 보탠다면 담배 농사로 수익을 올릴 수도 있었다.

그런데 늘어난 담배 수요는 토지 사재기를 부채질했다. 부유한 정착민은 좋은 땅이란 땅은 앞다투어 모두 사들였다. 이렇게 토지를 소유한 엘리트 계급이 의회를 장악해 자기 이익을 지키기에 유리한 법을 통과시켰다. 한 가지 예로, 의회는 하인이 될 백인에 대해 계약에 의한 예속 기간을 연장했다. 이렇게 하면 두 가지 측면에서 엘리트 계급에 유리했다. 하인의 계약 기간을 늘림으로써 공급되는 노동량은 늘어났으며, 자유민과의 땅 경쟁은 줄어들었다.

백인 자유민과 계약하인은 땅을 소유하기가 점점 어려워지고 있음을 실감하기 시작했다. 아메리카에 속아서 왔다는 생각에 이르자, 많은 이들의 분노가 쌓여갔다. 흑인과 백인을 막론하고 계약하인과 노예와 땅 없는 자유민이 모여 불만에 가득 찬 하층 계급이 생겼다. 분노로 들썩거리는 그들의 심정은, 땅이 있다 해도 강과 도로와 시장에서 멀리 떨어진 오지까지 밀려난 가난한 자유민의 심정과도 통했다.

하층 계급의 불만이 점점 감당할 수 없는 상황으로 치닫자 사회 질

○   1에이커는 축구장 면적의 약 57퍼센트에 해당한다.

담배 잎. 목판화.

서를 혼란하게 하는 요소로 작용했다. 1660년대 초에 아이작 프렌드라는 계약하인이 다른 계약하인 사십 명을 규합해 무기를 손에 넣고, 반대하는 사람은 누구를 막론하고 죽여 자유를 찾으려는 계획을 세웠다. 당국이 이 계획을 알아채 결국 반란은 시작도 전에 산산이 부서졌다. 버지니아 법정은 1663년 또 다른 음모에 가담한 아홉 명을 재판했다. 이번 음모에는 식민지 정부를 전복하려는 의도가 있었으며, 그중 몇 명은 처형당했다.

엘리트 계급은 땅 없는 무리들을 몹시 두려워하여 1670년 버지니아 의회에서 가난한 사람들이 정치권력을 쥐지 못하도록 조치를 취했다.

역사에 없는 사람들의 미국사

의회가 땅을 소유한 사람만이 투표할 수 있도록 한 법을 통과시킨 것이다. 그러나 투표는 땅 있는 사람만 할 수 있도록 제한했다고 해도, 총기는 그렇지 않았다. 식민지법에서는 만약의 공격에 맞서 식민지를 방어할 용도로 모든 백인이 총기를 소지하도록 규정했다.

버지니아의 주지사인 윌리엄 버클리는 자신이 관할하는 식민지가 폭발 직전의 상황에 이르자 두려움을 느꼈다. 그는 일곱 명 중에 여섯은 "가난하고 빚에 쪼들리고 불만 가득한 데다 무장까지 했다"[2]고 기록했다. 주지사는 자유민과 채무자는 전쟁이 나면 신뢰할 수 없는 자들이라 경고했다. 반란을 일으켜 적군과 힘을 합칠 것이라는 게 그 이유였다.

베이컨의 반란

버클리 주지사의 염려는 1676년 너새니얼 베이컨을 통해 현실로 나타났다. 베이컨은 오지에 있는 담배 농장주로, 정착민에 대한 인디언의 공격을 염려하여 시민 자원군으로 구성된 민병대를 조직했다. 이 일로 버클리는 물론 식민지의 다른 지도층도 충격에 휩싸였다. 그들은 적대적인 인디언보다도 무장한 백인 자유민을 더 두려워했다.

주지사의 염려를 무시라도 하듯이 베이컨은 인디언을 향해 진군했으나, 그의 병력은 정착민에 적대적이었던 서스퀘해나족Susquehanna뿐만 아니라 우호적인 다른 부족의 사람들도 죽이고 말았다. 베이컨은 그의 인디언 토벌을 명예로운 방어전이라 불렀다. 버클리 주지사는 이에 동의하지 않고 베이컨을 역도로 지목해 반역죄로 고발했다. 반역은 사형

베이컨의 반란으로 알려진 1676년 버지니아 식민지에서의 충돌 사태.

으로 다스리는 큰 범죄였다.

베이컨은 무장한 500명의 병사를 모아 식민지의 수도인 제임스타운 까지 진군하는 것으로 대응했다. 백인에게서 총을 넘겨받은 흑인도 대열에 합류하니, 식민지의 엘리트 계급은 겁에 질렸다. 그들은 반란군이 비천하고 무지몽매한 사람들이며, 물불을 가리지 않는 폭도로 돌변하여 자기들보다 나은 사람들을 공격한다고 여겼다. 버클리 주지사는 결국 배를 타고 도주했다.

반란군은 마침내 제임스타운에 도착하여 정착지를 잿더미로 만들었 다. 한편, 버클리는 영국 해군의 함대와 함께 돌아왔다. 해군 장교인 토머스 그랜섬이 400명가량의 반란군 무리에게 협상을 제안했다. 그랜섬이 반란군에게 그들의 죄를 면하고 노예 신분에서도 풀어주겠다고 말하자 대부분이 항복을 수용했다. 흑인 80명과 백인 20명은 항복을 거부했다. 그랜섬은 그들에게 요크강 건너편으로 안전하게 퇴각할 수 있도록 약속했다.

그러나 그랜섬의 약속은 거짓으로 드러났다. 정부군은 속임수와 무력으로 반란군 모두를 잡아들여 흑인과 백인 하인은 주인에게 돌려주었으며, 반란군 지도자 수십 명에게는 교수형을 집행했다. 베이컨은 교수대의 올가미를 피했으나, 이미 죽은 몸이었다. 제임스타운으로 진군할 당시 베이컨은 병에 걸려 앓고 있었다.

역사가들은 베이컨의 반란을 혁명 전 아메리카 식민지에서 일어난 최대 규모의 봉기로 평가한다. 그것은 계급 혁명으로서 엘리트 지주들을 뼛속까지 뒤흔들어 놓았다. 이 반란이 있은 후 5년 뒤, 버지니아의 대농장주들은 식민지에 영국군을 주둔시켜 "어떤 반란이든 방지하고 진압해"[3]달라고 영국 왕에게 간절히 청원했다.

선택의 갈림길에서 노예제를 선택하다

베이컨의 반란을 진압한 후 대지주들은 백인 노동자에 의지하는 한, 사회 질서는 항상 위험에 처할 것이라는 사실을 깨달았다. 대농장주들은 이제 갈림길에 접어들었다.

한쪽에는 백인 노동자에게 더 좋은 경제적 기회를 터주고 땅 없는 자유민에게 투표권을 줄 수 있는 길이 있었다. 이렇게 하면 백인 하층 계급의 불만을 누그러뜨릴 수 있으나 엘리트 계급이 누리는 경제적 우세는 줄어들고 어쩌면 정치적 지배력도 약해질 것이었다.

다른 쪽에는 대농장주들이 아프리카에서 더 많은 노예를 데려와 계급과 인종을 발판으로 사회를 재조직하는 길이 있었다. 그렇게 되면 무장 가능한 백인 노동력에 의존하는 대신 인종을 이유로 총기 소지가 금지된 흑인 노동자를 착취할 수 있을 것이었다.

대농장주들은 두 번째 길을 선택했다. 베이컨의 반란 후, 그들은 주요 노동력을 아프리카 노예에 의지하기로 했다. 그리하여 1675년에 버지니아 인구의 5퍼센트에 불과하던 흑인이 1715년 무렵에 25퍼센트, 1750년 무렵에는 무려 40퍼센트 이상을 차지하게 되었다.

법적으로도 노예의 권리에 한층 엄격한 제한이 가해졌다. 노예는 집단으로 모이거나 여행도 할 수 없었다. 자유민이나 노예를 막론하고 흑인이라면 무기도 소지할 수 없었다. 인종 간 성관계는 불법으로 규정되어 혼혈 아이가 태어나면 부모 중 한 명이 백인이거나 자유민일지라도 노예 신분을 물려받았다.

당장 계급의 이익을 보호하기 위해 버지니아의 엘리트 농장주들은 장차 수 세기에 걸쳐 비극적인 결과로 이어질 선택을 하고 말았다.

노예주 토머스 제퍼슨

버지니아의 대농장주들이 17세기 말에 노예제 확장을 결정하자, 그 선택은 오래도록 지속되는 효과를 초래했다. 그때부터 노예제와 인종 갈등은 남부를 넘어 미국 전체의 역사 형성에 중요한 영향력으로 작용했다.

베이컨의 반란 100년 후, 노예제를 두고 고심하는 버지니아 대농장주 계급의 후손이 있었으니, 토머스 제퍼슨이었다. 제퍼슨은 흑인을 매매하는 노예주였다. 자신의 노예를 매우 잔인하게 다룰 줄 아는 사람이었으면서도, 노예제는 부도덕한 제도라고 믿었다.

『버지니아주에 대한 비망록Notes on the State of Virginia』에서 제퍼슨은 노예제 폐지, 즉 노예제의 종식을 권고했다. 그러나 폐지는 점진적으로 이루어져야 한다는 게 그의 입장이었다. 1788년 친구에게 보낸 편지에서 그는 "(아프리카 노예) 매매뿐만 아니라 노예제 규정의 폐지 또한"[4] 간절히 바란다고 전했다. 그는 노예를 소유하는 행위에 죄책감을 느꼈으며, 부채를 청산하고 나면 노예들을 풀어주겠다는 말도 몇 번이고 했다. 그러나 제퍼슨, 특히 그의 노예들에게 안타깝게도, 그는 죽을 때까지 부채를 청산하지 못했다.

제퍼슨은 노예제가 폐지되어야 하는 것은 맞지만, 풀려난 노예들은 미국 사회에서 나가야 할 것이라고 주장했다. 그들 모두를 일시에 나라 밖으로 내보내는 것은 실용적이지도 않고 비용 또한 만만치 않으니, 제퍼슨이 제시할 수 있는 최선의 대안은 노예 아이들을 어머니에게서 떼어내 생계를 책임질 수 있도록 훈련시키고, 일단 나이가 차고 나면 나라 밖으로, 아마도 카리브해의 흑인 독립국 아이티 같은 곳으로 배를 태워 내보내는 것이었다. 이렇게 해서 세월이 흐르면 흑인 인구 전체가 사라질 것이라는 것이 그의 생각이었다. 그러나 제퍼슨의 계획이 진지하게 받아들여진 적은 결코 없었다.

제퍼슨이 자유의 신분이 된 흑인을 미국 사회에서 내보낼 계획을 세운 이유는 무엇일까? 그는 노예제가 분명 옳지 않다고 여겼지만, 그렇다고 흑인과 백인이 동등하다고 본 것은 아니었기 때문이다. 제퍼슨은 두 인종이 근본적으로 다르며 흑인이 열등하다는 확신에서 벗어나지 못했다. 미국에서 다른 인종이 더불어 살 수 없다는 것이 그의 생각이었다.

늑대의 두 귀를 쥐다

늘어나는 노예 인구에 대해서 제퍼슨이 가장 우려한 것은 인종 전쟁의 위험이었다. 그는 백인의 편견과 흑인의 분노가 만나 언젠가는 폭발하고 말 것이라 우려했다. 미국의 3대 대통령이 되기 수년 전, 그는 『버지니아주에 대한 비망록』에 이렇게 기록했다. "백인이 향유하는 뿌리 깊은 편견과, 흑인이 감내해온 수만 가지 상처에 대한 기억이 … 우리를 파편으로 쪼갤 것이며, 둘 중 어느 한 인종이 절멸하지 않는 한 아마도 영원히 끝나지 않을 격변을 야기할 것이다."[5] 제퍼슨이 예상한 최악의 악몽은 노예들이 칼을 들고 일어나 자유를 움켜쥐는 장면이었을 것이다.

제퍼슨이 살던 시대에 와서는 17세기 대농장주들이 백인 계약하인을 아프리카인 노예로 대체한다는 것이 장차 어떤 결과를 초래할지 미처 깊이 고민하지 못했던 것이 명확해졌다. 그러나 제퍼슨은 노예제의 문제점을 알고 있었으면서도, 어떤 조치를 취하기에는 너무 늦었다고 생각했다. "현 상황을 보자면 우리는 늑대의 두 귀를 쥐고 있는, 다시 말해 진퇴양난에 처한 꼴이다. 우리는 늑대를 잡고 있을 수도, 안전하게 놔줄 수도 없다. 저울의 한쪽 팔에는 정의가, 다른 팔에는 자기방어가 놓여 있다."[6] 제퍼슨이 죽은 후로도 오랫동안, 미국은 계속해서 늑대의 양쪽 귀를 움켜쥐게 될 터였다. 아프리카계 미국인의 인구는 늘어나면서도 노예 상태인 것은 그대로인 가운데, 자유를 향한 그들의 갈망은 커져만 갔다.

노예의 시련

    북아메리카로 실려 와 노예가 된 아프리카인은 중간항로Middle passage 라고 알려진 악몽 같은 대서양 횡단 항로를 견뎠다. 노예였으나 배움을 얻고 후에 자유의 몸이 된 올라우다 에퀴아노가 그 과정을 생생하게 묘사했다. 1789년에 출간된 자서전에서 에퀴아노는 아프리카에서 사로잡힌 후 해안으로 끌려가 노예선의 악취 나는 선반에 짐짝처럼 실려, 이윽고 바다 건너 알 수 없는 운명의 땅에 도착한 이야기를 그려냈다.

    해안에 도착했을 때 내 눈에 맨 처음 들어온 것은 바다, 그리고 닻을 내린 채 짐이 오기를 기다리고 있는 노예선이었다. 이 모습에 나는 경악을 금치 못했고, 그 놀라움은 이내 공포로 바뀌고 말았다. … 배에 오르자마자 뱃사람 몇이 나를 이리저리 만져보고 떠밀며 상한 데는 없는지 살폈다. 그리고 이제 내가 못된 영혼의 세계에 발을 들였으니 나를 죽일 거라고 겁을 주었다. … 두리번거리며 배를 살펴보니 큼지막한 용광로인지 가마솥 같은 게 끓고 있었고, 갖가지 생김새의 수많은 흑인이 사슬에 묶인 채 모여 있었다. 얼굴마다 낙담에 젖어 슬픈 표정이 가득해서, 나도 내 운명에 혹시나 하는 기대를 더는 갖지 않고 공포와 괴로움에 완전히 사로잡히고 말았다. 나는 갑판에서 꼼짝도 못하다가 쓰러져 실신했다. … 곧 갑판 밑으로 들려 내려왔고 나는 살면서 한 번도 경험하지 못한 기운을 코로 들이마셨다. 그토록 역겨운 악취에 울음 범벅이 되어 나는 메스껍고 기운이 빠져 밥 먹을 힘도 나지 않았다. … (긴 항해 끝에 노예들은 마침내 육지를 발견했다.) 우리는 이 추한 사내들에게 잡아먹히고 말겠구나 … 생각했다. … 우리는 큰 두려움에 떨었고 그런 불안에 밤새 들리는 것이라고는 쓰라린 울음소리뿐이어서 결국 백인들이 뭍에서 늙은 노예 몇 명을 데려와 우리를 진정시켰다. 그들은 우리가 먹히지는 않겠으나 일을 해야 한다고 말했다.[7]

최근 역사학계에서는 에퀴아노가 자기의 주장대로 아프리카 태생이 맞는지 확인하려는 움직임이 있었다. 몇몇 문서에서는 그가 사우스캐롤라이나에서 태어났을 가능성이 드러나기도 했다. 에퀴아노는 자유의 몸이 된 후 노예무역을 폐지하는 운동에 가담했다. 행여나 그가 중간항로의 공포를 독자들에게 생생히 보여주기 위해 자기 생애의 일부를 허구로 지어냈다 해도, 역사적으로 그런 공포의 사건이 실제했다는 사실은 부인할 수 없다. 에퀴아노가 묘사한 고통과 두려움은 아프리카에서 사로잡혀 온 수백만의 포로가 생생히 겪은 것이다.

4

인디언 보호 구역으로 가는 길

1803년 토머스 제퍼슨 대통령은 테네시주의 젊은 정치인 앤드루 잭슨에게 편지를 보냈다. 정부가 나서서 북미 원주민이 숲을 팔게 하고 백인처럼 농사를 짓도록 장려해야 할 것이라는 의견이 담긴 편지였다.

30년 후에 앤드루 잭슨은 대통령이 되었다. 잭슨이 집권한 뒤 정부는 수천 명의 인디언에게 살던 땅을 떠나도록 강요했다. 인디언이 농사를 짓는다고 해도 보호막이 되지 못했다. 본디 농사를 짓던 원주민들조차 백인이 그들의 땅을 원하면 살던 땅에서 쫓겨나야 했다. 그러나 잭슨과 북미 원주민의 관계는 그가 대통령이 되기 오래전부터 시작됐다. 잭슨의 재산이 그들에게 일어난 일과 엮여 있었기 때문이다.

인디언 전쟁의 영웅 앤드루 잭슨

앤드루 잭슨은 1787년 노스캐롤라이나에서 테네시주의 내슈빌로 이주했다. 그는 테네시에서 변호사 개업을 하고 상점을 열었으며 부동산

투기도 했다. 투기꾼이란 본디 많은 땅을 사들이고 되팔아 이익을 챙기려 하는 법이다. 그런 예로 잭슨은 미시시피강 강변 2,500에이커의 땅을 100달러에 사들여 그 땅의 반을 즉시 312달러에 팔고, 몇 년 후에는 그 나머지 땅을 5,000달러에 팔았다. 그 땅은 원래 치커소족Chickasaw의 땅이었으나 잭슨이 이들과 약정을 맺어 백인 정착 용도로 개간했다.

잭슨은 인디언과 벌인 전쟁에서도 승승장구했다. 장군의 지위에까지 올라 자신이 "잔인한 사냥개"이자 "피에 굶주린 야만인"[1]이라 부르며 멸시한 크리크족Creek과의 전투에서 부대를 지휘했다. 잭슨은 적대적인 크리크족이 지금의 앨라배마주 모빌 근방에 있는 밈즈 요새에서 200명 이상의 백인을 죽였다는 사실을 알고는 복수를 다짐했다.

1814년 3월 27일, 잭슨은 호스슈만곡부 전투에서 그토록 벼르던 복수에 성공했다. 앨라배마의 탤러푸사강에 있는 이 만곡부에서 잭슨이 이끄는 부대는 크리크족 800명을 포위하여 그 대부분을 죽였다. 그중에는 여인과 아이들도 있었다. 그의 군인들은 시체에서 살가죽을 떼어내 말고삐를 만들었으며 잭슨은 죽은 전사들의 옷을 벗겨 테네시의 여성들에게 보내기도 했다. 그는 군인들에게 이렇게 말했다.

이 악마들은 … 더는 우리의 여인과 아이들을 살해하지 않을 것이며, 변경의 고요를 깨뜨리지도 않을 것이다. … 그자들은 세상에서 모조리 사라졌다. 그들이 살던 땅에서 이제 본분을 잘 아는 새로운 세대가 흥할 것이다.[2]

잭슨은 인디언 전쟁의 영웅이라는 후광을 업고 1828년에 대통령으로 선출됐다. 그는 미시시피주와 조지아주의 정부를 지지했는데, 이 두

주는 인디언 부족을 해체하고 그들이 일찌감치 농사지으며 살던 땅에 백인을 이주시키려는 정책을 폈다. 인디언 부족의 영토 소유권은 원래 연방 정부 다시 말해 중앙 정부와 맺은 조약에 의해 보장되는 것이었지만 이 두 주는 조약을 어기고 있었다.

잭슨은 주정부가 조약을 무시하고 있다는 사실을 알고 있으면서도 자신은 아무것도 할 수 없다고 변명했다. 물론 사실이 아니었다. 인디언에 대한 권한은 주가 아닌 연방 정부에 있었으며, 1832년 미연방대법원도 각 주는 인디언 영토에 영향이 미치는 법을 제정할 권한이 없다고 판결했다. 잭슨은 법원의 판결에 대한 지지를 간단히 거부했다. 사실, 그는 인디언을 그들의 땅에서 몰아내려고 은밀히 공을 들이고 있었다.

두 주가 조약을 파기하려는 목적은 부족 추장들의 권한을 없애고 그들을 평범한 시민으로 만들어 인디언 법이 아닌 백인의 법을 따르게 하려는 데 있었다. 그렇게 하면 추장들을 위협하고 매수하거나 설득하여 그들의 땅에서 나가게 할 수 있고, 나머지 인디언도 그들을 따르게 될 것이었다. 잭슨은 뒷짐 지고 물러서 있기만 하면 될 뿐이었다.

잭슨은 인디언이 백인의 사회에서 살아남지 못할 것이라고 내다보았다. 잭슨의 해결책은 미시시피강 서쪽에 영토를 따로 떼어주고 "그들이 점유하고 있는 한, … 풀이 자라고 물이 흐르는 한 인디언 부족의 땅으로 보장하도록"[3] 하는 것이었다. 잭슨은 백인 사회의 경계 밖에서라면 인디언 자신들의 자치 정부 아래에서 평화로이 살 게 될 것이라며, 인디언에게 서쪽으로 이주하도록 권고했다.

잭슨은 자신이 "홍인 자녀들red children"[4]에게 최선의 결과가 생기길 바라는 좋은 아버지라 말했다. 그는 자신의 입장이 법에 근거하고 도덕적으로도 옳다는 입장을 내세우며, 7만 명의 북미 원주민을 조상 대대로 살던 땅에서 쫓아내 군인들로 하여금 미시시피강 서쪽으로 이주시키라 명령했다. 북미 원주민의 강제 이주는 플랜테이션 노동자로 일할 아프리카인 노예 수입과 더불어 미국 남부를 목화의 왕국으로 전환하는 효과를 가져왔다. 본디 인디언 영토였던 앨라배마, 미시시피, 루이지애나는 이런 과정을 거쳐 목화의 주산지로 다듬어진 곳들이다.

"낯선 땅의 방랑자"가 된 촉토족

미시시피의 촉토족Choctaw은 백인이 대륙에 도착하기 훨씬 전부터 농사를 짓고 살았다. 그들은 옥수수, 콩, 호박, 수박을 키우면서 부족 사람들하고는 자유롭게 음식을 나누고, 흉작으로 어려워진 이웃 부락이 있으면 역시 음식을 나누었다.

19세기 초에는 촉토족에서도 백인 농부처럼 울타리를 두른 농장에서 소와 돼지를 키우는 생활 방식으로 바꾼 사람들이 많아졌다. 그중에는 목화를 재배해 팔고 흑인 노예를 거느린 이들도 있었다. 그러나 정부는 촉토족 농부를 백인 농장주와 동등한 수준으로 대우하지 않았다. 촉토족 농부도 부족의 다른 사람들과 다를 바 없는 운명으로 고통받았다.

1830년, 미시시피주 주정부는 촉토 자치국가°의 법적 지위와 자치

○ 일종의 자치공화국으로, 독립된 국가에 속하면서 한정된 자치권을 가지는 '국가 안의 국가' 형태.

권을 말소했다. 이제 촉토족 사람은 누구든지 주정부의 권위에 따라야 했다. 그로부터 9개월 후, 연방 정부의 관료들이 댄싱래빗크리크Dancing Rabbit Creek에서 촉토족을 만났다. 촉토족이 땅을 정부에 넘기도록 설득하고 그들을 서부로 이주시키기 위한 조약을 협상하기 위해서였다.

"조상의 땅을 팔지 않겠다는 것이 이 자리에 온 사람들 대다수의 목소리다."[5] 촉토족은 정부의 제안을 단호하게 거절했다. 촉토족 사람들 다수는 회합이 끝난 것으로 생각해 자리를 떠났다. 그러나 연방 정부의 관료들은 제안 거절을 받아들일 의사가 없었다. 그들은 자리에 남은 추장들에게 촉토족이 미시시피에서 떠나야 하며 그렇지 않으면 주 법의 압박을 실감하게 될 것이라고 무례하게 통지했다. 촉토족이 저항하면, 연방군이 무력으로 파괴할 것이라고도 했다. 추장들은 결국 이 위협으로 어쩔 도리 없이 조약에 서명하고 말았다.

댄싱래빗크리크 조약에 따라 1,000만 에이커가 넘는 촉토족 땅이 연방 정부에 넘어갔다. 그래도 촉토족 전부가 미시시피강의 서쪽 땅으로 이주해야 했던 것은 아니다. 부족에 따르지 않는 개인이나 가족은 백인 정착민들과 마찬가지로 연방 정부의 기관에 미시시피의 무상불하지land grant를 등록할 수 있었다. 겉보기에 이것은 촉토족에게도 백인 사회에서 지주로서 성공할 수 있는 공정한 기회를 준 것처럼 보였다.

그러나 실상 촉토족에게는 그런 기회가 결코 돌아가지 않았다. 무상불하지를 얻더라도 토지를 운영할 자금이 필요했는데, 자본이 없는 인디언은 투기꾼에게 돈을 융자받는 조건으로 땅의 소유권을 담보로 내주었다. 인디언이 융자한 금액을 갚지 못하면 토지 소유권은 투기꾼 차지가 되었다. 백인 이주민이 인디언의 땅으로 들어와 나가기를 거부하며 무단으로 거주하는 경우도 있었다. 무상불하지의 소유권을 주장하다 찾지 못한 인디언도 결국 나머지 촉토족을 따라 서쪽으로 이주하는 도리밖에 없었다.

조약을 체결한 지 1년 후, 촉토족 수천 명은 미시시피강을 건너 인디언 영토로 향하는 노정을 시작했다. 그 길에서 혹독한 겨울 폭풍을 맞닥뜨려야 했다. 프랑스 작가 알렉시 드 토크빌은 촉토족이 그 넓은 강을 건너는 현장을 목격하고 그들이 처한 상황을 기록했다.

> 때는 한겨울이었으며, 전에 없이 혹독한 추위가 몰아쳤다. 내린 눈은 땅 위에 꽁꽁 얼어붙고 강에는 거대한 얼음덩어리가 표류했다. 인디언에게는 가족이 있었으며, 그들의 행렬에는 다치고 병든 사람들, 갓 태어난 아기들, 죽음을 앞둔 노인들까지 있었다.[6]

쫓겨난 촉토족에게는 원한과 분노가 사무쳤다. "1832년, 미국인에게 보내는 고별사Farewell Letter to the American People, 1832"에서 촉토족 추장 조지 W. 하킨스는 그의 부족이 조상 대대로 살던 땅을 어떤 연유로 떠나는지 설명했다. "우리는 두 가지 해악에 완전히 에워싸였으며, 그중 정도가 약한 쪽을 택했다." 촉토족은 자신들의 목소리에 귀를 막는 법 아래에 남느니 "고통스럽지만 자유로운" 편을 선택했다. 그러나 대대로 살던 땅과의 유대가 강했기에 마지못해 떠날 뿐이었다. 하킨스는 길 떠나는 심정을 담담하게 밝혔다. "이제 그 유대의 끈이 끊어지고, 우리는 낯선 땅을 떠도는 방랑자가 되어 길을 나선다!"[7]

역사에 없는 사람들의 미국사

체로키족, 눈물의 길에 오르다

미시시피의 촉토족처럼, 조지아의 체로키족도 그들의 땅에서 "합법적으로" 쫓겨났다. 체로키족도 똑같은 선택의 기로에 섰으니, 떠나거나 백인의 지배에 머리를 조아리는 것뿐이었다.

대추장 존 로스의 인솔 아래, 체로키족은 집과 땅을 포기하기를 거부했다. 그들은 연방 정부가 체로키 자치국가에 영토 소유권과 자치권을 부여한 조약을 지켜야 한다고 강하게 요구했다. 그러나 워싱턴에서는 그들의 간청에 귀를 막을 뿐이었다. 대통령인 앤드루 잭슨은 체로키족에게 관료를 보내 강제 이주를 위한 조약을 두고 협상하도록 했다.

강제 이주에 맞서야 한다는 추장 존 로스의 주장에 모든 체로키족이 동의하는 것은 아니었다. 강제 이주 정책을 지지하는 소수파가 있었으며 이들의 지도자격인 존 리지가 조약에 서명했다. 조약의 내용은 체로키족이 300만 달러 이상의 보상금을 받는 조건으로 살던 땅을 떠나는 것이었다.

조약이 효력을 발휘하기 위해서는 부족 전체가 이를 최종 확인하고 동의하는 절차가 있어야 했다. 연방 정부 직원은 그러한 절차를 밟기 위한 회합을 예정해두었으나 조지아의 민병대는 체로키족 신문에 회합 소식이 실리지 못하도록 막았다. 민병대는 로스 추장을 감옥에 가두기까지 했다. 그렇게 해서 체로키 자치국가에서는 극히 일부만 비준 회합에 참석하였을 뿐, 부족 측의 공직자는 한 명도 나오지 못했다. 연방 정부의 몇몇 직원조차 이 조약의 부당함을 인정할 정도였다. 그러나 잭슨 대통령과 의회는 조약이 여전히 합법적이라 주장했다.

이 조약으로 체로키 땅을 탈취하고 있던 백인 이주민 수천 명이 당당하게 다닐 수 있게 되면서 인디언에게 그들의 땅과 집을 포기하도록 압력을 넣었다. 체로키족이 이주를 거부하자 연방 정부는 군대를 보내 무력으로 이주시키도록 명령했다. 윈필드 스콧 장군은 7,000명의 부대를 이끌고 체로키족을 폭력적이고 잔인한 방식으로 내몰았으며 그들을 죄수처럼 다뤘다.

체로키족은 1838년에서 1839년으로 이어지는 한겨울 엄동설한에 서쪽으로 이동했다. 촉토족의 이주와 마찬가지로 체로키족의 노정에도 무시무시한 고통이 따랐다. 쫓겨난 인디언 한 명은 당시를 이렇게 떠올렸다. "아마도 새로운 인디언 영토에 도착하기도 전에 모두가 죽을 것만 같았지만, 우리는 줄곧 앞으로 나아갔다."[8] 체로키족이 미시시피강 서쪽의 새로운 인디언 영토에 도착했을 즈음에는 타향살이에 나선 이 자치국가 인구의 약 4분의 1, 4,000명 이상이 목숨을 잃은 뒤였다. 체로키족은 여전히 그 길을 '눈물의 길'이라고 부르며 기억하고 있다.

인디언을 어찌할 것인가?

미시시피강의 서쪽에 살던 평원인디언도 백인 정착민의 진출과 문명의 확장 앞에 삶의 방식이 영영 바뀌는 현실을 맞이하기는 마찬가지였다. 평원인디언의 한 부족인 포니족Pawnee의 운명 또한 남부 인디언의 운명과 다르지 않았다.

포니족은 전통적으로 네브래스카 중부와 캔자스 북부에서 옥수수를 경작하고 버펄로를 사냥하며 살았다. 버펄로 사냥은 신성시되는 활동이었으며, 사냥으로 죽은 동물의 수는 포니족이 소비할 수 있는 한도 내에서 엄격히 제한되었다. 그 후 19세기가 되자 포니족도 모피 무역에 참여하기 시작했다.

사냥은 이제 상업 활동이 되기에 이르렀다. 백인 상인과의 접촉으로 천연두 같은 전염병이 퍼져 1830년에 1만 명이던 포니족 인구가 1845년에는 겨우 4,000명으로 줄었다.

그 무렵, 포니족에게 훨씬 더 큰 위협이 들이닥쳤으니, 바로 철도였다. 잭슨 대통령은 1831년 의회 교서에서 철도에 의해 도시들이 연결됨으로써 자연을 다스리는 인간의 힘이 확장되었다며 과학의 진보를 칭송했다. 당시만 해도 미국에 깔린 선로의 길이는 120킬로미터가 채 안 되었으나 철도망은 이제 계속해서 퍼져나갈 예정이었다. 30년이 지난 1860년, 미국이 보유한 선로는 4만 9,303킬로미터에 달했으니, 유럽 대륙 전체의 선로보다도 더 길었다.

철도의 보급으로 새 시대, 즉 근대에 들어섰으며, 말과 인디언은 이제 설 자리가 사라질 처지였다. 1853년의 어느 신문 사설에서는 "불과 몇 년 후면, 인디언과 마찬가지로 (말도) 그저 옛것이 되고 말 것"[9]이라 선언했다. 철도가 대평원을 종횡무진 가로질러 태평양 연안까지 닿고 나니, 개척할 변경도 더는 남아 있지 않았다.

"인디언을 어찌할 것인가?"[10] 1867년에 어느 작가는 이렇게 물었다. 인디언은 백인 사회에서 백인의 법에 따라 처신하거나 "절멸"시켜야 한다는 것이 그의 대답이었다.

달리는 기차에서 버펄로를 사냥하는 백인. 1870년경.

철도로 파괴된 인디언의 터전

철도 산업의 이면에는 서부 진출과 사업 수익 증대를 꾀하는 막강한 기업들이 있었다. 그런 철도 회사에게 북미 원주민은 장애물이었다. 그들은 선로 점유권을 얻기 위해 정부에 로비를 벌였다. 성사되면 인디언의 영토로 떼어준 땅을 통과하는 선로를 놓을 수 있었다.

철도 회사들은 여기에 그치지 않고 1871년 3월 3일 인디언토지전용법Indian Appropriation Act 통과를 강력히 추진했다. 이 법은 "미합중국 영토 내 그 어떤 인디언 자치국가나 부족도 미합중국과 조약을 맺을 수 있는 독립된 국가나 부족 또는 권력으로서 승인 또는 인정받지 아니한다"[11]는 내용을 명시하고 있었다. 어느 철도 회사의 변호사가 짚은 대로, 이 법은 인디언 부족의 정치적 실체를 파괴해 버렸다. 반면에 철도 회사에게는 미 대륙을 횡단하는 철도 건설을 허락하고 서부에 새로운 개척지 건설의 길을 터주었다. 백인에게는 이 모든 일이 문명의 진보였다.

인디언은 이것을 매우 다른 시각으로 보았다. 그들은 백인 사냥꾼이 철도를 따라 대평원으로 이동하며 초원을 살육의 들판으로 뒤바꾸는 광경을 목격했다. 그들은 선로를 따라 널린 버펄로의 시체를, 자신들의 삶의 유지를 위한 주요 원천이었던 동물의 죽음의 행렬을 바라보고 망연자실했다. 입장이 반대인 백인 이주민들은 포니족이 그 지역의 가장 비옥한 땅을 차지하고 있다며 불만을 쏟아냈다. 이주민과 그들을 대변하는 신문, 그리고 그들의 지도자들은 인디언을 쫓아내라고 워싱턴에 촉구했다.

포니족은 수족에게도 공격당하는 처지였다. 수족은 본디 평원 북부에 살던 부족이었으나, 그들 땅으로 들어온 백인 이주민, 그에 따른 버펄로의 개체 수 감소로 남쪽까지 밀려와서는 포니족을 공격하고 그들의 작물을 태우고 식량도 약탈했다. 1873년, 수족은 학살의 골짜기로 통하는 매서커캐니언Massacre Canyon에서 사냥 나온 포니족 무리를 덮쳐 100명 이상을 살해했다.

이 비극에 놀란 포니족은 부족의 보존을 위해 연방 정부가 관리하는 보호 구역으로 물러날 것인지 결정해야 했다. 고향 땅을 떠나는 것은 분명 크나큰 불행이었으나 포니족의 대다수는 떠나는 것 말고는 선택의 여지가 없다고 생각했다. 그들은 캔자스에 있는 보호 구역으로 이주했다.

포니족의 정체성과 존재의 기반은 끝없는 지평선과 광활한 대지에 있었다. 그러나 이제 철도가 그들의 땅을 가로지르며 길고 깊은 상처를 내었고, 한때 버펄로가 거닐던 초지는 울타리에 둘러싸였다. 인디언은 수천 년 동안 살아온 땅에서 힘없는 소수 무리로 전락했다.

'적을 덮쳐라'라는 이름으로 불린 포니족 사람은 이렇게 말했다. "그들(백인)의 표현대로 우리를 개화시킨다는 것은 … 곧 우리를 파괴하는 것이나 다름없었다. 알다시피 그들은 우리를 바꾸면, 우리의 옛 방식과 언어와 이름을 없애고 나면, 우리를 백인처럼 만들 수 있을 거라고 여겼다. 하지만 우리가 도대체 왜 탐욕에 눈먼 사기꾼 같은 그들처럼 되길 원해야 하는가?"[12] 평원인디언이 알고 있던 세상에도 이제 종말이 다가오고 있었다.

"우리는 오랫동안 새로운 땅을 향해 이동한다. 옛 나라를 떠나며 사람들은 몹시 슬프다. 여자들은 흐느끼고 소리 내어 운다. 아이들도 울고 남자들도 많이 운다. 벗이 죽으면 모두가 비통한 얼굴이지만 아무 말도 하지 않는다. 그저 고개를 푹 숙인 채 서부를 향해 걸어갈 뿐이다."[13] 어느 체로키족 사람의 회상이다.

많은 아이들을 포함해 4,000명이나 되는 체로키족이 1838년에서 1839년 겨울, 눈물의 길에서 추위와 굶주림, 질병으로 사망했다. 살아남은 사람들은 미시시피강 서쪽의 낯선 땅에서 새로운 삶을 꾸려나가야 할 신세였다.

눈물의 길을 걷는 도중과 그 이후에, 체로키족 가운데 여러 지도자가 부족을 돕기 위해 나섰다. 제시 부시헤드도 그 가운데 한 명이다. 그의 할아버지 존 스튜어트는 미국독립혁명이 일어나기 전에 영국 군대와 함께 스코틀랜드에서 북아메리카로 건너온 사람이었다. 스튜어트는 체로키 여인과 결혼하여 남은 생을 부족 사람들과 살았으며, 붉고 곱슬거리는 더벅머리가 두드러져 부시헤드Bushyhead라는 이름을 받았다.

스튜어트의 손자인 제시 부시헤드는 체로키 전통문화 속에서 자랐으면서도 백인 선교사가 운영하는 학교에 다녔다. 미국 정부가 체로키족을 강제로 이주시킬 즈음, 제시 부시헤드는 침례교 목사가 되어 인디언에게 전도했으며, 통역자로서 인디언과 정부 관리의 소통을 도왔다.

부시헤드는 정부의 체로키족 이주에 반대했다. 그러나 강제 이주를 피할 수 없다는 사실을 인정하고 나서 가족과 기독교인 대부분으로 이루어진 1,000명가량의 체로키족 사람을 모아 서쪽으로 이끌었다. 노정은 여섯 달이나 이어졌다. 부시헤드와 그 일행이 오클라호마에 있는 인디언 영토에 도착할 무렵 일행 중 82명이 사망했으나, 눈물의 길에 오른 다른 무리에 비하면 나은 편이었다.

목숨을 잃은 부시헤드의 일행 가운데에는 당시 열일곱 살이던 그의 딸도 있었다. 그의 딸은 일행이 미시시피강을 건넌 직후 죽었다. 부시헤드의 나머지 아이들은 살아남아 장차 체로키족의 지도자와 조력자가 되어 아버지의 뒤를 따른다.

제시 부시헤드는 부족의 새로운 터전에서 침례교의 원로로 사역하며 정부가 보낸 구호 식량을 분배하는 책임을 맡았다. 그의 아들 데니스는 프린스턴대학교에 다니기 위해 보호 구역을 떠났다가 1849년 캘리포니아 골드러시에 참여했으나, 후에 돌아와 체로키족을 정치적으로 대변하는 추장의 역할을 맡았다.

부시헤드 가문의 잘 알려진 일원으로는 눈물의 길 당시 네 살이던 그의 딸 캐리가 있다. 캐리는 노정에서 생존하여 가족과 함께 오클라호마에 도착한 후 체로키 소녀들의 학교에 다녔으며 이후 침례교 선교를 위해 세운 학교에서 많은 체로키 아이들을 가르쳤다. 눈물의 길에서 살아남은 이 교육자는 1909년 사망한 이후, 제자들과 그 지역의 주민으로부터 캐리 아주머니Aunt Carrie라는 이름으로 기억되고 있다.[14]

5
노예의 삶

북미 원주민은 백인 사회의 경계 바깥에서 살았다. 아프리카계 미국인은 그와 달리 백인 틈에서 살았다. 남부에서는 플랜테이션에서, 북부에서는 빈민 지역인 게토에서 살았다. 데이비드 워커는 이 두 세계를 모두 잘 아는 흑인이었다.

노스캐롤라이나가 고향인 워커는 1785년 흑인 노예 아버지와 자유인 신분의 어머니 사이에서 태어났다. 그는 어머니의 신분을 물려받아 자유로웠다. 그렇다고는 해도 자기와 같은 피부색의 사람들이 재산으로 규정되는 현실에서, 그는 노예제의 잔혹함과 부정의에 대한 분노로 가득 찼다. 그는 어떻게든 읽고 쓰는 법을 배웠다. 역사를 공부하고 미국의 흑인이 어째서 이런 끔찍한 상황에 놓이게 되었는지 알고 싶었다.

워커는 북부의 보스턴으로 가 헌 옷을 팔고 살면서도 이 물음에 대한 답을 찾으려 했다. 그는 북부 사회의 자유도 겉치레에 불과할 뿐이라는 사실을 깨달았다. 실제로는 북부의 흑인도 열등한 존재로 취급받으며 백인의 구두나 닦는 하찮은 일거리밖에는 할 수 없었다.

워커는 노예제를 없애려면 무력에 의존하는 수밖에 없다고 믿었다.

1829년 출간한 『세계 유색인 시민에게 보내는 호소문Appeal to the Coloured Citizens of the World』에서 그는 "주인들은 우리를 그들의 노예로 삼기 원하며 우리 목숨을 없애는 것쯤은 대수롭지 않게 여긴다"[1]며, 언젠가 노예 신분의 흑인이 억압자에 맞서 일어난다면, 그 결과는 "죽이거나 죽임을 당하거나" 둘 중의 하나일 거라고 내다보았다. 남부의 의회에서는 워커의 책이 널리 배포되지 못하도록 막았다. 한편 북부에서는 노예제 폐지론자들도 그의 강한 언어를 비판했다. 그러나 정작 워커가 들춰낸 것은 미국 내 흑인의 충격적인 실태였다. 남부에서는 노예로 살아가고, 북부에서는 사회적으로 버림받는 것이 흑인의 현실이었다.

약속의 땅, 북부?

1860년, 북부에는 아프리카계 미국인이 22만 5,000명가량 있었다. 북부는 미국독립혁명 이후 노예제를 폐지했기 때문에 그들은 "자유"였다. 그렇다고는 해도 그들은 여전히 사악한 인종차별의 표적이었다.

흑인은 어디를 가든 차별과 분리를 겪었다. 숙박업소 대부분과 식당에서 출입이 금지되었다. 극장과 교회에서는 별도의 구역에 앉아야 했으며, 그 위치도 언제나 뒤편이었다. 흑인 아동은 보통 별도의 낙후된 학교에 다녔다. 백인 동네에 있으면 부동산의 가치가 떨어진다고 말이 많았기 때문에 흑인은 붐비고 더러운 빈민가에 갇혀 살아야 하는 신세였다. 그들은 좋은 일자리에서도 배제되었다. 1850년 뉴욕에 사는 흑인 노동자의 약 90퍼센트는 하찮은 일만 해야 했다. 어느 젊은 아프리카계 미국인의 하소연이 그 상황을 잘 드러낸다. "나를 고용하려는 사람은 아무도 없을 것이다. 백인들은 나와 일하려 하지 않는다."[2]

흑인은 투표권에도 제약이 있었다. 일례로 뉴욕에서 백인은 여러 가지 방법으로 투표 자격을 갖출 수 있었다. 재산을 소유하거나, 세금을 납부하거나, 민병대에 복무하거나, 도로 건설 현장에서 노동을 하면 투표를 할 수 있었다. 반면에 흑인은 투표를 하려면 재산을 소유해야 한다고 규정돼 있었다. 펜실베이니아에서는 제약이 더 심해서, 1838년에는 백인 남성만 투표할 수 있도록 제한할 정도였다.

이게 끝이 아니었다. 아프리카계 미국인은 백인의 공격으로 고통받기까지 했다. 북부의 여러 도시에서는 백인 무리들이 흑인 거주 지역으로 쳐들어와 그들을 죽이고 집과 교회를 파괴하는 행위를 멈추지 않았다. "형제애의 도시" 필라델피아에서조차도 흑인을 대상으로 한 유혈 폭동이 몇 차례 일어났다. 1834년 광포한 백인들이 흑인은 이 도시에서 사라져야 한다며 폭력을 행사한 것이 그 예이다.

사회에는 흑인이 백인보다 열등하다는 편견이 만연했다. 흑인은 어린애 같으며 게으르고 어리석은 존재, 범죄에 빠지기 쉬운 존재로 여겨졌다. 인종 간 교제는 순수 백인의 질서를 위협하는 행위로 여겨졌다. 인디애나와 일리노이에서는 인종 간 결혼을 불법으로 규정했으며, 그것이 법에 어긋나지 않은 곳에서도 모진 비난을 받았다. 전반적으로 북부는 흑인에게 약속의 땅이 아니었다. 북부의 흑인은 노예는 아니었지만, 자유의 몸은 더더욱 아니었다.

플랜테이션의 노예

한편, 1860년 남부에는 400만 명의 아프리카계 미국인이 노예 신분에 묶여 있었다. 남부 전체 인구의 35퍼센트를 차지하는 수였다. 그들 대다수가 스무 명 이상의 노예를 거느린 대농장인 플랜테이션에서 일했다.

어느 노예가 묘사한 일과는 아래와 같다.

날이 밝자마자 손은 항상 목화밭에 가 있어야 하며, 정오가 되어 하루치 끼니로 나온 식은 베이컨을 삼키라고 내준 십, 십오 분을 빼면 깜깜해져 아무것도 보이지 않을 때까지 한순간도 땐청 부릴 수 없다. 달이라도 밝은 날이면 한밤중에 불려 나가 일해야 할 때도 종종 있었다.[3]

주인들은 노예의 노동력을 관리하기 위해 다양한 규율과 통제 수단을 동원했다. 친절하게 대할 때도 있었지만 엄격한 기강이 필수적이며 노예가 주인을 두려워하게끔 길들여야 한다고 믿었다. 사우스캐롤라이나의 상원의원이면서 300명이 넘는 노예를 소유했던 제임스 해먼드가 그 이유를 설명했다. "우리는 점점 더 공포가 지닌 힘에 의존해야 한다. 우리는 결단코 주인의 자리를 지속할 것이며, 그러기 위해서는 매일매일 고삐를 더욱 세게 당겨야 한다."[4] 체벌은 흔한 일상이었다.

주인들은 심리적 통제 수단도 동원해서, 노예들 스스로 인종적으로 열등하며 속박된 삶이 어울린다고 믿게끔 세뇌하려 했다. 주인들이 노예를 문맹에 무지한 상태로 방치했기 때문에 노예는 자신을 돌볼 수 없는 존재라는 말도 들어야 했다.

　남부의 백인은 아프리카계 미국인 노예에 대해 상반된 두 이미지를 떠올렸다. 그중 하나는 노예를 어린애 같고 책임질 능력이 없으며 게으르면서도 인정은 많고 행복한 존재로 그리는 것이었다. 이런 특징이 모두 모여 "샘보Sambo"라고 하는, 주인을 사랑하며 얼굴 가득 웃음을 띤 정형화된 노예의 이미지가 만들어졌다.

　방긋 웃는 노예 이미지는 노예주에게 특별한 의미가 있었다. 미국이 노예제로 세계적 비난을 받는 상황에서 노예주는 노예제가 사실은 좋은 제도라는 것을 입증해 보이고 싶었다. 그들의 노예가 행복하고 만족스러운 상태로 보일 수 있다면, 노예는 주인의 보호가 필요한 존재라는 인식을 심어줄 수 있다면, 노예제가 비윤리적이라고 비난하는 사람들에게 자신들의 정당성을 입증할 수 있을 것이었다.

　그러나 또 다른 시각, 노예를 보는 암울한 시각 또한 남부 전역에 퍼져 있었다. 흑인은 야만인이며 미개인으로서 언제라도 주인을 향해 폭력적으로 돌변할 수도 있다는 견해였다. 노예주들은 흑인이 반란과 봉기를 일으키지 않을까 두려워했다. 루이지애나의 어느 노예주

"샘보"의 모습이 실린 1899년의 포스터.
아프리카계 미국인에 대한 백인의 기대가 드러나 있다.

는 모든 주인이 머리맡에 총을 두고 잠자리에 들던 시절을 떠올리기도 했다.

그런데 실제로 노예 봉기가 일어났다. 1831년 버지니아에서, 냇 터너라는 이름의 노예가 다른 노예 70명을 선동해 격렬한 봉기를 일으킨 것이다. 이틀간 이어진 이 봉기로 거의 60명에 달하는 백인이 사망했다. 터너는 주인의 대우에 불만스러워할 이유는 없었다고 자백했다. 그의 이야기에 따르면 이 봉기는 종교적 환영으로 촉발된 것이었다. 터너는 흑인의 영과 백인의 영이 싸우는 광경을 보았으며 자신의 귀에 적에 맞서 무기를 들고 봉기하라는 목소리가 들려왔다고 고백했다.

봉기 전까지만 해도 터너는 겸손하고 고분고분하며 처신도 잘하는 것처럼 보였다. 어쩌면 행복한 노예 "샘보"의 이미지에 딱 들어맞았다. 노예주로서는 그들의 노예를 샘보라 여기다 보면 양심의 가책에서 벗어날 수 있었으며, 노예가 잘 통제되고 있다고 안심할 수 있었다. 그러나 샘보처럼 처신했던 노예라도 실은 주인의 호의를 얻거나 살아남기 위해 충성스러운 노예의 역을 맡아 연기한 것일 뿐 속마음을 드러내지 않았던 것일 수 있다. 겉보기에 "착한" 노예도 자기들을 파괴할 음모를 꾸밀 수 있다는 것이 냇 터너의 봉기로 드러나자 백인은 이내 초조해지기 시작했다.

남부 도시의 노예

남부의 노예라고 해서 모두 플랜테이션에서 살며 일한 것은 아니다.

1860년 남부 도시에는 7만 명의 노예가 의류 공장, 용광로, 담배 공장 등지에서 일하며 살았다. 그들 중에는 임금을 벌어 오라고 주인이 "대여"한 노예 신분의 노동자가 많았다. 노예의 원주인은 노예의 고용주나 노예에게서 주급을 챙겼다. 조지아주 서배너의 어느 노예는 대여 노동을 이용해 자기 실속을 챙기기도 했다. 그는 우선 자기 시간을 갖는 대가로 주인에게 1년에 250달러를 주기로 하고 다달이 갚아나갔다. 그리고는 다른 노예 일고여덟 명을 고용해 일하게 했다.

대여 노동이 유행하면서 노예제가 약해졌다. 노예들은 더는 주인의 직접 감시하에 놓이지 않아도 되니 자기들을 조이던 고삐가 느슨해지는 것을 느꼈다. 스스로 돌보면서 독립적인 생활도 누렸다. 흑백을 막론하고 자유인 신분의 노동자와 어울리면서 그들은 자유로워진다는 것이 무엇을 의미하는지 깨닫게 되었다. 그러나 남부의 흑인 노예를 속박하던 고삐를 잘라내려면 재앙에 가까운 전쟁을 각오해야 했다.

노예 출신의 개혁가 프레더릭 더글러스

프레더릭 더글러스는 1818년경, 메릴랜드에 있는 토머스 올드 소유의 플랜테이션에서 노예로 태어났다. 그의 어머니는 흑인 노예였으며, 아버지는 올드일 것으로 추정되는 백인이었다. 더글러스는 흑인 조부모가 있는 오두막에서 아주 어린 시절을 보내며 거기서 훗날 "플랜테이션에서 종종 발생한 잔혹한 광경"[5]이라 부른 환경으로부터 보호받으며 지냈다.

꼬마가 된 더글러스는 볼티모어에 있는 주인의 형제 휴 올드의 집으로 보내졌다. 처음에는 별 탈 없이 생활했다. 올드의 아내인 소피아는 어린 노예 소년을 어머니처럼 돌봐주었다. 더글러스가 읽기를 배우려는 욕구가 커지자 직접 가르치기도 했다. 더글러스는 배우는 속도가 빨랐고 소피아도 그의 진전을 자랑스럽게 여겼다. 그러나 그것도 소피아가 이 사실을 남편에게 말하기 전까지였다.

성난 휴 올드는 교육이 노예를 망칠 것이라며 소피아의 읽기 수업을 금지했다. 남편의 분노는 소피아에게도 해로운 영향을 끼쳐서, 소피아는 더글러스를 더는 가르치지 않았을 뿐 아니라 그가 책 읽는 모습을 발견이라도 하면 가차 없이 뺏어버렸다. 그러나 더글러스는 기회가 있을 때마다 책을 읽었고 책도 더 구하려고 애를 썼다. 백인 친구에게 철자 수업을 받기도 했다.

도회지인 볼티모어의 노예제는 플랜테이션에서만큼 엄격하고 가혹하지 않았다. 흑인이라고 해서 모두 노예인 것은 아니라는 사실을 더글러스는 볼티모어에서 알았다. 그는 이곳에서 자유인 신분의 흑인을 보며 탈출하여 자유를 찾고 싶은 갈망을 키워갔다. 그러나 더글러스가 열여섯 살이 되자 토머스 올드는 그를 커비라는 이름의 가난한 농부에게 보내 일을 시켰다. 커비는 노예 조련사로 악명이 높은 사람이었다. 커비는 더글러스의 기를 꺾고 그를 고분고분한 노예로 만들고자 했다. 그러나 걷어차이고 두드려 맞고 채찍질 당하면서도 더글러스는 굽히기를 거부했다. 이 잔인한 노예 조련사에 맞서고 저항을 거듭하던 어느 날, 더글러스는 자신이 비록 노예의 몸이지만 정신만은 자유인이라는 사실을 깨달았다.

그는 자유롭게 살 수 있는 주로 몇 번의 탈출을 시도하다 마침내 1838년, 친구들의 도움을 받아 연락선과 기차, 증기선을 갈아타며 필라델피아로, 그곳에서 뉴욕으로 가 노예제 반대 운동가의 집에 들어갔다. 이후 더글러스는 노예제 폐지라는 대의에 동참했다. 1895년 죽을 때까지, 그는 노예제와 인종차별에 맞서는 대변인의 역할을 자처했다. 더글러스는 흑인 또한 미국인이라고 믿어, 흑인이 마침내 백인과 한데 어우러지고 미국 사회에 흡수될 날이 오리라 예견했다.

남북전쟁으로 찾은 자유

남북전쟁은 남부의 대농장주 계급에서 촉발됐다. 이 엘리트 집단은 남부 백인 인구의 단 5퍼센트에 불과했지만 그 지역의 정치를 지배했다. 대농장주 계급은 노예제로부터 오는 이익을 지키기 위해 1861년 연방에서 자기가 속한 주를 탈퇴시켰다. 그러나 대통령인 에이브러햄 링컨은 그들이 미국의 결속을 해치도록 내버려 두지 않았다. 그 결과 북부의 여러 주가 속한 북부연방과 남부의 탈퇴한 주로 구성된 남부연합 간의 길고 쓰라린 남북전쟁이 일어났다.

처음에 링컨은 북군에 아프리카계 미국인을 입대시키지 않으려 했는데, 흑인 병사가 있는 부대에서 백인이 함께 싸우기를 거절할 것이 염려되기도 했기 때문이다. 그러다 1863년 북부연방에 병력이 부족해져 전쟁에서 패할 위기에 처하자, 링컨은 비로소 흑인을 입대시켜도 된다는 허가를 북군의 장군들에게 내렸다.

총 18만 6,000명의 흑인이 북군으로 참전했다. 전쟁이 끝날 무렵, 참전 흑인 중 3분의 1이 죽거나 실종됐다. 링컨이 짚었듯이, 아프리카계 미국인이 참전하지 않았다면 북부는 전쟁에서 패했을 것이다.

전쟁에 승리함으로써 미국은 다시 결속을 회복했고, 노예제 또한 폐지되었다. 1863년 링컨의 노예해방선언으로 노예는 자유를 찾았으며, 1865년 미국 헌법으로 비준된 수정헌법 제13조로 노예제는 끝이 났다.

북군의 신병 모집 포스터. 1860년경.

주인의 죽음을 애통해하거나 자유의 몸이 되고 나면 어떻게 살아갈지 막막한 흑인도 있었으나, 대부분은 들뜬 마음으로 자유를 맞이했다. 노예 수천 명은 전쟁 중에 자기가 사는 지역에 북군이 들어왔다는 소식을 접하자마자 주인을 버리고 북군 진영으로 도망쳐 나왔다. 백인 노예주들은 충직한 "샘보"들이 자기들 곁을 떠나리라는 사실에 경악하고 말았다. 어느 백인 여성은 이렇게 하소연했다. "그놈들은 작별인사도 없이 가버렸다."[6]

"뉴사우스"의 흑인

남북전쟁이 끝나고 아프리카계 미국인은 자유가 되었지만, 급격히 뒤바뀐 사회에서 알아서 살아나갈 길을 찾아야 했다. 과거에 노예라 불리다가 이제 자유인이 된 그들은 학교가 필요하고 투표권을 갖고 싶었지만 무엇보다도 땅을 얻어 자신과 가족을 부양하고 싶었다.

북부의 일부 정치인도 자유를 얻은 노예에게 땅을 주어야 할 필요성에 공감했다. 그들은 남부 대농장주들의 대토지를 쪼개 자유를 얻은 사람들에게 분배하고자 했다. 그러나 대부분의 정치인들이 이 의견에 반대하여 토지 분배는 결코 법으로 구현되지 못했다.

전쟁 동안, 4만 명의 흑인이 북부연방의 장군 윌리엄 T. 셔먼의 명령으로 토지를 받았다. 그는 조지아와 사우스캐롤라이나의 넓은 지역을 흑인에게 남겨 각각 40에이커의 토지 소유권을 받도록 했다. 토지 소유권이 확정되기까지는 의회의 승인이 남아 있었지만, 흑인들은 자신들도 이제 땅의 주인이 되었다고 생각했다. 그러나 링컨의 암살 후 대통령이 된 앤드루 존슨이 남부의 대농장주들을 사면해 주었고, 이들은 예전 자기 땅의 소유권을 다시 주장하며 옛 노예들이 자기들을 위해 일하도록 압력을 넣기 시작했다. 이에 흑인 일부가 총을 들고서라도 자기 땅을 지킬 각오가 되어 있다며 저항하자 연방군 병력이 동원돼 땅을 몰수하고 토지 소유 증명서를 찢어버렸다. 대농장주들은 결국 옛 땅을 되찾았다.

이것으로 진정한 자유의 가능성은 사라지고 말았다. 북부연방의 어느 장군은 의회에서 다음과 같이 증언했다. "나는 농장주 대다수가 흑인이 지주가 되지 못하도록 방침을 정한 것이라고 생각합니다. 그들은 흑인이 계속 땅 없이 살기를 바라고 있습니다. 그것도 가능하면 거의 노예제 시절의 상태로 말입니다."[7]

남부의 흑인은 더는 노예가 아니었으나 자기 소유의 땅을 갖지 못한 채 임금 노동자가 되거나, 물납소작농sharecropper이 되는 도리밖에 없었다. 물납소작농이 되면 옛 주인의 땅에서 농사를 짓고 수확한 작물 일부를 그 대가로 받으며 살아가야 했다. 게다가 대농장주가 소유한 상점에서 물건을 사라는 강요에 시달리며, 부채를 갚을 만큼 벌지도 못하고 땅은 결코 살 수도 없는 경제의 악순환에 말려들고 말았다.

한편, "뉴사우스" 즉 새로운 남부가 모습을 드러내고 있었다. 이제 산업화의 길로 접어든 목화의 왕국에는 새로운 공장과 방직 공장이 들어섰다. 아프리카계 미국인은 제재소와 탄광, 철도 건설 현장에 투입되며 중요한 산업 노동력이 되었다. 1880년, 앨라배마주 버밍햄 산업 노동자의 41퍼센트가 흑인이었다. 30년이 지난 후에도 남부 철강 노동자의 39퍼센트는 흑인이었다.

그럼에도 재건기Reconstruction라 불리는 남부의 회복기에 아프리카계 미국인은 꾸준히 자유를 잃고 있었다. 차별이 만연했다. 민스트럴쇼°에 등장하는 인물의 이름을 딴 일명 짐크로법이라는 차별법이 남부 전역의 주에서 통과되었다. 열차와 극장, 병원과 식당에서 '흑인의 자리'를 따로 규정하여 분리를 강화한 이 법은 인종 분리의 뼈대가 되었다. 백인 정치인들은 흑인의 투표 자격을 박탈하기 위한 방법을 강구했다. 매년

○ 19세기 중·후반 미국에서 유행했던 코미디풍의 쇼이다. 백인이 얼굴을 검게 분장하고 흑인풍의 노래와 춤을 선보이며, 흑인 노예의 삶을 희화화했다.

수백 건의 법외 처형을 포함해 흑인을 배척하는 폭력이 발생하니 아프리카계 미국인은 그들의 권리를 찾는 것조차 신중히 해야만 했다. 19세기 말 즈음이 되었어도, 흑인 입장에서 진정한 진보의 가능성은 슬프게도 까마득한 일이었다.

노예 중에는 좋은 감정으로 자기 주인을 이야기하며 자신은 결코 학대받은 적이 없다고 주장하는 사람도 있었다. 그러나 그들은 사실 주인의 호의를 얻거나 살아남기 위해 속마음을 드러내지 않은 채 연기를 했던 것일지도 모른다. J. W. 로건이 바로 그런 경우다. 로건은 주인에게서 벗어나 북부로 탈출한 수천 명의 노예 가운데 한 명이었다.

로건은 1813년 테네시에서 노예 신분으로 태어났다. 그의 어머니 체리는 노예였으며, 아버지는 노예의 주인이었다. 로건은 젊은 시절 여러 차례에 걸쳐 노예의 속박에서 탈출하고자 시도하여, 마침내 스물한 살에 탈출에 성공해 캐나다로 넘어갔다. 1860년 그는 옛 주인의 아내에게서 편지 한 통을 받는다.

"우리가 너를 내 자식처럼 길렀다는 건 너도 잘 알 거야. 너는 결코 학대받은 적이 없다는 사실도 알 거라 믿는다. 그리고 네가 달아나기 직전, 네 주인어른께서 다른 데로 팔려가고 싶으냐 물었을 때도 너는 주인님을 떠나 다른 누구에게도 가지 않을 거라고 했지." 옛 주인의 아내는 이렇게 호소하며 로건이 그녀에게서 훔친 재산의 대가로 1,000달러를 갚으라 요구했다. 그 재산이란 다름 아닌 로건 자신의 몸이었다.

이에 로건도 격정적인 어조로 답장을 보냈다.

정말 가증스러운 분이시군요! 당신이 명심하셔야 할 게 있습니다. 나의 자유는 당신의 신체 전부보다도, 심지어 내 삶보다도, 하늘 아래 모든 노예주인과 폭군의 삶보다도 소중하다는 것 말입니다. 물론 나의 어머니와 형제와 누이는 말할 것도 없겠지요.

당신은 나를 사겠다는 제안이 들어왔으니 내가 당신에게 1,000달러를 보내지 않으면 나를 팔겠다 해놓고는 정말 아무렇지도 않다는 듯이, 숨도 쉬지 않고 줄도 바꾸지 않고 말하는군요. "우리가 너를 내 자식처럼 길렀다는 건 너도 잘 알 거야"라니요? 이보세요, 당신은 자기 자식을 시장에 팔려고 키웠습니까? 기둥에 묶어 채찍질하려고 자식을 키웠습니까? 족쇄 채운 노예 무리와 함께 떠나보내려고 키웠습니까? 나의 가엾기 짝이 없는, 피 흘리는 형제와 누이들은 어디로 갔나요? 말해줄 수 있나요? 그들을 사탕수수 농장으로, 목화밭으로 보내서 걷어차이고 따귀 맞고 채찍질에 등이 터져 신음하다 죽게 만든 사람이 누구인가요? 그들의 신음을 들어줄, 아니 임종을 지키며 아파해 줄, 운구를 따르는 피붙이 하나 없는 그곳으로 보낸 사람이 누구였던가요? 참으로 가증스럽군요! 당신이 그런 건 아니라고요? 그러면 내가 대답해 드리지요. 당신의 남편이 그랬다고. 그리고 당신이 그런 행동에 동조한 거라고. 그리고 당신이 보낸 바로 그 편지야말로 당신의 가슴이 그 모든 것에 동조한다는 것을 보여주고도 남습니다. 당신에게 진정 양심이란 게 남아 있다면 부끄러워 고개도 들지 못하겠지요.[8]

로건은 뉴욕주에 자리를 잡고 힘겹게 얻은 자유를 유효적절하게 활용했다. 그는 글을 깨우치고 흑인 아이들을 위한 학교를 세웠으며 노예제 폐지 운동을 했다. 남북전쟁이 발발하기 몇 해 전, 로건은 뉴욕주 시러큐스에 있는 자신의 집을 '지하철도'의 정거장°으로 운영했다. 지하철도는 자유를 찾아 탈출한 노예들에게 은신처를 제공하는 비밀 조직의 이름이었다.

○ 탈출 노예들에게 안전한 거처를 의미한다.

6
아일랜드인의 이주 물결

19세기 초반, 미국의 인종·민족 지형에 변화가 찾아왔다. 북미 원주민은 조상 대대로 살던 땅에서 쫓겨나 서부의 보호 구역으로 강제 이주했다. 아프리카계 미국인을 구속한 노예제는 남부를 무대로 확장해나갔다. 같은 시기, 아일랜드에서 일기 시작한 거대한 이민의 물결이 미국의 해안에 도착했다. 이 물결에 올라탄 이민자의 반 이상이 여성이었다.

아일랜드에서 온 사람들은 그들의 노동력을 매우 필요로 하는 동시에 그들에게 멸시를 보내는 사회에서 자리 잡으려 안간힘을 썼다. 그 과정에서 아일랜드계 미국인은 인종과 민족적 배경이 다른 소수 집단과 같은 역경에 직면하면서도, 그들과 경쟁하거나 마찰을 빚기도 했다.

소를 키울 테니 나가라

아일랜드인 이민자들의 생각에 자신들은 사랑하는 조국에서 탈출해야 했던 망명자였다. 그들은 영국의 박해를 받아 고국에서 어쩔 수 없이 떠나야 했던 신세를 한탄하곤 했다. 19세기 아일랜드인의 대규모 이민은 긴 역사를 두고 진행된 영국의 압제에서 근원을 찾을 수 있다.

영국은 12세기 시작과 함께 아일랜드 정복에 나섰고 그 영토를 탈취해 영국에서 온 식민지 정착민에게 넘겨주었다. 1700년경, 아일랜드인이 소유한 아일랜드 땅은 14퍼센트에 불과했다. 농부가 식량을 키우고 가족을 부양하려면 영국인 지주에게서 돈을 주고 땅을 빌려야 했다.

18세기에 영국인 지주들은 아일랜드에서 소유한 재산으로 수익을 더욱 늘리기 위한 조치에 들어갔고, 이로 인해 아일랜드인의 삶은 더욱 피폐해졌다. 영국에서 소고기 수요가 날로 높아지자 지주들이 농지를 소 목축에 전용하기 시작한 것이다. 농부의 들판에는 축우의 목초지를 대기 위해 울타리가 둘러쳐지고, 농부들은 살던 집과 땅에서 쫓겨났다. 한때 작물을 심고 수확하는 데 필요했던 사람들의 90퍼센트가 하루아침에 실업자 신세로 전락했다.

"극도로 가난한" 세입자의 나라, 주인이 따로 있는 땅에서 "진흙과 지푸라기로 지은 누추한 오막살이에 누더기를 걸친 채"[1] 사는 사람들의 땅. 1771년 아일랜드를 방문한 벤저민 프랭클린은 이렇게 기록했다. 1830년경, 아일랜드는 소고기 판매로 이익을 보고 있었으나, 정작 그 민중은 비참한 신세를 면치 못했다. 가족들은 좁은 오두막에 옹송그리며 지푸라기 더미로 만든 침대를 나누어 쓰고 감자로 연명했다.

대기근

아일랜드의 비참한 삶에도 대안은 있었다. 아일랜드인은 수천 명씩 무리를 지어 미국을 향해 떠나고 있었다. 떠난 사람들은 고국의 가족과 벗들에게 편지를 보내 미국에서 얻을 수 있는 부와 기회에 대해 말하곤 했다. 그들이 생각한 미국은 지주의 포학한 행위와 압제가 없는 나라였다. 1815년에서 1845년 사이, 100만 명에 달하는 아일랜드인이 미국으로 왔다.

그래도 대부분의 아일랜드인은 아일랜드를 떠나는 일만은 피하려 했고, 조국에서의 역경을 근근이 버텨내고 있었다. 그들은 자기 나라에서 이주 노동자가 되어 봄이면 공사 현장이나 농사일을 찾아 오두막을 떠났다가 가을이 되면 주인에게 갚을 임차료를 누더기 옷 안에 꿰매 입고 돌아왔다. 벌이라고 해봐야 보잘것없는 수준이었지만, 그럭저럭 작은 밭뙈기를 빌려 감자를 키우며 살았다.

그러던 1845년, 잘 알려지지 않은 곰팡이가 출현해 아일랜드 역사의 흐름을 바꾸었다. 이 곰팡이로 인한 마름병이 감자를 덮쳐, 첫해에만 40퍼센트의 작물이 땅에서 썩어 들어갔다. 치명적인 마름병은 1854년까지 해마다 찾아와 아일랜드 농민의 식량을 엉망으로 만들었다. 1855년 즈음이 되자, 100만 명에 이르는 사람들이 대기근으로 인한 굶주림과 질병으로 사망했다.

그러나 많은 지주들에게 기근은 더 많은 재산을 방목지로 바꿀 수 있는 기회였다. 임차 비용을 제때 낼 수 없는 농부들은 살던 오두막에서 쫓겨났다. 지주들이 소고기와 곡물을 영국의 시장으로 부지런히 실어 나를 때, 굶주린 아일랜드 농부들은 "주린 배를 잡고 피골이 상접한 해골"[2] 같은 몰골로 시골을 떠돌았으며, 그 가족들은 살기 위한 몸부림으로 해초까지 먹는 지경에 이르렀다.

대기근으로 덮친 죽음의 공포 앞에서 150만 명이나 더 미국으로 빠져나갔다. 그들은 미국행 뱃삯에 충당할 돈을 간신히 긁어모아, 갑판 아래 합판으로 짠 시렁이 미어터지도록 붐비는 배에 올랐다. 항해 중에 그리고 도착 직후에 수만 명이 병들어 죽었다. 감자 마름병이 사라진 후에도 아일랜드 농민들은 가난에 찌든 고국을 떠나 이민 행렬에 끼어들었다. 1855년에서 1900년 사이, 200만 명이 더 미국으로 이주했다.

노동자 부대

굶주림과 고통으로 아일랜드를 떠난 이민자들은 일자리를 바라보고 미국에 끌려들었다. 도로와 운하와 철도 등 미국을 엮는 대규모 건설 사업에 그들의 노동이 투입되었다. 어느 농부는 펜실베이니아의 국도에서 일하는 아일랜드 노동자들을 바라보며 감탄을 쏟아냈다. "불멸의 아일랜드 노동자 부대, 천 명의 철인이 짐마차와 손수레, 곡괭이와 삽과 폭파 도구로 무장하여 황무지를 고르고 산허리를 기어올라 … 황제가 타고 달리기에 부족함이 없는 도로를 남기고 떠나는구나."[3]

아일랜드인은 이리운하와 수천 킬로미터에 이르는 철도 건설에 기여했으나, 임시 고용 노동자 신세였다. 종종 가장 위험한 일에 투입되었기에 사고 발생률도 높았다. 펜실베이니아의 탄광에서 일하는 아일랜드 광부들은 시커먼 석탄 먼지를 들이마셔 폐가 망가졌다. 철도 건설 중에 사망하는 노동자가 많이 나오자 "철도에 누운 침목 하나마다 아일랜드인이 한 명씩 묻혀 있다"는 말까지 돌 정도였다.

이윽고 수많은 아일랜드 이민자에게 미국은 악몽인 것으로 드러났다. 그들은 개처럼, 혹은 그보다 못한 존재로 취급받고 "경멸당하며 혹사당하는"[4] 것에 불만이 쌓였다. 그들의 낙담을 담은 노래가 전해진다.

> 친척 한 명에게서 편지가 왔지
> 빨리 바다 건너오라는 거야,
> 거기서 엄청 많은 금을 찾을 거라며
> 그리고 고된 날도 가난한 날도 없을 거라며
> 이제 다시는
> …
> 맙소사, 배에서 내려
> 꾸물거리지도 않고 도시로 향했더니,
> 길모퉁이에는 금도 보이지 않네-
> 맙소사, 나는 정처 없이 떠도는 가난뱅이 신세가 되고 말았네.[5]

노동자를 갈라놓으라

아일랜드 이민자들은 노동자로서 착취당하는 것은 물론이고 중국인 노동자, 흑인 노동자와도 다투어야 하는 상황임을 깨달았다. 뉴잉글랜드 지역에서 발생한 노동자 투쟁에서 그런 상황이 발생했다. 당시 제화산업에 종사하는 아일랜드 노동자들은 저임금에 맞서 투쟁을 벌였다. 그들은 노동력 감축을 불러온 공장 기계화에도 반대했다.

단결된 목소리를 내기 위해 노동자들은 성크리스핀기사단Knights of St. Crispin이라는 노조를 조직했다. 성크리스핀기사단은 빠르게 성장해, 1870년 무렵에는 5만 명 규모의 노조원을 거느린 전국 최대 규모의 노조로 발돋움했다. 기사단은 임금 인상과 평일 8시간 노동을 요구하며 매사추세츠주 노스애덤스의 한 공장에서 파업을 벌였다. 그들은 공장주가 노조와의 교섭에 동의하기 전까지 작업을 거부하기로 결의했다.

공장주는 노조의 요구에 응하기는커녕, 샌프란시스코에서 중국인 노동자 75명을 불러와 파업에 참여한 노조원을 대체하는 것으로 대응했다. 중국인 노동자들은 감시가 붙고 문을 걸어 잠근 공장 구내의 공동 숙소에 머물렀다. 석 달이 채 지나지 않아 그들은 같은 수의 백인 노동자가 파업 전에 생산한 것보다 더 많은 수의 구두를 만들었으니, 공장주의 수익은 더 늘었다. 신문에서는 공장주의 대응 방식을 성공 사례인 양 치켜세웠다.

이 공장주의 조치에 인접한 구두 공장들에서 파업을 벌이던 노동자들은 정신이 번쩍 들었다. 중국인 노동자가 도착한 지 불과 열흘 후에 다른 공장들의 노동자들은 일자리를 잃을까 염려하여 공장으로 복귀했다. 10퍼센트의 임금 삭감도 받아들였다. 어느 잡지에서는 미국의 노조와 노조 가입 노동자 문제의 해결책을 중국인 노동자에게서 찾을 수 있다는 제안을 내놓았다. 중국인 노동자가 아일랜드인보다 더 열심히 일하고 더 빨리 배운다는 평이 돌았으며, 아일랜드 노동자의 본보기로 여겨졌다.

그렇지 않아도 세간 사람들에게는 아일랜드 출신 노동자들이 몹시 거칠고 미개하며, 무식하고 자제할 줄 모른다는 인식이 있었다. 보스턴의 목사인 시어도어 파커는 "사회의 위험 계급"이라는 설교에서 "참으로 열등한" 사람들이 있으며, 이 "미천한" 존재들은 "흑인, 인디언, 멕시코인, 아일랜드인 따위"[6]라고 주장할 정도였다.

본토의 아일랜드인은 영국의 '노예'나 다름없는 고국에서의 삶과 노예로서 억압받는 미국 흑인의 삶에서 동질감을 느꼈다. 1842년에는 수천 명의 아일랜드 시민이 흑인을 자신들과 동등한 존재이자 형제라 외치며 노예제 반대 청원에 동참하기도 했다. 그러나 아일랜드인은 대서양을 건너 미국에 오면서 아프리카계 미국인에 느꼈던 공감대를 잃는 듯 보였다. 미국에서 그들은 흑인을 배척하는 입장으로 돌아섰다.

아일랜드 이민자들은 일자리를 두고 흑인과 경쟁하면서 인종으로 주의를 돌렸다. 그들은 "백인의 나라"[7]에서 백인 노동자를 흑인에 우선하여 뽑아야 하지 않겠느냐고 물었다. 백인에 개신교도인 미국인 중에는 아일랜드인을 가톨릭 신자에 외국인이라 멸시하는 사람이 많았기 때문에, 아일랜드인 이민자들은 내부인이 되어 미국인으로 받아들여지고자 노력했다. 그러기 위해 그들은 같은 백인에게 본인들 역시 흑인에 적대적이라는 인상을 심어주었다. 아일랜드인으로서 백인 사회에 동화되거나 섞이기 위한 처신으로 아프리카계 미국인을 "나 아닌 나머지"로 차별화한 것이다.

아프리카계 미국인도 아일랜드인의 적대적 태도에 반아일랜드 정서로 대응했다. 그들은 가본 적도 없는 아프리카로 돌아가라는 식의 아일랜드인의 태도에 분개했다. 미국 토박이인 자기들의 일을 아일랜드에서 온 뜨내기들이 빼앗고 있다고 불만을 터뜨렸다. 흑인 기자 존 E. 브루스의 글에서 그런 감정을 읽을 수 있다. "유럽 사회의 인간쓰레기나 다름없는 저따위 추방자들마저 넘어와 사회와 정치적 특권을 마음껏 누릴수 있는 미국에서, 곱슬머리 어두운 피부색의 본토박이 미국인은 희생자로 전락하고 있으니 참으로 유감스러운 일이 벌어지고 있다."[8]

아일랜드인은 일찍이 모국에서 겪은 영국인의 편견과 억압에 가슴 깊이 원한이 사무쳐 있었다. 미국에서 그들의 분노는 사회적 서열이 낮은 계층으로 향하곤 했다. 흑인을 향한 적의는 결국 남북전쟁에서 터졌다. 이때 민주당은 노예 해방에 아일랜드계 군인의 생명이 희생되는 것을 당연시한다며 공화당을 비난했다. 그 노예들을 기껏 북부로 데려오고 나면 "정직한 아일랜드인의 일자리와 빵을 가로채는"[9] 일이 벌어질 것이라고 경고했다. 1863년 7월, 불안에 사로잡힌 아일랜드인이 폭도로 돌변해 뉴욕에서 흑인을 향해 들고 일어났다. 폭동은 나흘간 계속되다가 질서를 잡기 위해 군대가 파견되고 나서야 끝났다. 이 폭동으로 100명 넘는 사람들이 사망했다.

아일랜드 여성의 대규모 이민

아일랜드인과 흑인 사이의 노동 경쟁은 가사 노동직에서 격렬했다. 1830년 뉴욕시에서 가정부와 주택관리인, 요리사 등 가사 노동자의 다수는 흑인 차지였다. 20년 후에는 아일랜드 출신 여성이 그 다수를 차지했다. 그러나 아일랜드 농부의 딸들은 가정부에만 그치지 않고 공장 노동자로도 활약했다. 매사추세츠주의 로웰, 로드아일랜드주의 프로비던스 같은 방직 도시에 아일랜드 여성이 진출했다.

아일랜드인 이민자의 반 이상은 여성이었다. (대조적으로, 이탈리아 남부에서 온 여성 이민자의 비율은 21퍼센트, 그리스인 여성 이민자의 비율은 4퍼센트에 불과했다.) 아일랜드 여성이 대규모로 이동한 결과 1867년 뉴욕에서는 아일랜드 여성이 아일랜드 남성을 수적으로 크게 앞섰는데, 여성이 11만 7,000명, 남성이 8만 7,000명이었다.

아일랜드 여성이 고국을 떠난 이유는 아일랜드의 경제적 상황이 여성에게 유독 가혹했기 때문이다. 대략 1815년 이후부터 아일랜드에서는 농부가 토지를 자식들에게 고루 나누어주기보다는 아들 한 명에게만 물려주는 관습이 흔했다. 땅을 물려받지 못한 아들에게는 이민 외에 다른 길이 없었다. 상황이 이렇게 되니 아일랜드에서 결혼할 여유가 있는 남자의 수는 점점 줄어들었다. 젊은 여성층에서는 남편의 가족에게 보내는 결혼 지참금을 마련할 수 없으면 결혼 기회도 극히 줄어들 수밖에 없었다.

결혼율은 계속 떨어졌다. 전통적으로 여성의 주 수입원이던 직조 등 소규모 가내 수공업으로 생산된 제품의 시장도 내리막을 걸었다. 이 두 가지 추세의 여파로 수천 명의 여성이 아일랜드 경제에서 차단당하고 말았다.

그러나 대서양 건너편에서는 돈과 결혼의 기회를 찾아 아일랜드 여성이 찾아오기를 기다리고 있었다. 결혼 지참금이 없는 여성은 미국에서 남편을 찾을 수 있었다. 일자리도 찾을 수 있었는데, 특히 가정부 자리가 그들에게 열려 있었다.

아일랜드 여성은 다른 이민자 집단의 여성보다 가사 노동직에 고용될 기회가 더 많았다. 다른 국적의 여성은 남편이나 아버지와 함께 미국에 들어온 경우가 많은 반면, 아일랜드 여성은 미혼이고 가족에 매이지 않은 경우가 많았기 때문이기도 했다. 가사 노동 하인이 되면 임금 말고도 숙식을 제공받게 되었는데, 이 조건이 아일랜드 여성에게 유리했다.

그러나 고용살이는 주거와 식사, 임금 이상의 의미가 있었다. 이민자들로서는 새로운 문화에 눈을 떠 자신을 돌아보는 계기였다. 이 젊은 여성들은 영구적으로 정착하기 위해 미국으로 건너온 사람들이었다. 고용주 가족과 함께 살다 보니 미국 중산층의 내면을 들여다볼 수 있었고 그 효과로 새로운 사회에 잘 적응할 수 있었다.

미국인 가정 안에 산다고는 해도, 가정부인 이상 그들은 여전히 외부인일 수밖에 없었다. 고국의 가족과 멀리 떨어져 지내다 보니 모시는 가족과의 친밀한 관계에 목마른 사람도 있었으나, 외면당하기 일쑤였다. "가장 마음이 쓰인 것은 … 무시무시한 외로움이었다." 가정부를 지낸 어느 여인의 회상이 그 심정을 잘 대변해 준다. 자신을 고용한 가정의 사람들은 자기에게 일을 시키는 사람들일 뿐, 자기와는 아무 관계도 없는 사람들이었다. "결국에는 상심하게 될 뿐이었다."[10]

가사 노동직은 고된 일이기도 했다. 요리와 청소와 돌봄, 끊임없이 계단을 오르내리는 것은 말할 것도 없고 24시간 대기를 요구하는 일이었다. 혼자 자유롭게 지낼 시간이 없다 보니 가정부보다 공장일을 선호하는 여성도 있었다.

아이리시 레이스를 짜는 젊은 재봉사. 뉴욕, 1912년.

일과를 마치고 나서 우리가 원하는 것은 자유예요. 내가 아는 여자들 중에
는 괜찮게 사는 사람들도 있는데 … 그들은 그 일을 하는 대신 돈도 잘 벌고
옷도 잘 입고 모든 게 낫더랬지요. … 하지만 그들은 집에 있는 한 단 일 분
도 자기 시간으로 여기며 지낼 수 없어요. 우리는 (공장에서) 열 시간을 보
내지만, 일이 끝나면 그걸로 끝이에요. 그러면 저녁에 하고 싶은 걸 하며 지
낼 수 있거든요.

그러나 공장 일도 지속하기 어렵기는 마찬가지였다. 아일랜드 여성
의 노동력이 큰 비중을 차지한 뉴잉글랜드 지역의 방직 공장은 불결하
고 소음이 극심했다. 노동 환경은 위험하기 짝이 없었다. 1860년, 로웰

의 공장이 무너지며 900명의 노동자가 안에 갇혔다. 곧이어 화재가 발생해 갇힌 노동자들은 공포에 사로잡혔으며, 이내 참화로 이어지고 말았다. 이 사고로 88명의 노동자가 목숨을 잃었다.

아일랜드 여성의 고용이 집중된 분야는 재봉 산업이었다. "바느질할 줄 아는 여자치고 할 일 없이 빈둥거리며 사는 여자는 없어요."[11] 아일랜드의 집에 보낸 편지에 어느 여성이 전한 말이다. 1900년 무렵 미국 전역의 침모와 재봉사 가운데 3분의 1이 아일랜드 출신 여성이었다. 하지만 재봉 노동도 방직 공장의 일과 마찬가지로 고되고 불결하고 반복적이었다.

이런 고된 여건에도 불구하고, 많은 아일랜드 여성에게 미국은 여전히 기회의 땅이었다. "여기는 좋은 곳, 좋은 나라"[12]라며 고국의 부모에게 소식을 전하는 어느 딸의 편지에서도 이를 확인할 수 있다. 아일랜드 여성에게 미국은 일자리와 임금에만 그치지 않고 자립, 다시 말해 남편이나 아버지에 의지하지 않고 스스로 보살피며 살 수 있는 기회가 있는 나라였다. 아직 아일랜드에 있는 여동생에게 어느 여성이 그 마음을 전했다. "난 아주 잘 지내고 있어. 하는 일도 마음에 들고 … 새 삶을 찾은 것 같단다."[13]

아일랜드인의 저력

아일랜드 여성 이민자의 직업은 주로 가사 노동직이나 공장일에 한정됐지만, 그들의 딸 세대는 선택의 여지가 더 많았다. 1900년에는 이민 온 아일랜드 여성의 61퍼센트가 재봉사나 세탁부였으나, 미국에서 태어난 그들의 2세 여성 가운에 같은 직종을 따른 이는 19퍼센트에 불과했다. 아일랜드인 이민자의 딸들은 교육을 받아 교직과 간호, 비서 같은 사무직에 진출했다. 아일랜드 여성이 이룬 진전은 이민자 2세대의 사회·경제적 지위가 높아지면서 아일랜드인이 거둔 폭넓은 성공의 전형으로서 비추어졌다. 뉴욕주 포킵시의 존 커니 집안은 그런 전형이 무엇인지 잘 보여주는 사례다. 커니는 아일랜드에서 미국으로 건너와 비숙련 노동자로 시작해 고물상으로 일했다. 그의 아들 한 명은 우편물 분류원에서 시작해 도로 관리소장의 지위에 올랐으며, 또 다른 아들은 식료품점 직원에서 시작해 도시 상수도 감독관이 되었다.

아일랜드인이 백인이라는 점도 미국 사회의 주류로 흡수되는 데 유리하게 작용했다. 백인 이민자는 귀화 시민이 될 수 있었으며, 젊은 백인이라면 상위권 대학에 지원할 수도 있었다. 반면에 중국인은 인종차별적 법에 의해 귀화 시민이 되는 길이 가로막혀 있었으며, 아프리카계 미국인 상당수는 투표권을 박탈당했다. 그런데도 아일랜드계 미국인은 투표권이 있었고, 정치적 힘을 키우기 위해 이 권리를 활용했다.

뉴욕, 필라델피아, 보스턴 등 아일랜드계 인구가 많은 도시에서 아일랜드계 유권자는 아일랜드계 후보를 지지했다. 1890년 무렵, 아일랜드계 이민자가 북부 도시에 있는 민주당 조직 대다수를 장악했다. 시장과 시의원은 경찰서와 소방서, 시영 지하철과 항구, 그리고 다른 곳도 아닌 바로 시청의 일자리로 아일랜드 유권자들에게 보답했다. 아일랜드계 정치 거물들도 아일랜드 출신이 소유한 건설회사에 공공사업을 맡겼다. 그와 때를 같이 하여, 아일랜드계 후손의 번창을 도모하는 민족 협회들이 구인 네트워크 역할을 하며 직업을 알선했다. 이처럼 민족성에 바탕을 둔 전략으로, 아일랜드계 미국인은 상부상조하며 무일푼에서 시작해 인생 역전을 일구었다.

아일랜드계 미국인의 성공 한편에서는 민족적 정체성과 동질성에 대한 의식이 시험대에 오르기도 했다. 아일랜드인 이민자는 그들의 고유 언어인 게일어를 아이들에게 가르쳐야 한다고 촉구하기도 했다. 아일랜드계 미국인으로서 고국과의 결속을 유지하고 그 역사를 잊지 않기를 바랐던 것이다. 그러나 그중에는 미국에서의 삶이 옛 삶과 달라졌다는 사실에 환호하는 이들도 있었다. 어느 이민자가 그 감정을 당당하게 밝혔다.

이곳의 2세대는 그들의 조상이 누구인지 관심이 없다. … 우리는 그들에게 (아일랜드에서의) 삶이 실제로 어떠했는지 결코 들려준 적도 없고 방문하라고 권하지도 않을 것이다. 우리가 그곳을 떠난 순간, 우리는 구세계를 뒤에 남겨두고 온 것이며, 이제 우린 모두 미국 시민이고, 미국 시민이란 사실에 자부심을 느낀다.[14]

메리 해리스는 소녀 시절 미국으로 이민 온 수백만 아일랜드 여성 가운데 한 명이다. 그녀는 노년기에 접어들어 노동자의 어머니, 마더 존스로 알려지며 미국 노동자의 권리를 위해 투쟁했다. 그녀가 싸우며 지킨 대상에는 어린이도 포함됐다. 어느 검사는 노동자 계급을 대변하며 직접 행동으로 맞선 그녀를 법정에 세우고 나서 "미국에서 가장 위험한 여성"이라 지적하기도 했다.

메리는 1837년 아일랜드의 도시 코크에서 태어났다. 열네다섯 살 무렵, 그녀는 가족을 따라 캐나다로 향했고, 후에 미국으로 이주했다. 미국에서 교직에 있다가 나중에는 양장점을 운영하였으며, 제철노조 운동가인 조지 존스를 만나 결혼했다.

메리 존스는 살던 지역을 휩쓴 황열병에 네 아이와 남편을 모두 잃고 혈혈단신이 되었으며, 1871년에는 시카고 대화재로 집과 양장점까지 모두 잿더미가 되고 말았다. 두 차례 비극적인 사건을 겪은 후, 그녀는 노동운동에 뛰어들었다. 당시는 노동자들이 안전한 노동 환경과 임금 인상을 목표로 투쟁하며 노동운동이 전국에 휘몰아치던 시기였다. 그녀는 노동조합 지원을 조직하고 노동자 파업을 주도했다. 노동자의 투쟁이 노동자 가족 전체에 영향을 끼친다는 사실을 깨닫고는 노조 운동을 지지하는 대중 행진에 파업 노동자의 아내와 아이들을 참여하게 했다.

20세기 초는 광산과 공장에서 어린이를 고용해 노동을 시키는 행위가 여전히 합법이던 시기였다. 터무니없이 낮은 임금을 받으며 일주일에 무려 60시간이나 일하는 아이들도 있었다. 메리 존스는 이 같은 아동착취에 단호히 반대하여 약 200명이 참여하는 행진을 조직했다. 참여인원 가운데 상당수가 어린이 노동자였다. 행진은 펜실베이니아주의 필라델피아에서 시작해 시어도어 루즈벨트 대통령의 집이 있는 뉴욕주 오이스터만까지 몇 주에 걸쳐 진행됐다. 이때 어린 참가자들이 내걸고 다닌 펼침막에는 "우리는 탄광이 아니라 학교에 가고 싶다!"는 외침이 적혀 있었다.[15]

마더 존스는 행진 곳곳에서 연설을 하며 아동노동을 제재하는 엄격한 법을 만들어야 한다고 촉구했다. 그녀가 코니아일랜드에 모인 군중에게 한 연설은 오늘날 "아이들의 통곡The Wail of the Children"이라는 제목으로도 알려져 있다. 연설은 다음과 같이 시작한다.

길고도 고된 행진 끝에 목적지를 불과 몇 킬로미터 남겨둔 지금, 우리는 루즈벨트 대통령을 만나러 오이스터만으로 향하는 길에 있습니다. 우리는 의회가 탐욕에 눈먼 업자에 맞서 어린이를 보호하는 법안을 통과시키도록 힘써달라고 대통령에게 요구할 것입니다. 우리는 대통령이 아이들의 통곡 소리에 귀 기울이기를 강력히 원합니다. 학교에 다닐 기회라곤 전혀 없이, 필라델피아의 방직 공장에서 하루 열 시간, 열한 시간이나 노동에 시달리며 대통령과 여러분이 밟고 걸어 다니는 카펫을, 민중의 커튼과 의복을 직접 짜는 그 아이들의 통곡 소리 말입니다.

지금으로부터 50년 전, 노예제에 반대하는 외침이 들렸고 북부의 민중은 흑인 아이들이 경매장에서 팔려 다니지 못하도록 자기 목숨을 기꺼이 내던졌습니다. 오늘날에는 백인 아이가 주당 2달러에, 그것도 자기 부모의 손에 이끌려 공장주에게 팔려갑니다. …

우리는 이 어린아이들의 쓰라린 가슴에 맹세코 그들이 해방되도록 요구할 것입니다. 나는 어젯밤 매디슨광장 벤치에서 자는 사람들을 보았으며, 밤이 되면 잠들 침대도 없이 차가운 바닥에 눕는 불행한 사람이 단 한 명이라도 있는 한 이 나라는 결코 위대하다고 불릴 자격이 없음을 대통령에게 말할 것입니다. 나는 그가 자랑하는 번영이 실은 부자가 가난한 사람을 쥐어짠 대가로 얻은 번영이라는 사실을 그에게 말할 것입니다.

아이들이 방직 공장에서 밤낮없이 노동하는 조지아에서는 노래하는 새들을 보호하기 위한 법안을 막 통과시켰습니다. 그렇다면 모든 노래를 잃어버린 이 작은 아이들은 어떻게 할 것입니까? …

미국에서 태어난 남자 시민이라면 모두 대통령이 될 기회가 있다고 합니다. 저는 여러분에게 이 점을 말하고자 합니다. 공원에서 침대 없이 자는 굶주린 남자는 제대로 된 한 끼 식사에 자기의 기회를 팔 것이며, 몸과 마음과 도덕이 망가지고 왜소해진 이 작은 노동자들은 그들 앞의 고통 말고는 아무것도 없이 학교에 다닐 기회도 잃은 채, 자기도 언젠가는 대통령의 자리에 앉을 기회가 있다는 꿈조차 갖지 못할 것이라고 말입니다.[16]

마더 존스가 어린이 십자군이라 부른 행진은 대통령과 만나는 목표를 이루지는 못했으나, 아동노동에 대한 대중의 관심을 끌어냈다. 미국 노동운동사를 연구하는 학자들은 아일랜드 출신 이민자 여성이 이끈 어

린이 십자군이 아동노동법의 개선으로 향하는 중요한 첫걸음이었다고
평가한다.

7

멕시코 영토 정복 전쟁

아일랜드 여성이 매사추세츠의 방직 공장에서 일하고 아일랜드 남성이 도로와 철도를 건설하던 시기, 미국의 변경은 서쪽으로 이동했다. 미국은 다른 나라에서 사들이거나 조약을 맺어, 또는 무력을 동원해 영토를 확장했다. 1840년대에 멕시코-미국 전쟁으로 아일랜드인 이민자, 그중에서도 남성은 미국을 위해 일할 또 다른 직업을 찾았으니, 인접국 멕시코와의 분쟁에 참여해 군인으로 복무하는 것이었다. 이 전쟁으로 캘리포니아와 북아메리카대륙의 남서부가 미국 영토에 편입되고, 미 제국은 더욱 크게 확장되었다. 또한 이 전쟁을 계기로 미국의 다양성에 또 다른 민족 집단이 추가되었다. 멕시코인이었다.

갈등의 땅, 테하스

미국과 멕시코 사이의 갈등이 처음으로 폭발한 곳은 테하스Tejas라 불리는 멕시코의 영토로, 지금은 텍사스로 알려진 곳이다. 텍사스는 본래 멕시코의 영토였지만, 1820년대부터 미국인이 멕시코 국경을 넘어가 정착해 살기 시작했다. 그중에는 목화를 재배할 새 땅을 찾아 남부에서 온 노예주가 많았다.

1826년 존 퀸시 애덤스 대통령이 100만 달러에 텍사스를 사려고 했지만 멕시코는 이 제안을 거절했다. 1년 후, 멕시코 정부는 미국의 서부 확장을 염려하여 텍사스의 상황을 조사하도록 했다. 조사 결과 멕시코의 법을 어기고 그곳에 넘어와 당국의 허가 없이 땅을 차지하는 미국인이 늘고 있다는 사실이 확인되었다. 멕시코군의 호세 마리아 산체스 중위는 텍사스 오스틴에 있는 미국인 정착지를 방문하고 나서 다가올 분쟁을 예견했다. "내 판단으로는 우리에게서 텍사스를 앗아갈 전란의 불씨가 이 부락에서 시작될 것이다."[1]

밀려오는 미국인의 물결을 막기 위해서, 멕시코 정부는 1830년 노예제를 불법으로 규정하고 미국인이 더는 텍사스로 이주하지 못하도록 막았다.

텍사스에 있는 미국인은 이 조치에 격분했으며, 많은 사람들이 멕시코의 노예제 반대법에 맞서기로 결의했다. 같은 시기, 더 많은 미국인이 멕시코의 국경을 넘어와 불법 체류자 신분으로 살았다. 1835년이 되자 텍사스의 미국인은 2만 명에 이르렀는데, 이것은 4,000명에 불과한 멕시코인을 크게 웃도는 수치였다.

터질 듯한 긴장감이 감돌았다. 미국의 정착민 스티븐 오스틴은 1820년에 멕시코 정부의 허가를 받아 300명의 정착민 가족을 이끌고 텍사스에 들어왔으나 이제 그들에게 텍사스를 "미국식으로 바꾸자"고 촉구하며 그 땅에 미국 깃발을 꽂았다. 그는 미국의 문명화된 백인과 멕시코의

"스페인 피가 섞인 인디언과 흑인 잡종"[2] 간의 충돌은 피할 수 없다고 믿어, 미국인에게 소총으로 무장하고 텍사스로 올 것을 요청했다. 그리고 마침내 대결을 선언했다. "우리가 의지할 수 있는 것은 전쟁뿐이다. 다른 해결책은 없다."[3]

전쟁의 서막

1836년, 텍사스의 미국인 일부가 샌안토니오 읍내의 알라모라고 불리던 요새에 바리케이드를 두르고 무장 반란을 일으키면서 전쟁의 기운이 감돌기 시작됐다. 멕시코 정부는 그들의 행동을 불법으로 규정하고 군대를 보내 반란을 진압하려 했다. 반란군은 항복을 거부하다 이어진 전투에서 전멸했다. 멕시코 군대는 인근의 도회지 골리애드를 함락하고 미국인 포로 400여 명을 처형했다.

"알라모를 기억하라!"는 구호 아래 반격을 시작한 미국인은 멕시코 병사 630여 명을 죽이고 지휘자를 생포했다. 의기양양해진 미국인은 텍사스를 독립국으로 선포하고 론스타공화국이라고 이름 지었다.°

멕시코가 인정을 거부한 새 공화국은 독립국 지위를 오래 이어가지는 못했다. 텍사스는 1845년 미국에 합병되었다. 멕시코는 이에 대한 항의로 미국과의 외교 관계를 단절해 버렸다. 두 나라 사이의 긴장이 점

° 미국은 당시 노예제를 지지하는 텍사스를 받아들일 경우 남북 갈등이 폭발할 것을 우려해 텍사스의 연방 편입을 승인하지 않았다. 텍사스인은 스스로를 '외로운 별'로 여겨 론스타 Lone Star라는 이름을 지었다.

점 높아져 가는 가운데 두 개의 강이 포함된 국경 논쟁에서 팽팽히 대립했다.

미국은 텍사스와 멕시코의 국경이 리오그란데강이라고 주장했다. 반면에 멕시코는 그보다 북쪽으로 240여 킬로미터 떨어진 누에시스강이 국경이라고 맞섰다. 두 나라는 두 강 사이의 지역에 병력을 보냈다. 미국은 재커리 테일러 장군이 이끄는 병력을 보내 리오그란데강 어귀를 지키고 멕시코 배의 출입을 막았으니, 이것은 국제법에 따르면 전쟁 행위나 다름없었다.

1846년, 두 나라 병력 사이에 무력 충돌이 벌어지자 미국 정부는 이를 멕시코와의 전쟁을 선언할 구실로 삼았다. 제임스 포크 대통령은 "전쟁을 피하려는 우리의 모든 노력에도 불구하고, 전쟁은 이제 현실이 되었다"[4]고 선언했다. 그러나 국경 논쟁 뒤에 숨어 전쟁을 불러온 진짜 원인은 다름 아닌 캘리포니아에 있었다.

빼앗긴 캘리포니아

스페인은 캘리포니아를 멕시코 식민지의 일부로 간주해 진작부터 식민지로 다스리고 있었고 1769년부터 이주민을 보내기 시작했다. 이주민 가운데는 스페인 혈통도 있었으나, 인디언과 흑인 혼혈로서 지독한 가난에 쫓겨 캘리포니아로 온 사람들이 상당수였다. 스페인 혈통의 이주민은 멀리 떨어지고 미개척 상태인 캘리포니아에 오는 대가로 무상 불하지와 가축을 받았으나, 가난한 이주민은 그들의 노동자로 일했다.

그렇더라도 이주민 전체의 인구는 작은 규모였다.

멕시코는 1821년 스페인으로부터 독립했고 이때 캘리포니아도 멕시코의 영토가 되었다. 이 무렵 캘리포니아에 사는 스페인인과 멕시코인은 3,000명에 불과했다. 앵글로°, 즉 미국에서 온 사람들도 소수이기는 하지만 그곳에 살고 있었다. 당시만 해도 앵글로들은 큰 문제 없이 받아들여졌다. 멕시코 정부는 가톨릭으로 개종하고 멕시코로 귀화한 사람들에게는 무상불하지를 주기까지 했다.

1840년대에는 더 많은 앵글로들이 캘리포니아로 들어왔으나, 이제는 불법 체류자로 간주되었다. 더 이상의 이민자를 멕시코가 금지했기 때문이다. 미국과 멕시코 사이에 전쟁의 위협이 지평선 위로 성큼 모습을 드러내고 있었다. 미국 정부가 중요한 목표로 삼은 것은 바로 캘리포니아의 소유권이었다. 캘리포니아는 가죽과 같은 원재료의 주요 공급처로서, 뉴잉글랜드의 공장에서 캘리포니아산 가죽을 들여와 구두와 장화를 만들 수 있었다.

하지만 그보다 더 중요한 가치는 캘리포니아가 태평양과 접한 북아메리카의 서쪽 경계에 위치한 데서 찾을 수 있다. 태평양 연안에는 항구가 들어서기에 좋은 지점이 여러 군데 있었으며, 태평양에서 활동하는 미국의 포경선과 해군 함대는 수리와 보급이 용이한 항구가 필요했다. 또한 미국의 지도자들은 태평양 건너편의 국가들과 교역을 촉진하고자 정책을 세우고 있었다. 포크 대통령은 의회 연설에서 캘리포니아의 항

○　앵글로Anglo는 본디 영국과 관련된 단어인데 미국 영토가 되기 전 남서부에서 멕시코인들이 백인 미국인을 부르던 표현이기도 했다. 오늘날에도 히스패닉이 많은 지역에서 자주 쓰인다.

구가 미국의 함선을 보호하고, "중국을 비롯한 동아시아 국가들과 다방면에서 유리한 무역"[5]의 중심지로 신속히 전환될 수 있음을 강조했다.

한편 캘리포니아주의 서노마라는 소도시에서 미국과 멕시코의 전쟁이 시작됐다. 무장한 변경 주민 무리가 샌프란시스코의 북쪽 영토를 책임지던 멕시코 장군의 집에 들이닥친 것이 발단이었다. 반란군들은 곰이 그려진 깃발을 내걸고 캘리포니아가 이제 베어플래그공화국이라는 독립국이 되었다고 선언했다. 오래지 않아 미국 해군 함대가 몬터레이만에 들어와 캘리포니아를 미국의 영토로 선언하기에 이르렀다.

미국의 대륙 정복

캘리포니아를 탈취하는 과정에서는 미군에 의한 폭력이 거의 자행되지 않은 것으로 알려져 있다. 그러나 남서부 지역에서는 미군이 전쟁을 구실로 무차별적이며 잔혹한 행동을 일삼았다. 미군이 멕시코의 영토 안으로 진군할 때 그 곁에는 미군과 함께 싸우려 모인 의용병 무리가 따르고 있었다. 미군은 전투에 가담하지 않은 평범한 멕시코 민간인을 대상으로 수많은 폭력 행위를 저질렀다.

당시의 전쟁 범죄 행위를 기록한 젊은 장교가 있었으니 장차 미국의 대통령이 될 율리시스 S. 그랜트였다. "우리가 마타모로스를 점령한 이후부터 헤아릴 수 없이 많은 살인이 벌어졌다. 일부 의용병과 거의 모든 텍사스인은 점령지의 주민을 마음껏 괴롭히는 것이 아주 옳다고, 심지어 어둠에 감춰져 드러나지 않는 곳에서는 그들을 살해하는 것조차 완전히 옳다고 여기는 것 같다. 그들은 게다가 폭력 행위를 마음껏 즐기는 것으로 판단될 정도다."[6]

멕시코 주둔 미군 사령관인 윈필드 스콧 장군도 미군의 만행을 시인했다. 미군은 "하늘도 슬피 울고 기독교의 교리를 따르는 미국인이라면 국가의 행위가 부끄러워 얼굴을 붉힐 만한 잔학 행위를 일삼았다. 살인과 약탈, 한 집안의 남성을 결박하고 그가 보는 앞에서 어머니와 딸을 겁탈하는 만행이 리오그란데강 유역 모든 지역에서 흔히 저질러졌다.[7]

멕시코를 뒤덮은 공포는 1848년 초가 되어 끝났다. 스콧 장군의 군대가 수도인 멕시코시티를 점령한 지 몇 개월 지난 후였다. 멕시코는 과달루페이달고 조약을 맺어 리오그란데강을 텍사스와의 국경으로 인정하고, 남서부 영토를 미국에게 넘겨주었다. 이때 받은 대가는 1,500만 달러에 불과했다. 이 조약으로 미국은 광대한 영토를 손에 쥐었으니, 전쟁의 주요 목표였던 캘리포니아는 물론이고 뉴멕시코, 애리조나, 네바다, 콜로라도와 유타에 해당하는 일부 지역을 넘겨받았다. 이때 받은 영토와 텍사스까지 기존 멕시코 영토의 반 이상이 미국의 차지가 되었다.

자기 땅에 사는 외국인

많은 미국인이 이 전쟁과 정복 행위에 영광스러운 의미를 덮어씌우며, 열등한 국민 위에 군림하는 우수한 국민의 위업으로 여겼다. 신이 미국인으로 하여금 전 대륙에 이주해 살면서 문명을 퍼뜨리도록 의도한 것이라 여기는 사람도 있을 정도였다. 신문 편집자이자 시인인 월트 휘트먼도 그런 시각을 드러냈다. "비천하고 무능한 멕시코가 … 신세계에 고결한 종족을 살게 한다는 위대한 사명과 무슨 연관이 있단 말인가?"[8]

멕시코인은 앵글로의 정복을 다른 시각으로 바라보았다. 국경선이 옮겨지고 나서 수천 명의 멕시코인은 느닷없이 미국 영토 안에 사는 처지가 되었다. 과달루페이달고 조약에 따라 새 미국 영토에 살던 멕시코인은 남쪽으로 가 새로 정한 국경을 넘어 멕시코로 들어가거나 미국에 남을 수 있었다. 미국에 남는다면 미국 시민으로서 권리를 보장받게 될 것이었다.

그들 대부분은 가족을 데리고 정든 땅과 집을 떠나고 싶지 않았기에 그대로 남았다. 그러나 점점 더 많은 앵글로들이 과거 멕시코의 영토였던 곳으로 흘러들어 오자, 그곳에 사는 멕시코인은 영어 말고는 쓸 줄 모르는 사람들에 둘러싸인 이방인의 심정에 휩싸였다. 마누엘 크레시온 레혼이라는 멕시코 외교관이 당시의 정서를 이렇게 밝혔다. "인디언의 자손, 그것이 우리인 까닭에 미국인은 우리를 미워하며 … 우리가 그들과 하나의 국가, 하나의 사회를 이루어 살 가치가 없다고 여긴다."[9] 몇 년 후, 파블로 데 라 게라라는 사람이 캘리포니아주 주 의회에서 그와 나머지 "정복당한" 멕시코인은 "자기 땅에 살면서도 외국인"[10]이 되고 말았다고 하소연했다.

앵글로들의 횡포

이제 미국 땅에 살게 된 멕시코인은 투표권을 보장받았다고는 해도 정치적 힘이 미약했다. 캘리포니아만 하더라도, 멕시코인은 본래 10대 1의 비율로 앵글로보다 많았으나 빠르게 소수자 집단으로 전락하고 말았다. 1848년부터 캘리포니아에 휘몰아친 골드러시로 이 지역에 앵글로의 대규모 이주가 시작됐기 때문이다. 1년 후, 캘리포니아의 앵글로는 10만 명에 육박했으나 멕시코인은 1만 3,000명에 불과했다.

앵글로들은 캘리포니아주 주 의회를 장악하고 멕시코인을 겨냥한 법을 통과시켰다. 1850년에 의회가 외국인 광부에게 세금을 물리기로 한 것을 예로 들 수 있다. 세금 징수원이 걷는 돈이 주로 스페인어를 하는 광부의 주머니에서 나왔으므로, 그 대상이 외국인이라고는 하나 실제로는 멕시코 광부에게 부과하는 것이나 마찬가지였다. 여기에는 멕시코계 미국 시민도 포함됐다. 캘리포니아의 금광은 인종 갈등으로 터질 듯이 끓어올랐다. 앵글로 광부들은 멕시코인을 경쟁자로 여겨 멕시코인과 멕시코계 미국인을 가리지 않고 분노를 드러냈다. 그들은 총과 칼, 곡괭이와 삽으로 무장하고 패거리를 지어 광부들의 주거지에서 멕시코인들을 몰아내기까지 했다.

텍사스에서는 앵글로들이 멕시코인의 정치 참여를 제한하기 위한 조치를 내렸다. 1890년대에 텍사스의 여러 카운티에서 멕시코인과 흑인을 예비선거°에서 배제했다. 텍사스의 주 의회는 멕시코인이 투표를 못하게 할 의도로 인두세 징수와 같은 조치를 통과시켰다.°°

° 유권자가 선거 시에 정당의 후보자를 직접 선정할 수 있는 선거.

°° 인두세는 본래 납세 능력의 차이를 고려하지 않고 개인에게 동일하게 매기는 조세를 말한다. 그러나 텍사스를 비롯한 미국 일부 주에서는 투표인 등록 조건으로 부과하여 흑인, 가난한 사람, 여성의 투표를 제한할 목적에 이용되었다.

정치적 제약이 가해지자 멕시코인은 투표권은 물론이고 땅의 주인으로서의 권리도 지키기 어려워졌다. 과달루페이달고 조약의 원안에서는 미국에 남는 멕시코인에게 사유재산에 대한 모든 법적 권리를 보장하기로 되어 있었다. 그러나 미국 상원은 조약에서 그 조항을 없애버렸다. 대신, 멕시코인이 미국의 법정에 자신의 토지 소유권을 확인해 달라고 항소할 수 있도록 했다.

그러나 법원이 멕시코인의 소유권을 진정으로 확인해 줄 것인가의 여부는 또 다른 문제였다. 뉴멕시코에서는 1891년부터 사유지 소유권 청구 법원이 소유권을 판결했다. 앵글로가 지배하는 법원은 토지 약 200만 에이커에 대해 멕시코인의 소유권을 확인했으나 약 3300만 에이커에 대해서는 소유권을 기각했다. 그렇게 해서 멕시코인이 소유했던 토지의 5분의 4를 앵글로들이 소유하는 결과를 불러오고 말았다. 캘리포니아에서는 측량기사가 미국 법에서 규정한 측량 도구로 무상불하지의 경계를 측량하지 않았다는 이유로 많은 멕시코인이 토지 소유권을 잃고 말았다. 멕시코인은 사유지에 허가 없이 들어와 나가기를 거부하는 앵글로 무단 점거자들에게 땅을 빼앗기기까지 했다.

미국 법에 해박하지 못하고 영어도 유창하지 않았기 때문에 멕시코인은 앵글로 변호사들의 쉬운 먹잇감으로 전락했다. 토지 주인은 소유권 재판에서 이기더라도 토지 금액의 최대 4분의 1에 해당하는 금액을 수임료로 지불해야 할 수도 있었다. 그런가 하면 변호 비용을 대기 위해 고리에 돈을 빌리는 사람도 있었다. 그렇게 되면 재판에서 이긴 토지 주인이라 할지라도 부채를 갚기 위해 땅을 팔아야 하는 일이 종종 발생했다. 결국 소 목축을 업으로 하는 많은 멕시코인이 땅을 잃고 말았다.

멕시코 출신의 목장주와 농부에게는 기후조차 불리하게 작용했다. 가뭄이 들면, 은행 대출을 받기에 용이했던 앵글로들은 멕시코인보다 땅을 잘 유지할 수 있었다. 빌린 돈으로 우물을 더 깊이 파 내려갈 수 있었기 때문이다. 가뭄이 끝나면 앵글로들은 재정적으로 더 탄탄해져 같은 시기에 경제적 손실이 큰 멕시코인에게서 땅을 살 수도 있었다.

샌타바버라의 어느 멕시코인은 훗날 노년이 되어 멕시코 출신 농장주들이 앵글로 상인에게서 빌린 부채를 감당하지 못해 땅을 잃고 몰락한 사연을 들려주었다. "스페인 혈통의 사람들도 살아야 했다. 그런데 가축 수가 줄어 돈을 갚지 못하게 되니 아메리카노°에게 땅을 저당 잡히는 수밖에 없었다. 결국 아메리카노들이 우리 땅을 많이 차지하고 말았다."[11]

자기 땅의 노동자 신세가 된 지주

텍사스의 러레이도에서 발행하는 어느 멕시코인 신문은 1910년 기사에 다음과 같이 보도했다. "멕시코인들이 그들 소유지의 많은 부분을 팔고 있으며, 일부는 한때 그들의 소유였던 곳에서 날품팔이로 일하기도 한다."[12] 과거 멕시코의 영토였던 미국 내 여러 지역과 텍사스에서 멕시코인 대부분은 이제 더는 지주가 아니었다. 그들은 이미 노동자 신세가 되었다.

○ '미국인'을 뜻하는 스페인어.

역사에 없는 사람들의 미국사

멕시코인은 목축업과 농업 다방면에서 고용되었다. 멕시코식 카우보이라 할 수 있는 바케로는 앵글로 카우보이와 목장주에게 밧줄 다루기, 낙인찍기, 소떼 몰이 등의 기술을 전수했다. 그러나 철도가 깔리며 오랜 가축 몰이의 시대가 막을 내리자, 멕시코의 카우보이도 점차 사라지기 시작했다. 그들 가운데 일부는 다른 농장 일을 찾아 나섰다.

바케로. 프레더릭 레밍턴Frederick Remington 작. 1881~1901년.

멕시코인 농장 노동자는 텍사스가 독립하기 전부터 목화밭에서 일하고 있었다. 남북전쟁 이후 목화 재배가 늘면서 멕시코인은 농업 노동의 대들보 구실을 해왔다. 그들은 관개 수로를 파고 강과 개울에서 물을 끌어와 타들어 간 땅에 댔다. 그들이 가진 기술 중에는 스페인 사람들이 남서부에 들여온 것도 있었고, 스페인 사람들이 도착하기 오래전부터 복잡한 관개 시설을 개발한 푸에블로 인디언에게서 유래한 것도 있었다.

멕시코인은 철도 건설에서도 중요한 노동력이었다. 1880년대에 텍사스-멕시코 철도를 놓은 노동자의 대다수가 멕시코인이었다. 1900년 무렵 서던퍼시픽철도는 캘리포니아에서 4,500명의 멕시코인을 고용했다. 철도 노동에는 이주가 따랐다. 노동자와 그 가족은 기차의 화물칸에서 지내며 그들을 필요로 하는 곳으로 실려 다녔다. 멕시코인은 광업 분야에서 일하기도 했다.

그러나 어떤 일을 하더라도 멕시코 노동자들은 일의 등급이 인종에 따라 구분되는 체제에 자신들이 묶여 있음을 확인하곤 했다. 앵글로가 소유한 목장의 관리자와 작업반장직은 늘 앵글로 차지였으며 소를 모는 카우보이는 멕시코인이 맡았다. 광산에서는 기계를 다루는 일은 앵글로가 차지하는 반면 고되고 위험한 육체노동은 멕시코인의 몫이었다.

멕시코인은 앵글로와 같은 일을 하더라도 더 적은 임금을 받았다. 의회가 실시한 조사에서는 서부의 구리 광산에서 발생한 임금 격차가 멕시코인에 대한 조직적인 차별 때문이라는 사실이 밝혀졌다. 광산 소유주 실베스터 모우리는 이처럼 인종에 근거한 체계를 정당화하기 위해 플랜테이션 노예 주인에게서 나왔을 법한 발언도 서슴지 않았다. "멕시코인이 속한 하층 계급은 … 고분고분하고 성실하며 훌륭한 하인이다. … 그들은 몇 대에 걸쳐 '머슴'살이를 해왔다. 그것이 그들의 타고난 조건이므로, 그들은 언제나 그렇게 지낼 것이다."[13]

단결하는 멕시코 노동자

옛 남부 시절 노예 신분의 흑인이 보여주었듯이, 멕시코 노동자도 얌전하고 순종적인 하인이라는 이미지에 저항할 수 있다는 것을 보여주었다. 그들은 존중과 임금 인상을 요구하며 거듭 파업에 들어갔다. 멕시코의 건설노동자와 광산노동자는 파업의 힘으로 임금 인상과 하루 8시간 노동은 물론, 일자리를 지키는 데도 성공했다.

멕시코인과 일본인 농장 노동자는 1903년의 임금 삭감에 항의하여 캘리포니아주의 옥스나드에서 연대 파업에 들어갔다. 그들은 일본멕시코노동연대Japanese Mexican Labor Association : JMLA라는 노조를 결성하고, 두 집단의 공통어인 영어와 함께 일본어와 스페인어로 회의를 열었다. 캘리포니아 역사에서 최초로, 두 소수 집단이 경제적 계급에 대한 이해로 하나 되어 노조를 조직한 사건이었다.

JMLA는 전국 규모의 조직인 미국노동총연맹American Federation of Labor : AFL에 가입시켜 달라고 요구했다. AFL의 위원장은 멕시코인의 가입에는 동의하나, 일본인이나 중국인 노조원은 받아들일 수 없다고 선을 그었다.

JMLA에 소속된 멕시코 노조원은 이 같은 AFL의 조건을 거부했다. JMLA의 멕시코 지부 간부는 이렇게 말했다. "우리의 답변은 이렇다. 여기 있는 우리의 일본인 형제들은 공평한 임금 체계를 요구하는 데 있어 협력과 단결의 중요성을 처음으로 인식한 사람들이다. … 우리는 인종적 편견을 타파하고 우리의 동료 노동자를 우리와 동등하게 여기지 않는다면, 노조의 그 어떤 강령도 거부할 것이다."[14]

AFL의 지원을 받지 못한 JMLA는 결국 몇 년 후에 사라지고 말았으나, 멕시코 노동자는 다른 인종·민족 집단의 노동자와도 연대할 각오가 되어 있다는 사실이 그 파업으로 입증되었다.

멕시코 노동자의 저력이 가장 강력하게 드러난 것은 1903년 애리조나에서였다. 3,500명의 광부가 동등한 임금, 하루 8시간 노동, 무료 입원 치료를 비롯한 혜택을 요구하며 파업을 벌였다. 그 가운데 80퍼센트가 멕시코인이었다. 파업 노동자들은 광산을 폐쇄했으나 폭우와 홍수로 많은 가정이 파괴되자 현장으로 돌아가야 했다. 파업 지도자 몇 명은 폭동을 선동했다는 명목으로 유죄를 선고받고 감옥에 갇히기도 했다.

그러나 12년이 지나 광부 5,000명이 다시 파업을 벌였고, 이번에는 광산주가 광산 입구를 봉쇄하고 노동자들에게 "멕시코로 돌아가라"고 버텼다. 19주에 걸친 파업으로 파업 노동자 수백 명이 체포되었으나 결국 노동자들은 임금 인상이라는 목표를 쟁취할 수 있었다.

멕시코인의 파업은 그들의 민족적 연대감을 불러일으켰다. 악사들은 음악으로 파업 노동자의 기운을 북돋고 상인들은 그들에게 옷과 음식을 제공했다. 더 중요하게는 파업 노동자들이 종종 '무투얼리스타 mutualistas'라는 상호부조 단체의 지원을 받기도 했다는 사실을 짚을 수 있다. 이 단체는 멕시코계 미국인 사회에서 생겨난 자조 조직이다. 멕시코인 사회의 일원은 무투얼리스타에 기여하고, 대출이나 병원비와 장례비 지원 등의 도움이 필요하면 여기에 의지하기도 했다.

무투얼리스타의 위상이 커지고 점점 조직화되자, 그들은 멕시코인이 얌전하고 낮잠이나 즐기며 챙 넓은 모자(솜브레로)나 쓰고 다니는 사람들이라는 경멸적 인상을 날려버렸다. 이 같은 동족 단체의 활동에 힘입어, 멕시코계 미국인은 인종차별과 착취에 맞서 단결했다. 무투얼리스타는 멕시코계 미국인의 역동적인 정체성이 잘 드러나는 통로였다. 국경 북쪽의 땅에서 그들의 권리와 존엄을 지키려는 맹렬한 결의뿐만

아니라 국경 남쪽 고국 문화에 대한 자부심과 애착이 무투얼리스타를
통해 구현됐다.

 미국의 캘리포니아 정복은 샌프란시스코 북쪽의 소도시 서노마에
서 시작됐다. 1846년 6월 14일의 이른 아침, 그 지역에 사는 멕시코 장
군 마리아노 G. 바예호는 무장 미국인 서른 명이 집에 들이닥치는 바람
에 잠에서 깼다. 미국인들은 손으로 직접 그린 깃발을 들고 있었는데, 그
깃발에는 베어플래그공화국, 즉 캘리포니아의 상징인 회색곰이 그려져
있었다. 멕시코인에게 회색곰은 가축을 훔쳐 가는 도둑과도 같은 존재였
다. 그들은 무장한 침입자들을 곰이라는 뜻의 '로스 오소스'라 불렀다.
 바예호가 현직 장군은 아니라고는 해도 멕시코의 권위를 대변하는
인물이었으므로, 미국인들은 그를 '체포'해 새크라멘토로 데려가 죄수
로 가둘 목적으로 온 것이었다. 그들이 고급 마호가니 가구와 피아노,
커다란 서재를 갖춘 바예호의 집으로 들어가자, 바예호는 포도주를 대
접하고 자기의 방으로 가 긴 여행에 대비해 옷을 차려입고 나왔다.
 이날 들이닥친 미국인과 달리 바예호는 캘리포니아에서 나고 자란
토박이였다. 그는 엘리트 계급의 교양 있는 가문 출신으로 방대한 토지
를 소유했으며, 아내와 열여섯 명의 자녀와 함께 살았다. 바예호의 형제
와 누이, 앵글로인 처남도 근처에 살았다. 무장 미국인은 바예호의 형제
와 처남도 함께 죄수로 데려갔다.
 바예호는 두 달 후에 석방되어 다시 집으로 돌아왔다. 친구에게 보

낸 편지에서 그는 소 2,000마리, 말 600마리 이상과 그 밖의 값나가는 재산을 자신이 집을 비운 사이 도둑맞았다고 밝혔다.

후에 캘리포니아가 미국의 견고한 지배하에 놓이면서 바예호는 자기 땅을 지키기 위한 싸움을 법원에서 이어갔다. 처음에는 토지 소유권 소송에서 지고 말았으나, 페탈루마 인근에 있는 토지의 소유권을 지키기 위해 또 다른 소송을 벌여 대법원까지 가는 싸움을 벌였다. 그는 이 법정 투쟁에서 이기기는 했으나, 무단 점거자들은 그의 땅에 눌러앉아 나가기를 거부하고 버텼다. 그들은 바예호의 노동자들을 쫓아내고 그의 곡물을 태우기까지 했다.

바예호는 결국 어쩔 수 없이 그의 땅 몇 구획을 매각할 수밖에 없었다. 한때 10만 에이커 이상에 달했던 그의 토지는 고작 280에이커로 줄어들었다. 그는 토지를 빼앗긴 원한에 사무쳐 낯선 체제에 악담을 퍼부었다. "지금 우리나라에서 쓰는 말이며, 우리를 다스리는 법이며, 우리가 매일 마주치는 얼굴은 땅 주인의 것들이다. 물론 그것들은 우리의 이익과 권리와는 대립한다. 하지만 그게 이 땅의 정복자에게 무슨 상관이란 말인가? 자신의 안녕만 바랄 뿐 우리의 안녕 따위는 안중에도 없는 자 아닌가!"[15]

자기 땅을 지키는 싸움 중에도 바예호는 새로운 주의 정치에도 참여했다. 그는 1850년에 캘리포니아주의 의원으로 선출됐다. 같은 해, 그는 새 주의 주도 역할을 할 땅을 기증했으나, 그 땅은 용도에 부적합한 것으로 검증되고 수도는 결국 다른 곳으로 옮겨졌다.

8
중국인, 황금 산을 찾아 떠나다

캘리포니아가 미국에 귀속된 후 미국인은 태평양 건너 아시아의 국가들을 대상으로 사업을 하기가 한층 수월해졌다. 또한 이를 계기로 아시아에서 미국으로 이주하는 길이 열려 중국인이 태평양을 건너 캘리포니아의 항구로, 특히 샌프란시스코로 오기 시작했다.

1848년, 미국이 과달루페이달고 조약으로 캘리포니아를 얻은 직후 정책 당국의 에런 H. 파머라는 사람이 의회에 한 가지 계획을 제안했다. 파머는 샌프란시스코가 장차 무역의 중추로 급성장할 것이라고 내다보았다. 그는 미국이 중국인 노동자를 수입하여 대륙 횡단 철도 건설과 캘리포니아의 비옥한 토지 경작에 투입하도록 권고했다.

아시아에서 온 개척자들

파머가 계획을 제안한 지 1년 후 중국인 이민자가 미국에 도착하기 시작했으나, 그들에게는 나름의 사정이 있었다. 중국은 전쟁과 반란, 높

대륙 횡단 철도를 건설하는 중국인과 유럽인 노동자들. 1869년.

은 세금, 홍수 그리고 기근으로 병이 든 상태였다. 중국인은 이렇듯 생활고에 찌든 나머지 생존할 방법을 미국에서 찾았다.

그와 때를 같이하여 미국도 중국인에게 신호를 보내는 듯했다. 골드러시에 대한 소문이 중국에도 퍼졌고, 중국인은 바다 건너 땅 캘리포니아에 '감산Gam Saan, 金山'°, 즉 황금 산이라는 별칭을 붙였다. 보다 젊고 조급하고 대담한 중국 남성들이 행운을 찾아 고향을 떠났다. 미국은 금

○ '감산'은 金山의 광둥식 발음이다. 1848년 시에라네바다에서 금맥이 발견되자 아편전쟁 이후 황폐해진 땅에서 고통받던 광둥성을 비롯한 중국 남부 지역에서 이 '황금 산'에 대한 소식이 퍼지며 미국으로의 이주가 시작됐고, 이는 점차 중국 전역으로 확산되었다.

채굴 말고도 일할 기회가 있는 약속의 땅이었다. 1860년대 중국의 노동자가 한 달에 버는 돈은 3에서 5달러 정도였다. 캘리포니아에서라면 철도 건설 현장에서 일하며 한 달에 30달러를 벌 수 있었다.

중국인 이주 노동자는 대부분 남성으로 해외에서 일시적으로 일할 계획으로 온 사람들이었다. 그들은 문맹이거나 교육받은 경험이 거의 없었으나 새로운 장래를 꿈꾸었다. 그들의 목표는 미국에서 돈을 벌어 부와 성공을 안고 중국으로 돌아가는 것이었다. 오랫동안 떨어져 지낼 것이라 예상했기에, 그들은 농사짓던 땅과 마을을 떠날 준비를 마치고 아내와 가족에게 작별을 고했다. 하지만 언젠가 돌아올 것이라 약속했다.

그들은 그렇게 중국을 떠났다. 수백 명씩, 수천 명씩. 1870년 무렵 미국 내 중국인은 6만 3,000명가량이었다. 그들 가운데 4분의 3 이상이 캘리포니아에 있었으나 서부와 남부, 뉴잉글랜드의 어딘가 다른 지역에도 살았다. 어느 지역에서는 중국인이 인구의 상당 규모를 차지하기도 했다. 예를 들면 아이다호에서는 29퍼센트, 몬태나에서는 10퍼센트, 캘리포니아에서는 9퍼센트가 중국인이었다.

1930년 즈음까지 약 40만 명의 중국인이 태평양을 건넜다. 이들 중 거의 반이 미국을 새 거처로 삼아 거주했다. 그러나 그들은 미국 시민이 될 수 있으리란 기대는 접어야 하는 처지였다. 1790년에 만든 귀화법에서 오직 백인 이민자만이 귀화 시민이 될 수 있다고 규정했기 때문이다.

미국에서의 현실

캘리포니아에서도 처음에는 중국인을 반기는 듯하였으나 이윽고 그들의 수가 증가함에 따라 정치적으로 불리한 기류가 흐르기 시작했다. 금광에서부터 중국인을 반대하는 외침이 들려왔다. "캘리포니아를 미국인에게!" 1852년 캘리포니아 의회는 또 다른 광부세를 통과시켜 그 외침에 화답했다. 미국 시민이 되고자 하지 않는 모든 외국인 광부는 한 달에 3달러를 내야 했는데, 당시로써는 상당한 액수였다. 광부세는 중국인 광부를 겨냥한 것이나 다름없었는데, 그들이 미국 시민이 되는 길은 법적으로 막혀 있었기 때문이다. 그들은 영원히 외국인으로 살아야 하는 상태에 갇혀 있었다.

1860년대에 미국 내 중국인의 3분의 2가 캘리포니아의 금광에서 일했다. 그들 대부분은 독립적으로 금을 찾아다녔으나 작은 집단을 조직하여 자신들만의 회사를 만들기도 했다. 캘리포니아의 언덕에서는 파란 면 셔츠에 헐렁한 바지, 챙 넓은 모자 차림의 중국인 광부를 흔히 볼 수 있었다. 캘리포니아에서는 1870년까지 총 500만 달러의 세금을 중국인 이민자로부터 걷었는데, 주 전체 수입의 4분의 1에서 절반 사이에 이르는 상당한 액수였다.

그러다 광산에서 나오는 수입이 줄어들기 시작하면서 중국인도 금광을 떠나기 시작했다. 그런 광부 수천 명이 새로 도착한 이민자들과 함께 철도 건설 현장에서 일했다. 미국 전역을 가로지르는 철도 노선의 서쪽을 차지하는 센트럴퍼시픽철도는 중국인의 힘으로 일군 위업이었다. 중국인 노동자들이 선로를 깔고 드릴 작업을 하였으며, 도너 서밋을 관통하는 터널을 뚫기 위해 폭발물도 다루었다. 1866년 겨울에는 거의 2 미터나 쌓인 눈을 무릅쓰고 터널에서 살다시피 일했다.

중국인 철도 노동자는 백인보다 낮은 임금을 받으며 일했다. 백인 노동자들이 센트럴퍼시픽 측에 중국인 고용을 멈추라고 요구하자, 공사 감독인 찰스 크로커는 그들이 중국인과 지낼 수 없다면 대안은 단 하나, 백인을 해고하고 중국인을 더 많이 고용하는 것뿐이라고 다그쳤다. 한편 중국인 노동자들이 파업을 벌이며 백인과 같은 수준의 임금을 요구하자, 크로커는 파업 노동자들을 산에 떼어놓고 음식을 끊어버렸다. 일주일이 지나자 굶주린 노동자들은 현장으로 돌아올 수밖에 없었다.

1869년에 센트럴퍼시픽철도가 완공되자, 중국인 노동자 수천 명은 모국에서 온 동포 이민자들이 살고 있는 샌프란시스코로 갔다. 샌프란시스코의 산업화는 중국인 사회의 성장과 접점을 맺으며 진행되었다. 샌프란시스코의 중국계 거주자는 1860년에 2,700명을 겨우 웃도는 수준이었으나, 10년 후에는 1만 2,000명 이상으로 캘리포니아 전체 중국인 인구의 4분의 1에 이르렀다. 샌프란시스코의 4대 핵심 산업인 장화와 구두, 모직물, 시가와 담배, 재봉 분야에 종사하는 노동 인구의 절반이 중국인이었다.

한편, 전원 지역에서는 캘리포니아의 농업이 밀 중심에서 과일 중심으로 전환하고 있었으며, 그 과정에도 중국인이 기여했다. 중국인 농업 노동자 중에는 금납소작농이 된 사람도 있었다. 이 경우, 백인 소유의 땅을 일구는 대가로 수확 작물 판매 수익금의 반을 주인에게 내주었다. 중국인 농업 노동자들은 이미 중국에서 농부로서 쌓은 경험이 풍부했다. 이들은 고용주들에게 과수원과 들판에서 키울 작물의 파종과 재배, 수확 과정에 들였던 경험을 전수하며 지식을 공유했다. 그들은 제방을 쌓고 용수로를 내고 습지를 비옥한 들판으로 바꾸는 기술과 요령도 알려주었다. 1880년 새크라멘토와 솔라노, 유바 카운티의 농장 노동자 가운데 3분의 2 이상이 중국인이었다.

분노의 표적이 되다

중국인 노동자는 백인 노동자의 분풀이 대상이 되었다. 특히 삶이 힘든 시기일수록 더했다. 《로스앤젤레스타임스》는 1893년 기사에서 "생계비를 벌고자 하는 백인이 남녀 할 것 없이 언제부턴가 중국인을 고용하는 포도 재배 농가와 과일 포장 업체를 상대로 조용한 항의에 나섰다"[1]고 보도했다. 조용하던 항의는 이윽고 폭력 사태로 변했다. 불황이 이어지자 캘리포니아 전역의 실직한 백인 노동자가 반중국인 폭동을 일으켰다. 중국에서 온 이민자들은 구타와 총에 속수무책이었고, 기차에 실려 시내 밖으로 쫓겨났다.

광산과 공장과 들판을 가릴 것 없이 인종적 적대감이 들끓자 수천 명에 달하는 중국인은 자영업을 선택할 수밖에 없었다. 그들은 가게와 식당, 특히 세탁소를 개업했다. 세탁업은 다른 업종에 비해 수월하고 개업에 드는 비용이 덜했기 때문이다. 물을 데우는 난로와 세탁용 수조, 건조 공간, 잠잘 공간 그리고 간판만 있으면 충분했다. 심지어 영어를 썩 잘하지 않아도 일을 하는 데 큰 지장이 없었다.

그렇다고는 해도 중국인은 어쩔 수 없이 이 직종을 선택한 것이기도 했다. 중국에서라면 세탁업은 남자들이 하는 일이 아니었겠지만 미국에서는 그나마 그들이 맡을 수 있는 몇 가지 일 중 하나였다. 세탁업을 한다는 것은 제한적으로나마 고용 가능성이 열려 있던 노동 시장에서의 퇴출을 의미했다.

중국인이 생계의 늪에서 허우적거리는 동안, 미국에서는 중국인이 사회적으로 맡아야 하는 역할을 두고 의견이 분분했다. 그 가운데 중국인은 영구히 외국인노동자 계급으로 남아 백인 감독의 지시에 따라야 한다는 주장도 있었다. 이런 사고방식에는 '미국인'은 곧 '백인'이라는 인종주의적 관념이 뿌리 깊게 배어 있었다.

중국인 노동자로 구성된 대규모의 계급을 영구적으로 둔다는 발상을 모든 미국인이 마음 편히 받아들인 것은 아니었다. 아프리카계 미국인과 북미 원주민에 따라붙는 부정적 사고방식과 이미지가 중국인에게도 따라붙었다. 중국인도 유치하고 부도덕한 이교도 야만인으로 취급받았다. 세 집단 모두 공통점이 있었으니 유색인종, 즉 비백인이라는 점이었다. 1854년, 캘리포니아주의 대법원이 "중국인과 다른 비백인"[2]은 법정에서 백인에 불리한 증언을 할 수 없다고 판결한 사건에서 이 점이 명확하게 드러났다. 캘리포니아는 백인과 아시아인, 흑인, 또는 혼혈인 사이의 인종 간 결혼을 금지하는 법도 통과시켰다.

러더퍼드 B. 헤이스 대통령은 1879년 '중국인 문제'에 대해 인종차별적 색채가 짙은 경고성 성명을 발표했다. "열등한 종족, 즉 흑인과 인디언을 상대해 온 우리의 경험은 그다지 고무적이지 않습니다. 그러므로 나는 중국인이 우리 땅에 오는 것을 저지하기에 적절한 조치가 있다면 무엇이든지 긍정적으로 검토할 것입니다."[3]

법에 의한 차별

헤이스 대통령의 발표가 있은 지 3년 후, 의회는 중국인입국금지법 Chinese Exclusion Act을 통과시켰다. 이 법으로 이후 10년 동안 중국인 노동 자가 미국에 입국할 길이 막히고, 특히 이미 입국해 있던 중국인도 미국 시민이 될 수 없다는 점이 명백해졌다. 당시만 해도 중국인은 전체 미국 인구에서 단 0.002퍼센트에 불과했지만 입국금지법 뒤에 도사린 공포 와 위압은 그 비율과는 관련이 없었다. 중국인은 인종적 순수성을 위협 하는 존재로 간주되었던 것이다.

한편, 미국에는 이미 무언가 잘못되어 가는 조짐이 보이고 있었고, 경제적 기회로 여겨지던 시대도 끝이 나는 듯했다. 경제는 이제 침체기 에 접어들었다. 남녀 할 것 없이 수천 명씩 일자리에서 쫓겨나며 실업률 이 올랐다. 이 같은 경제적 위기와 사회적 갈등을 배경에 둔 상황에서 중국인은 백인의 일자리를 "훔치려고" 온 외지인으로 여겨졌다. 중국인 입국금지법에 대한 지지는 압도적이었다. 이 법은 1892년에 효력이 갱 신되었으며 1902년 이후로 기한 없이 연장되기에 이르렀다.

이런 불리한 여건에서도 중국인은 차별에 맞서 싸웠다. 그들은 민권 을 얻기 위해 법정에서 싸우기를 거듭했다. 중국인은 시민권을 얻는 데 는 실패했으나, 상인의 경우 1870년의 민권법Civil Rights Act에 따른 보호 조치를 얻는 데는 성공했다. 이 법에 따라 유색인도 계약을 하고 증언을 할 때 백인과 동등한 권리를 보장받고 법에 의해 보호받을 수 있었다. 그들은 외국인에게 적용되던 광부세 판결도 뒤집었다.

그러나 연방법에 평등한 보호를 보장하도록 명시했다고 해도 법은 사회에서 실제로 일어나는 일에 거의 영향을 끼치지 못했다. 중국인은 계속해서 인종적 폭력에 희생되고 있었다. 1870년대 샌프란시스코의 차이나타운의 분위기를 킨 후이에는 이렇게 전했다. "그 시절 중국인은 비참한 신세였다. 우리는 그저 겁에 질려 있었다. 어두워지면 등 뒤에서 총에 맞을까 두려워 꼼짝하지 않고 집에만 있었다. 아이들이 우리를 지나치기라도 하면 침을 뱉고 쥐 같은 놈들이라고 욕을 했다."[4]

미국의 중국인 여성

중국인 이민자의 대다수는 남성이었지만, 적은 수이기는 하나 여성도 "황금 산"을 찾아왔다. 1852년 캘리포니아의 중국인 1만 2,000명 가운데 여성은 일곱 명에 불과했다. 1900년 즈음에는 전국에 있는 중국인 9만 명의 5퍼센트가 여성이었다.

중국의 전통과 문화에서 여성의 이주 여건은 제한되어 있었다. 중국인 여성에게는 으레 아버지와 남편, 심지어 아들에게까지 순종한다는 관습이 따랐다. 그런 배경에 더해 여성을 데려오는 데 드는 비용도 크고 남자들은 한시적으로 미국에 갔다 돌아오는 것이라 생각했기 때문에 여성은 중국에 남아 있었다. 게다가 변경 지역의 거친 생활과 고된 노동, 인종적 적대 정서 등 미국의 상황도 여성이 남편을 따라 이주할 엄두를 내지 못하게끔 작용했다. 백인 가운데서는 중국인 여성과 가족을 미국에 들여놓게 했다가는 "백인 남성 중심의 국가"에 위협이 될 것이라 여기는 사람도 많았다.

샌프란시스코의 공동주택에 사는 중국계 미국인. 1890년경.

그러나 중국인입국금지법이 통과되기 전에 미국에 아내를 데려왔거나 아내가 될 여인을 오게 했던 남자도 있었다. 친지히도 그런 남자들 가운데 한 명이었다. 그는 1862년 워싱턴 준주(準州)에 도착해 제재소에서 일했다. 몇 년 후에는 아내를 오도록 해 제재소의 식당에 일자리를 얻어주었다. 1875년에 태어난 그들의 아들 친렘은 워싱턴 준주에서 태어난 최초의 중국계 미국인으로 인정되었다.

그런가 하면, 어려운 태평양 횡단을 용감하게 견뎌내고 캘리포니아의 남편과 상봉해 남편이 광산에서 일하는 동안 바느질을 하고 담배를 말며 자신과 아이를 돌본 여인도 있었다.

남자들이 광산과 철도 건설 현장을 떠나 농사나 소매업에서 좀 더 안정적인 일자리를 찾아 나서면서 점차 중국인 가족이 만들어지기 시작했다. 그러나 처음 몇십 년 동안은 미국에 들어온 중국인 여성의 대부분은 홀몸이었으며 억지로 매춘에 동원되는 경우도 있었다. 그중에는 아편 중독에 빠지거나 학대와 질병으로 죽는 사람도 있었다. 그런 상황에서도 많은 여성이 돈을 들여 간신히 예속 상황에서 빠져나올 수 있었다. 당시에는 중국인 여성이 극히 드물었기 때문에 그들에게 결혼과 자녀는 새 삶을 위한 기회로 여겨졌다.

독신남의 집단 거주지

중국인 남성에게는 중국인 여성이 많지 않다는 점이 큰 문제였다. 중국인입국금지법에 따라 중국인은 노동자뿐만 아니라 여성도 이주가 금지되었기 때문이다. 이 법이 통과되자 중국인 남성은 아내를 미국에 데려오리라는 기대를 접을 수밖에 없었다. 이들 이민자의 거의 전체에 가까운 다수에게 그들이 선택한 제2의 조국에서 가족과 함께하는 미래란 없었다. 결혼하지 못하거나 중국에 아내를 두고 와서는 이제 미국으로 데려올 수도 없게 된 남자들이 모여 독신남의 집단 거주지가 생겼다.

애초에 중국인은 미국에 일시적으로 머무를 생각으로 왔지만 일단 도착하고 나니 정착해 살려는 조짐이 보이기 시작했다. 샌프란시스코에 생긴 차이나타운은 이미 1850년대부터 집단 거주지로서 북적거리고 있었다. 십여 개의 점포가 들어서 중국산 식재료와 옷, 약재를 비롯해 배경이 같은 공동체 사람들에게 필요한 물건을 팔았다. 이 시기에 중국에서 새로 도착한 사람들은 차이나타운에 모여들었다. 1870년대에 들어서자 차이나타운은 여섯 구역 길이로 커지고 부산하고 활기 넘치는 곳으로 변모했다. 이민자들은 새크라멘토, 메리즈빌, 스톡턴 같은 소도시 규모의 전원 지역에도 차이나타운을 지어, 그곳에서 일하는 중국인 광부와 농부의 수요에 맞는 점포를 운영했다.

미국 내 중국인 사회에서 조직 생활은 출발부터 삶의 일부였다. '통tong'이라는 단체는 매춘과 도박 같은 범죄 사업을 관리했을 뿐만 아니라 중국인 이주민에 불리한 상황에서는 그들을 보호하기도 했다. '퐁fong'은 가족이나 같은 마을 구성원이 모여 만든 단체였다. 종친회clan는 퐁이 모여 커다란 규모로 확장된 조직이었다. 이런 단체들은 구성원의 거주지와 회동 장소 구실을 하는 회관을 운영했다. 또한 절을 짓고 중국의 고향에 쓴 편지를 부쳐주었으며 사망한 사람의 시신을 고향으로 보내 장례를 치를 수 있게 했다. 퐁과 종친회는 새로운 이민자가 도착하면 주거와 일자리를 찾는 일도 도왔다.

중국인은 미국에서 점차 고유의 사회를 형성하며 살았다. 고국의 명절을 함께 축하하고 중국식 극장에서 공연을 즐겼다. 미혼남들은 사교 모임이나 점포의 뒷방에 모여 대화와 도박으로 외로운 시간을 함께 보내고 다시는 보지 못할 고향에서 온 편지를 함께 읽으며 위로를 받았다.

지진이 불러온 운명의 변화

미국에 온 중국 남성은 고국에 두고 온 아내와 자녀를 데려오고자 하는 절박한 마음에 법의 허점을 찾기 시작했다. 노동자의 가족은 이민을 올 수 없었지만 상인의 가족은 입국할 수 있었으므로 세탁소와 식당을 비롯한 여러 직종의 노동자들이 상인 행세를 시도했다. 그래도 여전히 대부분의 중국 남성은 가족을 결코 미국에 데려오지 못할 것이라 체념했다. 그런데 중국계 미국인의 역사를 순식간에 변화시킨 자연재해가 발생했다.

1906년 4월 18일 이른 아침, 지진이 샌프란시스코를 뒤흔들었다. 차이나타운의 중국인들은 겁에 질려 무너지는 건물에서 빠져나왔다. 이어서 폐허로 변한 도시를 불이 휩쓸었다. 재해로 파괴된 많은 시설 중에는 도시 대부분의 기록을 관리하는 보관소도 있었는데, 그로 인해 중국인 이민에게 새로운 길이 열렸다.

중국인 이민자는 미국 시민이 될 수 없었지만 미국에서 태어난 사람이라면 인종에 상관없이 자동으로 시민이 되었다. 출생증명서와 시민권 기록이 불에 타 사라진 사실을 모두가 알고 있었으므로, 미국에 이주해 온 중국인 남성도 자기들이 샌프란시스코에서 태어났으나 입증할 방법이 없다고 주장할 수 있게 되었다. 그리고 일단 미국 시민으로 인정받은 남자는 중국에 있는 아내와 자녀를 데려올 수 있었다.

샌프란시스코를 덮친 재난 이후, 미국에 도착한 중국인 여성이 늘기 시작했다. 1910년에서 1924년 사이 중국인 이민자 가운데 여성은 4명당 1명의 비율이었으며, 이것은 1900년 전의 20명당 단 1명이던 비율보다 크게 늘어난 수치였다. 1930년에 중국인 여성은 미국 내 중국인 전체 인구의 5분의 1을 차지하며 중국계 미국인도 가족을 구성할 여건을 갖추었다.

이 시기에 중국에 있던 아들들도 미국에 들어오기 시작했다. 미국 법에 따라 미국 시민의 자녀는 다른 나라에서 태어났더라도 미국 시민의 자격을 갖추었기 때문이다. 이것으로 중국계 미국 시민을 아버지로 둔 중국의 자녀도 미국에 들어올 수 있는 길이 열린 셈이었다.

이민 온 젊은 남자 가운데는 실제로 미국 시민의 아들도 많았으나, 출생증명서가 불에 탔다고 주장하며 미국 시민 행세를 할 뿐인 남자들의 아들들도 있었다. 그런가 하면 미국 시민의 아들도 아니고 시민 행세를 하는 사람의 아들도 아닌 사람들도 있었으니, 그들은 중국계 미국인에게 돈을 주고 자기를 아들인 척 꾸며달라고 한 사람들이었다. 이 같은 사기 수법으로 미국에 들어온 젊은 남자는 시민 자격이 서류상으로만 존재한다는 의미로 "종잇장 아들paper sons"이라 불렸다.

중국인은 다시 수천 명씩 미국으로 들어오기 시작했다. 그들은 골든 게이트 해협, 즉 금문이라는 좁은 수로를 통과하면 샌프란시스코만의 에인절섬에서 배를 내려 이민심사국으로 들어갔다. 그리고 그곳의 비위생적인 막사에 빽빽하게 자리를 잡고 앉아 입국 심사를 기다렸다. 1943년 에인절섬을 통해 미국으로 들어온 중국인은 약 5만 명에 달했다.

두 문화 사이에서 갈등하다

새로 도착한 사람들은 에인절섬에서 심사를 마치고 숙소와 일자리를 찾아 도시로 나갔다. 샌프란시스코 외에도 그들은 로스앤젤레스, 오클랜드, 시카고, 시애틀, 포틀랜드, 뉴욕, 보스턴 등지의 차이나타운으로 향했다. 중국인은 미국의 거의 전역에 퍼져 살았지만, 1940년 즈음이 되면 미국 내 모든 중국인의 40퍼센트가 샌프란시스코와 뉴욕을 거주 도시로 삼았다.

차이나타운은 주거 공동체이자 상업 지구, 관광 명소가 되었다. 차이나타운은 또한 아이들이 사는 곳이기도 했다. 1900년에 전국의 차이나타운에는 어린이가 상대적으로 드물었다. 중국인 인구의 11퍼센트만이 미국에서 출생했다. 차이나타운에 살던 어느 중국인은 이렇게 회상했다. "내 어린 시절 기억 중에서 가장 인상 깊게 남아 있는 것은 당시만 해도 차이나타운에는 가족이 극히 드물었다는 점이다. 아기들은 경이로 워하는 듯한 시선을 받았다." 그러나 미국 내 전체 중국인 가운데 미국에서 태어난 중국인 인구는 1930년에 41퍼센트, 1940년에 52퍼센트로 빠르게 성장했다. 샌프란시스코 지진과 화재가 이 현상에 일정 부분 기여한 셈이었다.

차이나타운이라는 세계에서, 아이들은 부모가 오랜 시간 일하는 모습을 지켜보며 자랐다. 어린아이들은 부모와 함께 공장에 동행했다. 어느 중국계 미국인은 포대기에 묶여 등에 업힌 채 어머니가 의류 공장에서 재봉틀을 돌리던 모습을 떠올리기도 했다. 아이들은 부모에게서 열심히 공부해 더 잘 살아야 한다는 말을 들으며 자랐다.

중국계 미국인 2세들은 교육이 사회 진출을 위한 수단이라 여겼다. 그러나 가정에서는 때로 두 문화가 충돌하기도 했다. 젊은 세대는 전통적 사고방식의 부모가 허락하는 것보다 더 큰 독립과 더 많은 선택을 바랄 뿐이었다. 그들 중에는 민족적 정체성과, 거대한 미국 사회에 꼭 들어맞으려는 욕구 사이에서 고뇌하며 방황하는 이들도 많았다.

2세대 중국계 미국인 빅터 윙은 당시 젊은 세대의 갈등을 이렇게 회상했다. "둘 사이에서 선택해야 하는 딜레마를 두고 어떻게 해야 할지 끝없는 토론이 벌어졌다. … 부모와 그들의 방식을 충실히 따르느냐, 그래도 양측의 장점을 판단해 인정하려고 노력할 것이냐. 두 문화 사이에 끼어 있다 보니 우리는 스스로 '주변인'이라 여기곤 했다."[5]

많은 중국 남자들이 "종잇장 아들"이 되어 미국에 들어오려고 했다. 그들은 미국에서 태어나 시민권을 얻은 중국 남자들의 아들 행세를 했다. 아들이라고 주장하는 것만으로는 종잇장 아들이 미국에 들어올 수 없었다. 그들 앞에는 자신이 '아버지'라 부르는 남자들의 진짜 아들이 맞는지를 확인하는 시험이 기다리고 있었다.

중국에서 배를 타고 오는 동안 기대에 들뜬 종잇장 아들들은 자기가 속한 소위 가족에 대해 알아야 할 모든 것들, 이를테면 가족들의 이름과 생일 등이 적힌 목록을 공부해야 했다. 배가 골든게이트 해협과 샌프란시스코만 입구에 들어서면, 그들은 그 목록을 찢어 밖으로 날려버렸다.

'시민증' 값을 치른 짐 퀴크는 200쪽 분량의 책자를 암기하라고 받았다. 그 안에는 '가족'에 대한 깨알 같은 정보가 가득 실려 있었다. 퀴크는 샌프란시스코의 에인절섬에 있는 이민심사국에 도착해 3주 동안 대기하며 심사를 받았다. "집에 있는 계단이 모두 몇 개입니까?", "잠은 어디에서 잡니까?"와 같이 온갖 질문이 쏟아졌다.

종잇장 아들이 즉흥적으로 기지를 발휘해야 하는 순간도 종종 있었다. 어느 두 남자는 중국계 상인의 아들 신분으로 위장해 미국에 들어오기 위해 형제 행세를 해야 했다. 심사관이 그 둘을 따로 불러 집에 키우는 개가 있었는지 물어보았더니 둘의 대답이 엇갈리고 말았다. 대답이 일치하지 않는다는 사실을 알게 된 첫 번째 지원자가 영리하게 대처했다. "맞아요. 개를 한 마리 키우기는 했는데 미국에 올 거라 예상하고 잡아먹어 버렸어요."

종잇장 아들들은 그들의 서류가 믿을 만하다는 시험관의 확인이 있고 나서야 심사국을 나올 수 있었다. 시험에 통과하지 못한 이들은 중국으로 되돌려 보내졌다. 운이 좋은 사람들은 서둘러 연락선에 올라타고 행복감에 젖어 샌프란시스코로 향했다.

9
인디언의 최후

1890년대에 미국에서 역사적 의미가 가장 큰 사건으로 변경 개척의 종식을 꼽을 수 있다. 미국인구조사국은 1891년에 미국인이 대륙 전역에 정착했으며 변경 개척도 끝났다고 발표했다. 그로부터 2년 후, 프레더릭 잭슨 터너라는 역사학자가 장차 그에게 유명세를 안겨줄 논문을 발표했다.

터너의 논문 제목은 「미국사에서 변경의 의의The Significance of the Frontier in American History」였다. 터너는 논문에서 미국과 그 국민이 변경의 전진이라는 거대한 역사적 움직임에 의해 다듬어졌다고 짚으며 변경을 두고 "야만과 문명의 접점"[1]이라 정의했다. 또한 변경의 정복으로 미국인은 강인해지고 자립적인 삶을 누려왔으며, 다른 어떤 문명과도 차별되는 새로운 문명을 낳았다고 언급했다.

이런 관점은 대중적이기는 하나 정확하지 않은 이야기를 뒷받침하는 근거로 쓰였다. 미국에 정착한 것은 유럽인이며 미국인은 백인이라는 내용이 그런 이야기의 핵심이었다. 이런 역사관에서는 북미 원주민은 정복해야 할 대상이며 백인이 마땅히 그 자리를 대체해야 한다는 인

역사에 없는 사람들의 미국사

식이 불가피했다. 최초의 주민을 정복하는 것이 그 영토를 길들이고 그 위에 문명을 꽃피우는 데 있어 필수적인 부분이라 본 것이다.

당시의 사람들은 1891년의 변경 종식 선언이 문명의 승리를 상징한다고 여겼다. 그러나 그 선언이 있기 전에 벌어진 사건으로 승리의 대가에는 비극이 따른다는 사실이 여실히 드러났다.

운디드니 대학살

1889년 네바다주 피라미드호의 기슭에 인디언 예언자가 나타났다. 그는 파이우트족Paiute의 워보카로 모든 곳의 원주민에게 신성한 상징인 파랗고 노란 줄무늬의 "유령 옷"을 입고 유령 춤이라는 의식을 지내라고 촉구했다. 워보카는 유령 춤을 추면 인디언의 생활 방식을 되찾게 될 것이며 사라진 버펄로가 돌아오고 인디언이 선조의 땅을 다시 지배하게 될 것이라고 주장했다.

"모든 인디언은 춤을 추어야 하나니, 어디에서든 춤을 계속 추거라. … 도처에서 사냥감이 풍부해질 것이다. 죽은 모든 인디언이 돌아와 다시 삶을 얻을 것이다."[2] 워보카는 이렇게 예언했다. 백인이 없는 세상에 대한 그의 환영이 인디언 영토 전역으로 들불처럼 퍼져나갔다. 유령 춤 열풍은 수족의 보호 구역에도 휘몰아쳤다. 1890년 겨울, 사우스다코타주의 파인리지 보호 구역을 담당하는 정부 관리가 워싱턴의 상부에 그 상황을 보고했다. "인디언들이 눈이 내리는 와중에도 춤을 추며 미쳐 날뛰고 있습니다. 보호 조치가, 그것도 즉시 필요합니다."[3]

위싱턴의 인디언 사무국에서는 군대를 보내 수족 지도자를 체포하라는 명령을 내렸다. 체포 대상에는 추장 '웅크린 황소'와 '큰 발'도 있었다. 인디언 담당 경찰이 웅크린 황소를 체포하는 과정에서 그의 추종자들과 드잡이 싸움이 번지는 바람에 경찰이 웅크린 황소를 총으로 쏘아 죽이는 일이 벌어졌다. 이 소식에 깜짝 놀란 추장 큰 발이 부족 사람들을 이끌고 탈출을 시도했으나 추격해 온 기병대에 항복을 하고 말았다. 군인들은 그들을 생포해 운디드니라는 얼어붙은 샛강 근처 야영지로 데려갔다.

다음 날 아침, 인디언들은 소지하고 있던 무기를 모두 넘기라는 명령을 받았다. 이어서 군인들이 인디언의 티피°를 샅샅이 뒤지기 시작하자 분위기는 점점 험악해졌다. 이때 어느 주술사가 유령 춤을 시작하자 총성이 한 발 울렸고, 돌연 군인들이 비무장 인디언을 향해 일제히 사격을 시작했다. 살아남은 '검은 사슴'은 당시 상황을 이렇게 증언했다. "전사라고는 고작 백 명뿐이었고 군인은 거의 오백 명이나 되었다. 전사들은 총과 칼을 쌓아둔 더미로 급히 달려갔다."[4]

야영지가 내려다보이는 산마루에서 퍼부은 대포에 무수한 인디언이 목숨을 잃었다. 현장에서 빠져나온 이들도 곧 군인들에게 쫓겼다. 검은 사슴의 증언은 여기서 그치지 않았다. "여자와 아이, 갓난아기 할 것 없이 죽거나 다친 채로 그들이 도망치고자 발버둥 치던 바로 그곳 주변에 뿔뿔이 흩어졌다. 군인들은 협곡을 따라 도망치는 그들을 쫓아 그 자리에서 사살했다."[5]

○ 아메리카 인디언의 거주용 텐트.

마침내 죽음의 포화가 멈추자 피의 현장에 처참한 침묵이 내려앉았다. 수백 명의 인디언이 꽁꽁 언 땅 위에 죽거나 부상을 입은 채 누워 있었다. 그들과 함께 상당수의 군인도 쓰러져 있었는데 대부분은 혼돈의 와중에 같은 편이 쏜 총에 맞은 것이었다. 참혹한 살육의 현장에 폭설이 내리기 시작했다. 이윽고 눈보라가 지나가자, 군인들은 집단 매장을 위해 파놓은 긴 도랑에 인디언의 시체를 던졌다. 유령 춤을 추던 인디언에게서는 유령 옷을 벗겨 기념품으로 챙긴 뒤였다.

인디언 학살자 커스터

운디드니 대학살이 있기 전인 1868년 겨울, 오클라호마에서 와시토강 대학살이라는 사건이 발생했다. 조지 암스트롱 커스터 중령이 이끄는 군인 800명이 샤이엔족 무리를 추격하던 중 어둠 속에서 우연히 인디언의 야영지를 발견했다. 커스터는 그곳을 포위하라는 명령을 내리고 동이 트자 공격을 시작해 야영지를 파괴했다. 100명 이상의 남자를 죽이고 50명이 넘는 여인과 아이들을 사로잡았다. 커스터와 그의 부하들은 샤이엔족 남자들과 그 지도자인 추장 '검은 주전자'의 머리 가죽을 흔들며 의기양양하게 주둔지로 돌아왔다.

8년이 지난 후, 이미 장군으로 승진한 커스터는 몬태나 준주의 리틀 빅혼강Little Big Horn River 전투에서 자신이 저지른 만행과 같은 폭력적인 최후를 맞이했다. 커스터는 추장 '미친 말'이 이끄는 라코타족Lakota과 샤이엔족에 포위당했으나 항복을 거부했으며, 그가 이끌던 부대는 결국 전멸하고 말았다.

커스터는 인디언에 맞서 싸운 인물로 유명세를 떨쳤으나, 여러모로 자신을 인디언과 동일시했다. 그는 변경의 자유와 서부 미개척지의 아름다움을 사랑했다. 자신이 인디언이라면 "보호 구역의 제한된 경계" 안에서 사느니 "자유롭고 광활한 평원"[6]을 선택하겠다고 기록하기도 했다.

인디언 보호 구역

프랜시스 A. 워커는 커스터와 달리 인디언에 대한 무력 사용을 피하고자 했다. 워커는 1870년대 연방 정부의 인디언 사무국 국장을 지낸 인물이다. 그는 군인들에게 야간에 인디언 야영지를 기습하지도, 남녀, 아이 할 것 없이 무차별적으로 총을 쏘지도 말라고 당부했다. 그보다는 정부가 인디언에게 금전적 지원을 하고 폭력적인 사태를 피하면서 평화로운 방법을 강구하기를 원했다.

워커는 인디언을 상대한 경험이 거의 없었지만, 기술과 교역에 인디언을 문명의 길로 끌어들일 힘이 있다고 확신했다. 철도가 대륙을 횡단하고 전례 없는 규모의 인구가 대평원인 그레이트플레인스로 이주하는 시대에 그는 변경 개척이 종식될 정도로 진보가 앞당겨졌다고 판단했다. 인디언은 이토록 급변하는 세계에서 냉혹한 미래와 마주했다. 워커는 인디언을 구하는 것이 자기의 사명이라 여겨 그들이 문명을 받아들일 준비가 될 때까지 생존해 있도록 해야 한다고 생각했다. 그는 사회공학의 힘을 믿어, 정부가 순전히 인디언을 위해 그들의 복지를 과학적으로 관리해야 한다고 생각했다.

산업화의 진전으로 인디언이 전통적으로 생계를 이어가던 방식은 가로막히고 말았다. 그렇기에 인디언이 새로운 생활 방식을 익힐 때까지 정부가 그들을 한시적으로 지원해야 한다고 주장했다. 이런 전환을 위해 그가 계획한 것은 서부의 인디언을 한두 곳의 커다란 보호 구역으로 이주시키고, 보호 구역 바깥의 땅은 백인이 이주하도록 열어두는 것이었다. 보호 구역 경계 밖의 인디언은 언제라도 군대의 공격을 받기 쉬운 사냥감이 되고 말 것이었다.

워커가 구상한 장기적 목표는 원주민이 미국 사회에 동화되는 것이었다. 그가 광대한 보호 구역에 그린 상은 인디언이 노동을 하고 산업 기술을 배우고 학교에 다니며 대체로 지시받은 대로 사는 터전의 모습이었다. 그는 교육과 직업 프로그램이 있다면 과거의 방랑자들을 정주하는 노동자로 바꿀 수 있을 것이라고 믿었다. 보호 구역에서 훈련받고 변모하면, 인디언은 장차 문명사회로 들어올 준비를 마치게 되리라는 것이 그의 생각이었다.

도스법

인디언에 대한 대응 방식을 두고 다른 백인 개혁가들은 생각이 달랐다. 그들의 견해로는 보호 구역은 원주민을 사회에서 떨어뜨려 놓고 동화를 지연시키는 효과만 있을 뿐이었다. 이런 시각이 정부의 정책에 공식적으로 반영되었으니, 의회에서 1887년 통과시킨 도스법이 바로 그

것이다.

도스법은 워커가 구상한 평화정책에 역행하는 법이었다. 이 법에는 이미 운영되고 있던 보호 구역을 해체하고 인디언을 개별 지주와 미국 시민으로 바꾸려는 의도가 담겨 있었다. 보호 구역은 개인이 아닌 인디언 부족에게 속한 땅이었으나, 대통령이 도스법에 서명함으로써 부족의 동의 없이 최대 160에이커에 이르는 땅을 개별 가족에게 양도할 수 있게 되었다. 이런 구획의 땅을 개인할당지라 불렀다. 개인할당지를 나눠주고 남은 '잉여' 보호 구역이 있으면 정부가 백인 이주민에게 팔 수도 있었다. 토지를 팔아 얻은 수익은 개인할당지를 받아들이고 미국 시민이 되고자 하는 인디언의 교육에 쓰인다는 것도 법의 취지에 들어 있었다.

법안을 발의한 상원의원 헨리 도스는 인디언이 문명화되기 위해서는 부족 체계가 해체되어야 한다고 여겼다. 그는 공동의 토지 소유가 미개한 습관과 나태를 불러올 뿐이라고 믿었다. 개인할당지 제도로 사유지의 주인이 생기면 인디언이 독자적이고 자립적으로 살 수 있을 것이며, 보호 구역의 '잉여' 토지를 백인에게 파는 것도 결국은 인디언에게 도움이 될 것이라고 보았다. 그렇게 되면 농부가 된 원주민이 이웃이 될 백인 농부에게서 좋은 노동 습관을 익히는 것도 가능하리란 것이었다.

도스법은 인디언에게 그들이 이미 가지고 있던 것, 즉 이미 그들 소유였던 땅을 주었다. 그러나 사실은 그들에게서 땅을 빼앗은 것이나 다름없었다. 백인 농부와 사업가들은 그들이 개인할당지 프로그램으로 얻게 될 경제적 이점을 훤히 들여다보고 있었다. 1880년에 내무부장관인 칼 슈르츠는 개인할당지로 인해 "보호 구역에 속해 있지만 인디언이 이용하지 않은 넓은 토지가 결국 백인의 정착을 위해 열리게 될 것"[7]이라고 내다보았다.

철도 회사도 보호 구역을 해체하는 정책으로 이득을 보았다. 1886에서 1887년, 의회는 여섯 개의 무상불하지를 철도 사업가들에게 마련해 주고 인디언 영토를 관통하는 철도를 놓을 수 있는 권리와 철도 노선이 있는 토지의 소유권을 그들에게 주었다. 의회에서는 이후 두 회기를 거치는 동안 국가의 입법가라는 의원들이 인디언 영토를 관통하는 또 다른 스물세 개의 철도 통행권을 허가해 주었다.

땅 주인이 바뀌다

도스법이 나오고 4년이 지난 후, 인디언 담당 사무처장 토머스 모건은 1891년에만 전체 인디언 영토의 7분의 1이 인디언 아닌 사람에게 팔린 것으로 추산했다. 모건은 인디언 영토가 급속히 사라지는 것처럼 보일 수 있음을 인정하면서도, 인디언은 그 땅을 거의 사용하지 않았고 필요로 하지도 않는다고 설명했다.

1902년, 의회는 인디언 땅의 백인 양도를 빠르게 앞당기는 새 법을 통과시켰다. 법의 골자는 개인할당지를 소유한 인디언이 죽으면, 그 토지는 소유자의 상속인에게 넘겨줄 수 없고 공개 경매에 부쳐 팔아야 한다는 것이었다. 상속인이 가족의 땅을 살 수 없다면, 그 땅을 잃게 된다. 어느 정부 관료는 시어도어 루스벨트 대통령에게 "기껏해야 몇 년 있으면 인디언의 모든 땅이 정착민의 소유로 넘어가게 될 것"[8]이라고 장담했다.

북미 원주민은 자신들의 땅을 빼앗으려는 시도에 저항했다. 카이오와족Kiowa의 추장 '외로운 늑대'는 1868년 맺은 조약에 따라 인디언 부족의 땅이 관여된 모든 거래는 부족 전체의 승인을 받기로 되어 있다는 점을 법정에서 강력하게 내세웠다. 그러나 미연방대법원은 인디언과 맺은 조약의 규정을 바꾸거나 무효로 할 수 있는 권한이 연방 정부에게 있다고 해석하며 사실상 카이오와족의 입장에 반대되는 판결을 내렸다. 이 판결로 정부는 인디언의 땅을 그들의 허락 없이 처분할 수 있는 명분이 생겼다. 인디언 사무국의 한 관리는 대법원의 판결이 없었다면 보호구역을 없애고 백인 농부에게 걸린 제한이 풀리기까지 50년이나 걸렸을 것이라며 안도와 함께 법원의 판결에 환호했다.

1933년에 이르자 미국 내 북미 원주민은 도스법이 나올 무렵 소유했던 1억 3800만 에이커 땅의 60퍼센트를 잃고 말았다. 개인할당지 정책으로 인디언은 땅 없는 사람으로 전락하고 말았다.

방향 전환

개인할당지 프로그램은 1934년 인디언재조직법이라는 새 법의 등장으로 돌연 중단되었다. 이 법을 계획한 사람은 프랭클린 D. 루스벨트 대통령이 인디언 사무국의 국장으로 임명한 존 콜리어였다.

콜리어는 일찍이 뉴멕시코 일대 북미 원주민의 생활에서 공동체 의식에 눈을 뜨고 경탄을 보냈다. 공동체 생활을 하는 인디언이 유일하게 인격 형성의 비법을 여전히 알고 있는 집단이라고 분명히 밝힐 정도였다. 콜리어는 인디언이 인디언답게 살 수 있고, 고유의 유산과 문화를 포기하게 하지 않고도 현대적 삶으로 넘어올 수 있게 되기를 바랐다. 그는 회고록에 다음과 같이 기록했다. "인디언의 삶이 좋은 삶이라면, 우리는 이처럼 특별하고 토착적인 문화가 우리 곁에서 보전되고 있음에 긍지를 느끼고 또 기뻐해야 한다."[9]

콜리어는 개인할당지가 인디언의 공동체적 삶의 방식을 파괴하고 있다고 보았다. 그가 구상한 인디언재조직법은 기존의 도스법으로부터 방향이 완전히 전환된 것이었다. 이 법의 등장으로 개인할당지 프로그램은 막을 내렸고 인디언을 위해 편성된 연방 기금으로 토지를 매입하고 그들의 지방자치 정부를 세우는 조치도 허가를 받았다. 그러나 재조직법은 이 법을 받아들이기로 찬성한 다수 부족원에게만 적용되고 그 어떤 부족에게도 강제적으로 적용되지는 않을 터였다. 콜리어는 제도를 바꿀지의 여부를 인디언 스스로 선택할 수 있도록 함으로써 인디언에게 그들의 운명에 대한 결정권을 조금이라도 줄 수 있다고 생각했다.

새 법이 발효된 지 1년 후, 172개 부족 총 13만 2,426명의 부족원이 재조직법을 받아들이기로 투표했다. 다른 73개 부족의 6만 3,467명은 재조직법의 적용을 받지 않는 것을 선택했다.

나바호족의 머나먼 여정

재조직법 수용을 거부한 몇몇 부족 가운데 남서부 지역의 나바호족 Navajos이 있었다. 나바호족이 보기에 콜리어는 인디언에게 최선책을 제안한다며 설득해 온 백인의 오랜 수법을 대변하는 인물이었다.

나바호족은 백인이 그들을 위한다며 1860년대에 내린 결정을 잊지 않고 있었다. 나바호족은 스페인 사람들에게서 양을 받아 키우기 시작한 이후 수 세기 동안 양 떼 몰이를 하며 살았다. 미국이 멕시코와 벌인 전쟁으로 남서부를 가져온 이후, 백인은 나바호족의 땅을 침범하기 시작했고 갈등이 이어졌다.

1863년, 나바호족은 크리스토퍼 "키트" 카슨이라는 육군 정찰대 장교에게 항복했다. 카슨의 부대가 그들의 과수 재배지를 불태우고 양 떼를 빼앗았기 때문이다. 나바호족은 살던 곳에서 내몰려 보스키레돈도 Bosque Redondo라는 보호 구역으로 끌려갔다. 그들은 이 사건을 '머나먼 여정'이라 불렀다. 그런데 5년이 지나서 정부는 나바호족을 다시 이주시켰다. 이번에는 그들의 고향 땅에 있는 보호 구역이었다. 그들은 카슨의 부대가 빼앗아 갔던 가축을 대신할 양도 돌려받았다.

어느덧 1930년대였고, 나바호족은 카슨 같은 군인이 아닌 정부 관료에게서 지시를 받고 있었다. 콜리어가 인디언에게 자치권을 주고 싶어 했다고는 해도, 그는 인디언의 세상을 사회공학적으로 지휘하고자 했다. 그는 그런 세상을 종족 실험실이라 불렀다. 나바호족은 그들에게 이것이 최선이라 나서는 외부의 "수호자"를 원치 않았기 때문에 콜리어의 재조직법 수용 제안을 거절했다.

재조직법 수용 표결은 콜리어가 나바호족과 맺은 인연 가운데 하나에 불과했다. 그는 1933년에 나바호족이 보호 구역에서 버틸 수 있는 수보다 50만 마리 많은 가축을 기르고 있다는 판단을 내렸다. 그는 양과 염소를 과잉 방목하면 심각한 토양 침식을 초래한다고 주장했다. 침식

연방 정부와 나바호족은 양을 키우는 문제로 갈등을 일으켰다.
양은 나바호족의 삶에서 오랫동안 중요한 역할을 해왔다.

문제를 서둘러 해결하지 않으면 양을 길러 생계를 꾸리는 나바호족이
엄청난 고난과 고통을 겪으리라는 것이 그의 판단이었다.

콜리어는 나바호족의 생존을 염려하면서도 백인의 이익도 고려하지
않을 수 없었다. 그는 나바호 땅의 침식으로 인한 침니가 콜로라도강으
로 흘러들어 쌓이고 볼더댐(지금의 후버댐)의 가동에 장애가 될 위험이
있다는 보고를 받았다. 볼더댐 건설은 캘리포니아의 농업 중심지에 물
을 대고 로스앤젤레스에 전기를 공급하기 위한 대규모 수력 발전 사업
이었다. 미국지질조사국은 나바호족 보호 구역이 콜로라도강 침니 문제
의 주원인이라고 밝혔다.

콜리어가 내놓은 해결책은 나바호족의 가축을 40만 마리 수준으로

줄이는 것이었다. 이후 5년 동안 그는 가축 감소 프로그램을 설명하고 추진하기 위해 보호 구역으로 열일곱 번이나 날아갔으나 나바호족은 그 제안을 받아들이지 않았다. 그는 당시의 심정을 회고록에 남겼다. "내가 오랜 세월 사회적으로 기울인 수고와 고투를 돌아볼 때, 나는 다른 어느 인디언 집단에게서 아니 그 어떤 집단에게서도 지금 나바호족이 감내하는 만큼의 불안과 걱정 가득한 적대감을 경험해 보지 못했다."[10]

토양 침식의 진실

나바호족에게 양은 곧 생존을 의미했다. 양을 기르며 사는 것이 그들의 삶의 방식이었다. 남자아이들은 양 떼를 돌보며 컸고, 양 떼 몰이에는 가족의 결속과 다음 세대로 가치를 전승한다는 의미가 담겨 있었다. 양 떼를 줄인다는 것은 그들이 믿는 모든 것, 그들이 그 땅에서 살아온 세월 동안 배워온 그 모든 것을 거스르는 행위였다.

그러나 콜리어는 토양 침식을 멈추기 위해 가축 수를 줄이려는 프로그램에 착수했다. 정부 직원들이 양과 염소를 옮겨가면 그 한편에서 나바호족은 가축 없이 장차 어떻게 살아야 할지 막막해했다. 어느 목동은 자신의 양이 모두 사라지고 난 뒤 정부 직원에게 욕을 퍼부었다. "이렇게 냉혹한 사람들이 어디 있단 말이요. 당신들은 이제 나를 죽이고 말았군. 내 팔을 자르고, 내 다리도 자르고, 내 머리마저 베어가다니. 이제 나한테 남은 것이라곤 아무것도 없어. 다 끝났어."[11]

그런 변화 속에서, 나바호족은 점차 임금을 벌어 살아야 하는 처지를 실감하고 있었다. 그들 대부분이 정부의 임시 고용직으로 생계를 이어갔다. 가축 감소 프로그램으로 많은 나바호족 사람이 연방 정부에 의존해야 하는 신세가 되고 말았다. 콜리어의 프로젝트는 인디언의 입장에서는 '머나먼 여정' 이후 부족 역사상 가장 처참한 경험을 안겨준 조치가 되고 말았다.

비극적인 것은 가축 감소 프로그램이 침식을 관리하는 데 꼭 필요한 조치도 아니었다는 사실이다. 과학자들은 이후에 토양 침식에 대한 조사를 더 벌이고 나서야 과잉 방목이 문제의 근원이 아니라는 사실을 발견했다. 나바호족은 그 모든 이유를 내내 알고 있었고 정부에 알리려 했으나 그 노력은 소용이 없었다. 그들은 과거에도 침식이 여러 차례 발생했다는 사실을 경험으로 알고 있었다. 건조한 날씨, 침식 작용, 강수, 토양 복구가 몇 해를 두고 주기적으로 순환되는 과정의 일부였던 것이다. 토양 침식과 침니의 문제는 나바호족이 기르는 가축의 수보다는 가뭄과 더 관련이 있었다.

1930년대는 비가 거의 내리지 않을 정도로 가뭄이 심한 시기였다. 인디언들은 건조한 목초지도 가뭄이 끝나면 싱싱한 새 풀로 덮이리라는 것을 예견했다. 그러나 애처롭게도, 그 시기가 다시 돌아오기까지는 보살피던 가축과 고유의 삶의 방식도 토양과 함께 침식되어 사라지고 말 운명이었다.

인디언의 마지막 화살

'마지막 화살 의식'은 북미 원주민이 구식 생활 방식에서 지주와 농부의 새 삶으로 전환한 것을 상징하기 위해 연방 정부가 주최한 행사였다. 《게티즈버그타임스》의 1917년 1월 5일 자 기사에 내무부가 인디언 "종족의 현대화를 위해" 이 행사를 개최한 광경이 묘사되 어 있다.

정부에게서 신뢰를 인정받는 인디언은 세 명으로 구성된 '적성 검증 위원회'가 선발한다. … 이들은 보호 구역의 집집마다 다니며 집과 농장의 상태, 자녀 양육 방식, 전반적인 경제적 상황 등 각 가정의 진척도를 조사한다. … 선발된 인디언은 공개 행사에 초대받는다. …

이 자리에서 내무부를 대표해 나온 인사가 매우 근엄하게 연설을 한다. 대통령은 그들이 인디언 사무국의 관리를 벗어나 미국의 자유 시민이 될 준비를 마쳤다는 소식을 접했다는 내용이다. … 그리고 나서 들고 있는 목록에서 첫 남자의 영어 이름을 부른다. 제임스 로빈슨이라는 이 남자, 전에는 아마도 '얼굴에 내리는 비'라는 인디언식 이름으로 불렸던 모양이다. …

관리는 로빈슨에게 활과 화살을 건네주며, 화살을 쏘라고 지시한다. 인디언은 그 말에 따른다.

화살이 땅에 꽂히자 관리가 말을 이어간다. "얼굴에 내리는 비, 당신은 방금 마지막 화살을 쏘았습니다. 이것이 의미하는 바는 당신은 이제 더는 인디언의 삶을 살지 않게 됐다는 것입니다. 당신은 이날로부터 백인의 삶을 살게 되는 것입니다. 하지만 그 화살은 가져도 좋습니다. 그것이 당신에게는 고귀한 종족을 상징하는 것일 테지요. 그리고 당신이 모든 미국인 가운데 최초라는 자부심도 거기 담겨 있겠지요. 제임스 로빈슨, 이제 이 쟁기를 손에 쥐어보십시오."[12]

정부 관리는 인디언에게 쟁기가 노동을 의미한다고 말을 이어갔다. 저축을 의미하는 또 다른 선물인 지갑을 건네주고 나서, 관리는 인디언에게 열심히 일하고 소득을 현명하게 사용하라고 조언했다. 그리고 미국 시민권을 상징하는 깃발이 세 번째 선물로 주어졌다.

"의식은 전반적으로 매우 경사스러운 분위기로 마무리되었으며, 그 자리에 참석한 영예는 많은 인디언에게 더 열심히 일하면 시민으로서의 특권을 누릴 수 있다는 자극으로 작용했다"는 마지막 문장으로 기사는 마무리됐다. 이 행사를 어떻게 생각하는지, 그들의 이름과 풍습을 버리라고 요구하는 이 행사의 취지에 대해서는 또 어떤 생각인지 인디언에게 묻는 대목은 기사 어디에도 나오지 않는다.

10
돈이 열리는 나무를 찾아온 일본인

1891년 변경 개척이 종식되었다는 공식 선언 후에도 미국은 새로운 이민자 집단을 받아들이고 있었다. 바로 일본인이다. 아일랜드인 그리고 중국인과 마찬가지로, 일본인도 고국에서의 어려운 삶으로 어쩔 수 없이 미국행을 택해야 했다.

19세기 중반, 미국의 영향력이 태평양 건너편에까지 미쳤다. 1853년에는 미국 함대가 도쿄만에 진입해 전 세계에 일본의 문호를 강제로 개방했다. 같은 시기, 서구 열강은 중국을 차지하는 데 열을 올리고 있었다. 1868년, 일본의 지도자들은 똑같은 일이 자기 나라에서도 벌어지지 않도록 강력한 중앙 집권 정부를 수립했다. 일본 정부는 국가의 산업과 군사적 역량을 발전시키기 위한 프로그램에 착수했다. 그러나 프로그램의 실현을 위해서는 국민에게 무거운 세금을 지워야 했다.

1880년대, 일본의 농부들은 무거운 세금의 부담 때문에 경제적으로 심각한 고통에 시달렸다. 그 결과 세금과 부채를 해결하기 위해 어쩔 수 없이 땅을 팔아야 하는 농부가 수천 명이나 되었다. 나라 곳곳에 굶주림이 만연했다. 가난에 찌든 농부들은 비참한 신세를 면할 방법을 찾던 끝

역사에 없는 사람들의 미국사

에 이민 열기에 휩싸였다.

해외로 나가면 아주 높은 임금을 받으며 살 수 있다는 굉장한 이야기들이 그들의 상상력을 자극했다. 하와이에서는 플랜테이션 노동으로 일본에서보다 여섯 배나 많이 벌 수 있다, 그곳에서 3년 지내고 나면 일본에서 10년 동안 벌 수 있을 만큼을 모을 수도 있을 것이다 등등의 이야기가 사람들 사이에 돌았다. 미국 본토에서 받는 임금에 대한 이야기는 거의 환상적인 수준이었다. 여기에 매혹된 젊은이들이 미국에 보내달라고 부모를 조르는 상황도 수긍이 갈 정도였다. "미국에서는 나무에서 돈이 열린대요."[1]

1885년에서 1924년 사이, 수십만 명의 일본인이 고국을 떠났다. 약 20만 명이 하와이로 갔고, 다른 18만 명은 미국 본토로 갔다. 어느 이주민은 당시의 흥분을 하이쿠라는 일본의 전통 시 양식에 담았다.

크나큰 행운의 꿈이여
나와 함께하자 이국의 땅으로,
대양 건너서.[2]

사진신부

일본인도 중국인과 마찬가지로 돈을 벌 수 있다는 꿈에 이끌려 태평양을 건넜다. 그러나 두 이민 집단 간에는 커다란 차이가 있었다. 중국인 이민자는 대부분이 남자였으나 일본인 이민 중에는 여성도 꽤 많이 포함돼 있었다.

1920년 미국의 일본인 가운데 여성은 하와이에서 46퍼센트, 캘리포니아에서 35퍼센트를 차지했다. 중국인의 여성 비율이 겨우 5퍼센트인 것에 비교하면 큰 수치다. 왜 이런 차이가 났을까?

중국과 달리 일본은 이민을 조절할 수 있을 만큼 강력한 중앙정부의 지배를 받았다. 대부분 남성으로 구성된 미국의 중국인 사회에 매춘과 도박, 음주로 인한 문제가 크다는 소식을 접한 일본 정부는 자국의 이민자가 같은 문제에 빠지지 않기를 바랐고, 그 예방책으로 여성의 이민을 장려했던 것이다. 아내와 가족이 있는 남자라면 자리를 잘 잡고 생산적인 생활을 할 것이며, 일본인의 명예에 먹칠하지 않을 것이라는 게 일본 지도자들의 의도였다. 하와이 정부도 이런 견해에 공감하고 부부와 여성의 이민을 장려했다.

게다가 일본 여성의 삶은 중국 여성에 비해 전통에 덜 구속되어 있었다. 마침 일본이 산업 경제 체제로 변화하려는 정책을 펼치면서, 건설·탄광·섬유 산업 분야에도 여성 인력이 진출할 수 있게 되었다. 1900년에는 일본 산업 노동자의 5분의 3을 여성이 차지했다. 일본의 새 정부가 남아들뿐 아니라 여아들에게도 의무 교육을 실시했기 때문에 일본 여성은 중국 여성보다 교육의 기회가 커 읽고 쓸 줄도 알았다. 1876년부터는 학교에서 영어를 가르치기 시작하면서 영어를 배운 학생도 많았다. 이런 여러 요소들은 일본 여성이 미국행을 고려하는 데 우호적인 상황으로 작용했다.

게다가 미국의 이민 정책에는 일본 여성의 이민에 유리하게 작용한 허점도 있었다. 1907년에 맺은 신사협정°하에 미국은 일본 이민자들이 가족을 데려와 함께 지낼 수 있도록 허용했다. 약 6만 명의 여성이 이런 식으로 미국에 들어올 수 있었다. 그들 중 많은 수가 만나본 적도 없는 남자와 중매결혼으로 합친 여성으로, 이들은 "사진신부"라 불렸다.

중매결혼은 일본에서 관습으로 굳어진 결혼 풍습이었다. 일본에서 결혼은 개인의 선택이기보다 가족의 중대사로서 여겨졌고, 부모는 자녀의 배우자를 고르기 위해 중매쟁이의 도움을 받았다. 사진이 발명되고 나서는 중매 과정에서 사진을 교환하는 것이 관행이 되었다. 신랑·신부감이 서로 가까이 살지 않을 경우에는 만나기 전에 서로의 사진을 교환하곤 했다. 이 관습은 일본인 이민자의 필요에도 잘 맞아떨어졌다. 미국으로 건너간 남자는 서신으로 일본에 있는 여인과 사진을 교환할 수 있었다. 양측의 가족이 중매로 장거리 혼담을 성사시키고 나면 신부가 남편을 만나러 미국에 가는 식이었다.

하와이나 미국 본토로 떠날 준비를 할 때면 고향의 가족과 이별할 생각에 마음이 편치 않은 여성이 많았다. 어느 여인은 작별하는 자리에서 벌어진 상황을 떠올렸다. "미국에 너무 오래 있지 마세요. 5년 후에 돌아와 우리와 함께 농사지읍시다." 남편의 형제가 이렇게 말하자 그녀의 아버지가 말을 이었다.

"혹시 농담이시겠죠? 5년이면 아무것도 못 배워요. 거기서 아이도 낳아야 할 것이고요. ··· 20년만 참고 지내보거라."[3] 그녀는 아버지의 말

○　상대방이 그 협정의 내용을 이행할 것을 촉구할 수 있을 뿐, 이행하지 않을 경우 상대방에게 이행을 청구하거나 손해배상을 청구할 수는 없는 형태의 합의.

에 깜짝 놀라고 말았다. 이 이별이 얼마나 오래 걸릴지 그제야 실감한 것이다.

하와이에서의 노동

하와이는 왕국이었으나 1900년에 미국의 영토가 되었다. 미국의 대농장주들은 이미 1900년 이전부터 하와이의 여러 섬에 사탕수수를 재배해 제당 산업을 키우는 데 성공했고, 생산된 설탕을 수출했다. 1875년에서 1910년 사이, 하와이의 섬들에서 경작 중인 토지는 1만 2,000에이커에서 21만 4,000에이커로 늘었다. 농장주들이 이 땅을 경작하려면 노동자가 필요했다. 노동력의 주요 공급처가 일본이기는 하였으나, 유일한 공급처는 아니었다.

농장주들은 노동자의 국적에 특히 주의를 기울였다. 그들은 노동자 사이에 분열을 조장할 의도로 노동 인력을 국적·민족·인종에 따라 다양하게 꾸렸다. 이것으로 노동자들이 단결하지 못하게 하는 한편 관리하는 입장에서는 그들을 통제하기가 수월했다. 어느 플랜테이션 관리자는 노동자의 파업을 피하는 방법을 노골적으로 말하기도 했다. "다양한 일꾼을 섞어야, 그러니까 국적이 다른 사람들을 섞어놓아야 한다. 그렇게 해서 파업같이 합심하고 벌이는 짓을 막아야 한다. 그러면 혹시나 있더라도 일본 놈들, 중국 사람, 포르투갈 사람이 한데 뭉쳐 파업을 일으키는 경우는 극히 드물어질 것이다."[4] 농장주들은 일본인 노동자와 싸움을 붙일 의도로 한국°과 필리핀에서도 노동자를 들여왔다. 여기에는 그들이 서로 다투게 내버려 두면 농장주에게 압력을 넣을 여력도 없으리라는 기대가 숨어 있었다.

이렇게 다양한 배경의 노동자에 대한 권위를 강화하기 위해, 농장주들은 인종에 토대를 두고 작업상의 지위 체계를 설계했다. 백인이 관리 감독직과 숙련이 요구되는 직책을 차지하고, 아시아인에게는 기술이 필요 없는 단순 노동이 주어졌다. 하와이제당협회는 1904년에 미국 시민이나 시민 자격이 있는 사람만이 숙련직을 맡을 수 있다는 결의안을 통과시켰다. 당시는 백인만이 미국 시민으로 귀화할 수 있었기 때문에 이 조치는 사실상 아시아인을 배제한 것이나 다름없었다.

어느 일본인 노동자가 남긴 인터뷰에는 인종차별을 겪고 느낀 좌절이 고스란히 드러난다. "나한테는 기회조차 없었어요. 피부색이 하얗지 않으면 높은 자리에 올라 큰돈을 벌 수도 없어요. 여기서 평생 일하며 살 수는 있겠지만 하울리haole(백인을 가리키는 하와이 말)라면 일이라고는 쥐뿔도 모르면서 당장에라도 나보다 윗자리에 앉을 수 있지요."[5]

눈물의 사탕수수밭

일본인 노동자들은 플랜테이션이 잘 조직된 곳이라기보다 엄격한

○ 당시는 구한말, 즉 조선 말기에서 대한제국까지의 시기였을 것이다. 1902년 하와이의 사탕수수 농장으로 떠난 첫 번째 한국인 이민 기록이 남아 있다.

세계라는 사실을 깨달았다. 그들은 아침 일찍부터 플랜테이션을 뒤흔
드는 요란한 사이렌 소리에 잠을 깨야 했다. 현장 감독들은 노동자 단체
숙소를 헤집고 다니며 집집마다 문을 두드리고는 당장 일어나라고 소리
를 질렀다. 노동자들은 스물에서 서른 명 단위로 작업조를 지어 밭으로
향했다. 한 가지 국적으로만 모인 조가 있는가 하면, 일본, 푸에르토리
코, 필리핀, 중국, 포르투갈 등 다양한 나라 출신에 하와이 토박이 노동
자까지 섞인 조도 있었다.

그런가 하면 여성 노동자로 구성된 무리도 있었다. 1920년에 하와이
플랜테이션 노동자의 14퍼센트가 여성이었는데 그들 대부분이 일본인
이었다. 여성 노동자에게는 괭이질, 사탕수수 잎 벗겨내기, 다 자란 사
탕수수를 거두는 일 등이 주로 맡겨졌다. 그들은 남자 노동자들과 같은
몫의 작업을 할당받으면서도 더 적은 임금을 받았다. 1915년에 농장에
서 일하는 여성 노동자의 평균 임금은 하루에 55센트였는데, 남성 노동
자가 받은 78센트와 크게 비교되는 액수였다.

노동자들은 놋쇠로 만든 자그만 원형 목걸이를 저마다 걸고 있었는
데 목걸이에는 일본말로 번호를 뜻하는 '방고'가 적혀 있었다. '루나'라
고 불리는 현장 감독은 노동자를 이 번호로 불렀다. 전통적인 국가에서
이름에는 사람을 가족과 사회로 이어주는 중요한 의미가 있었으나 하와
이의 들판에서 그들은 이름 대신 번호로 불릴 뿐이었다.

루나는 보통 말에 올라타 현장 전체를 감독했다. "우리가 말을 많이
하면 루나가 나타나 채찍을 휘둘렀어요. 실제로 우리에게 대고 채찍질
을 한 건 아니지만 일을 더 빡세게 시키려고 휘둘렀던 거지요."[6]

사탕수수밭 일은 혹사에 가까울 만큼 고되었다. 김매기는 지루하면

사탕수수밭에서 일하는 일본인 노동자. 하와이 마우이섬, 1932년.

서도 대단히 힘들었다. 노동자들은 한 줄로 서서 여러 시간을 일했으며 말하는 것은 금지되었다. 수숫대를 거두려면 마체테라는 벌목도를 기계적으로 휘둘러야 했는데, 이 작업을 하면 금세 더러워지고 녹초가 되었다. 손에는 물집이 잡히고 팔은 톱날 같은 사탕수수 잎에 베이기 일쑤였다. 3.5미터가 훌쩍 넘는 사탕수수에 둘러싸여 끔찍한 더위와 습도에 땀이 비 오듯 흘러내렸다. 작업 중에 나오는 붉은 먼지가 자욱해, 얼굴은 수건으로 가려야 했다. 노동요 한 곡조에 들판에서 일하는 여성 노동자의 고된 경험이 담겨 있다.

> 남편은 수숫대를 베고
> 나는 잎을 치고
> 우리 둘 다 땀에 절고 눈물에 젖어 일하는 거지
> 돈 한 푼 벌어보겠다고.[7]

노동자들이 수숫대를 거두고 다발로 묶어 기차 화물칸에 실으면, 기차는 제당공장으로 향했다. 공장에서는 사탕수수를 으깨고 즙을 짜낸 후 끓이는 작업이 기다리고 있었다. 노동자들은 열기와 증기에 갇히고, 기계의 요란한 철커덩 소리와 회전하며 내는 소음에 귀가 먹먹해진 채 일을 계속했다.

단결하는 노동자들

조용하고 시키는 것은 무엇이든 받아들인다는 고정관념과 달리, 하와이의 일본인 노동자는 불공정한 노동 조건에 적극적으로 저항했다. 파업 참여도 종종 있었다. 처음에는 여러 배경의 노동자 집단이 하나의 투쟁에 동참하기보다는 민족이나 인종, 국적에 따라 행동하는 경향이 있었다. 예를 들어, 일본인 노동자가 조직한 '혈맹 노조'는 자신들의 민족적 정체성에 근거한 것이었다.

혈맹 노조가 벌인 가장 중요한 행동은 1909년의 일본인 노동자 파업이었다. 포르투갈 노동자가 한 달에 22.5달러를 받는 동안 일본인 노동자는 같은 일을 하고도 겨우 18달러를 받는 사실을 지적하며, 그들은 인종에 뿌리를 둔 불공정한 임금 체계를 없애고 임금을 인상하라고 요구했다. 플랜테이션에 고용된 일본인 노동자 수천 명이 오아후섬에서 일을 멈추었다. 다른 섬의 일본인 동포들은 후원금과 후원 음식의 형태로 지지를 보냈다. 일본계 사업자들도 파업에 원조를 보내고 일본인의사회는 파업 노동자와 그 가족에게 무료로 의료 지원을 했다.

이 파업으로 노동자들이 자신을 잠깐 왔다 가는 방문자가 아니라 영구적인 정착민으로 인식하기 시작했다는 점이 드러났다. 그들은 이제 일본계 미국인으로 자리 잡고 있었다. 임금을 올려달라는 요구에서 그들은 "하와이의 번영과 역경을 그 안의 다른 시민과 함께 나누면서 우리 운명을 하와이의 운명과 하나로 맺고자"[8] 하는 의지를 드러냈다.

농장주들은 파업 주동자를 음모 혐의로 체포하라고 정부에 압박하는 것으로 대응했다. 또한 중국과 하와이, 포르투갈과 필리핀 출신의 '비조합원' 노동자를 고용했다. 비조합원은 파업 노동자의 일을 대신해 파업을 와해시키는 역할을 했다. 노동자들은 넉 달 동안 파업을 이어간 끝에 어쩔 수 없이 현장으로 복귀했다.

이후에 농장주들이 임금을 올리고 인종에 따른 차별적 임금 체계를 폐지했기 때문에, 일본인 노동자들은 승리를 거둔 셈이었다. 그러나 파업을 무너뜨린 후 농장주들은 필리핀 노동자를 대량으로 들이기 시작했다. 1920년에 필리핀 노동자가 30퍼센트로 증가한 반면, 일본인 노동자는 44퍼센트에 그쳤다. 두 나라에서 온 노동자들은 하와이의 노동운동이 인종과 민족을 초월해 노동자 계급의 단결에 토대를 두어야 한다는 사실에 눈을 떴다. 필리핀 노조가 1920년에 파업을 일으키자, 일본인 노조도 파업에 동참했다. 오아후섬의 플랜테이션 노동력의 77퍼센트에 해당하는 8,000명이 작업을 중단하니 설탕 생산도 막히고 말았다. 일본인 노조는 민족과 인종으로 갈라진 노동조합의 존재 방식에 의문을 품고, "모든 국적의 노동자"[9]를 위한 노조를 제안했다.

노동자를 이간질하라

농장주들은 노동자가 하나로 뭉치려는 조짐에 맞서 노동자의 편을 갈라 조종하는, 오랜 세월에 걸쳐 효력이 입증된 전략을 꺼내기 시작했다. 그들은 필리핀인과 일본인 사회에 불신을 조장하고 필리핀 노조 지도자 파블로 만라피트에게 뇌물을 제공했다. 파업이 하와이의 경제를 불구로 만들려는 일본인의 책동이라며 만라피트가 돌연 파업을 취소하자, 두 집단의 노동자 모두 깜짝 놀라고 말았다. 파업을 먼저 시작한 측이 필리핀 노조였기 때문에 만라피트의 행동은 더욱 의외로 받아들여졌다.

하지만 많은 필리핀 노조원들이 만라피트의 말을 따르기 거부하고 파업을 이어나갔다. 농장주들은 일본 정부가 하와이를 "일본화"하려고 획책하고 있으며 일본인 파업 노동자들은 그 꼭두각시라 선동하며 공격의 강도를 높였다. 그들은 또한 파업을 와해시킬 목적으로 하와이, 포르투갈, 한국 출신 노동자를 고용하고 파업 노동자들을 플랜테이션의 주거단지에서 쫓아냈다.

독감 유행이 절정인 시기에 갈 데 없이 호놀룰루의 공터로 피신해 노숙하며 지내는 동안, 노동자 수천 명과 그 가족들은 병에 걸려 150명이 목숨을 잃고 말았다. 파업 노동자들은 지치고 굶주리고 병들어 7월이 되자 투쟁을 접어야 했다. 농장주들은 승리를 선언했지만 석 달이 지난 후 조용히 임금을 50퍼센트 인상했다.

종족 공동체

플랜테이션에서는 여러 국적의 노동자들이 보통 별도의 막사촌에 주거했다. 초기의 막사촌은 대개 밀집도가 높고 위생 상태가 엉망이었으며 한 지붕 아래 오십 명가량 되는 노동자가 모여 살았다. 그러나 시간이 지나면서 농장주들은 미혼 노동자를 결혼한 남자로 대체하고 막사도 가족을 수용할 수 있는 오두막으로 대체했다. 노동자에게 편의를 제공하는 것이 자기들의 이익에 부합한다는 것을 알게 되었기 때문이다. 어느 플랜테이션의 관리가 그 비결을 기록으로 남겼다. "현대식 편의시설을 갖춘 쾌적한 환경을 만들면 노동자가 건강해져 일의 능률을 한층 끌어올리는 데 효과적이다."[10]

한편, 노동자들은 그들의 막사촌을 종족 공동체로 바꾸고 있었다. 일본인 이민자는 모든 플랜테이션에 절을 짓고 자녀를 위해 일본인 학교를 세웠다. 한여름에는 조상의 영을 기리는 '오봉' 같은 전통 명절도 치렀다. 그들은 오봉이 되면 기모노를 입고 타이코라는 북의 장단에 맞춰 춤과 함께 원을 그리며 산 자와 죽은 자의 영이 재회하는 순간을 기렸다.

처음에는 각 종족 집단의 노동자들이 자기 모국어밖에 쓸 줄 몰랐다. 그 덕분에 각 집단은 기억과 경험을 공유하며 구성원 서로 간의 유대와 문화적 동질성을 유지함으로써 공동체 의식을 키웠다. 그러나 곧 서로 다른 집단에 속한 노동자들이 공통어를 습득하기 시작했다. 농장주들은 노동자들이 기본적인 영어를 알기를 바랐다. 그래야 지시를 내리고 일을 시킬 수 있었기 때문이다. 그런 필요에서 '피진 잉글리시'라는 플랜테이션 방언이 쓰이기 시작했다. 이것은 하와이어, 일본어, 포르투갈어, 중국어의 어휘와 억양이 뒤섞인 간단한 형태의 영어였다.

피진 잉글리시는 농장주들이 지시하기에 용이한 언어로 시작했지만 이내 노동자 사회의 언어가 되었다. 어느 필리핀 노동자는 배경이 제각각인 집단이 플랜테이션에서 소통할 수 있던 과정을 설명하며 다음과 같이 말했다. "우리가 사용한 언어는 피진 잉글리시이거나 엉터리 영어 둘 중 하나여야 했다. 그리고 우리가 무슨 말인지 서로 알아듣지 못하면, 우리 뜻을 설명하는 데 도움이 될 만한 몇몇 단어를 섞어 써야 했다. 피진 잉글리시라는 멋진 언어는 이렇게 나오게 되었다."[11]

피진 잉글리시가 주거지의 언어가 되면서 다양한 국가 출신의 사람들은 서로 소통할 수 있게 되었고 하와이로 연결되는 새로운 정체성을 찾게 되었다. 이 새로운 언어의 사용에서 자기 자신과 자신의 위치에 대한 노동자의 인식에 깊은 변화가 생겼다는 것이 드러났다. 그들은 돈을 벌고 나서 일본으로 돌아갈 계획으로 하와이에 왔으며, 실제로 많은 이들이 계획대로 했다. 1885년에서 1924년 사이에 하와이에 들어온 일본인 20만 명 가운데 약 11만 명, 즉 55퍼센트가 귀국했다. 그러나 여기서 중요한 점이 하나 있으니, 나머지 거의 반이 미국에 그대로 남았다는 사실이다.

새로운 세대

수년의 세월이 흐르면서 일본인 노동자는 점차 하와이의 새집에서 가정을 이루어 살게 되었다. 1920년에는 하와이의 일본인 가운데 거의 절반이 막 열아홉이 되었거나 그보다 어린 나이였다. 이민자들은 이제 자녀를 통해 뿌리를 내리고 있었다.

자녀를 둔 이민자 중에는 일본으로의 귀국을 고려하는 사람도 있었으나, 그들은 이제 그렇게는 할 수 없다는 사실을 깨달았다. 아사키치 이노우에는 고국의 형제에게 보낸 편지에서 자녀들과 손자인 대니얼(후에 미국 상원의원으로 선출된)이 하와이에 정착했으므로 일본으로 돌아가지 않기로 했다고 알렸다. 이노우에는 그와 아내가 일본의 옛집에서 만족을 찾지 못할까 염려했다.

쇼키치 후쿠다와 마츠 후쿠다 부부의 사정도 비슷했다. 그들은 하와이 마우이섬에서 일하기 위해 1900년에 일본에서 함께 건너왔다. 20년이 지난 후 그들은 하와이에서 태어난 아이들을 데리고 일본으로 돌아가기로 결심했다. 그러나 십 대가 된 그들의 아들이 가기를 거부했다. 하와이가 그의 집이자 그가 아는 유일한 세상이었기에 가족이 이곳에 남기를 원했던 것이다.

부모 세대가 허리가 휠 정도의 고된 노동과 저임금, 차별로 고생하는 모습을 본 2세대 일본계 미국인들이 플랜테이션 노동을 하며 살기를 거부하는 것은 자연스러운 일이었다. 그들은 교육이 직업의 기회와 플랜테이션으로부터의 자유를 찾는 열쇠라고 믿었다. 그들은 들판의 노동자 이상의 그 어떤 존재가 되고 싶었다.

농장주들은 이민자의 자녀들이 너무 많은 교육을 받지 않기를 내심 바라고 있었다. 그들은 이민자 2세대도 플랜테이션 노동자가 되기를 원했다. 그래서 6학년, 기껏해야 8학년까지만 학교에 다니면 충분하다고 생각했다. 그러나 젊은이들은 계속 학교에 다녔고 민주주의와 평등이라는 미국의 이상에 대해 배웠다. 학교가 끝나고 막사촌으로 돌아오면 그들은 꼭대기에 백인이 있고 바닥에 아시아인이 있는 구조를 바라보며 플랜테이션 체계에 의문을 품기 시작했다.

하와이의 제당 산업은 일본인 이민자의 노동 위에 세워졌다. 그들이 흘린 땀과 눈물이 사탕수수를 자라게 한 물이나 다름없다. 그들은 피진 잉글리시를 익히고 그들의 자녀가 막사촌에서 자라 미국의 학교에 다니는 모습을 보면서, 그들 자신이 어느새 미국에 정착하고 하와이가 그들의 집이 되었다는 사실을 깨달았다.

손으로 짠 바구니 하나 들고
나 홀로 와서
이제 아이들도 있고
손주들까지 보았네.[12]

캘리포니아 개조의 주역

하와이의 젊은 일본인 한 명이 1920년대에 캘리포니아에 방문했다가 강력한 반일본인 정서에 충격을 받았다. 미국 본토에서 백인이 일본인을 심하게 대한다는 소문을 익히 들었던 터였지만, 실제로 겪고 보니 충격이 매우 컸다.

그러나 나는 직접 겪고 나서야 진짜 상황이 어떤지 알게 됐다. 머리를 다듬기 위해 어느 이발소에 갔을 때 벌어진 일도 그런 사건 중 하나였다. 이발소에 들어서자마자, 이발사 중 한 명이 내게 와서는 어디 사람이냐고 묻는 것이었다. 나는 일본인이라 대답했고, 그는 내가 황인종이라는 사실을 듣자마자 마치 개나 고양이 내쫓듯 나를 그 자리에서 몰아냈다.[13]

1920년에는 하와이의 인구 가운데 무려 40퍼센트가 일본인이었다. 그러나 미국 본토의 일본인은 인종적으로 아주 작은 소수 집단에 불과해서, 캘리포니아의 경우에는 전체 인구의 2퍼센트에 그쳤다. 그들은 백인 사회의 경멸 속에서 적대적이고 폭력적인 백인 노동자의 표적이 되었다.

일본인 이민자의 대부분은 일본에서 농부였던 사람들이었다. 수 세기 동안 그들의 가족은 땅에 물을 대고 생산성을 높이기 위해 강도 높은 노동을 하며 작은 땅 몇 뙈기를 경작하면서 살았다. 미국에서 농사로 성공하는 것이 그들의 꿈이었다. 일본인 이민자는 처음에는 농장에서, 철도 건설 현장에서, 통조림 공장에서 일했으나 많은 이들이 농부가 되었다. 그들은 백인 지주에게 고용돼 작물을 키우고 땅을 빌리다가 충분한 돈이 모이면 자신의 땅을 사들였다.

일본인 이민자는 미국의 농업이 변화를 겪던 때에 미국에 들어왔다. 19세기 말부터 산업이 부흥하고 도시가 성장하자 국가의 여러 도시 지구에서 신선한 농산물에 대한 수요가 발생했다. 비슷한 시기에, 캘리포니아에서 관개 시설이 크게 확장되면서 집약농업°을 할 수 있는 길이 열렸다. 물을 그렇게 많이 소모하지 않는 드넓은 밀밭이나 목초지와 반대로 과수원이나 채소밭 운영에도 활로가 생긴 것이다. 기술의 발전, 특히 철도 노선의 확장과 냉장 수송이 가능한 화물 열차의 개발로 캘리포니아의 농부들은 상하기 쉬운 과일과 야채를 전국 거의 어느 곳으로든 실어 나를 수 있었다.

일본인 농부들이 바로 적시에 이 현장에 등장해 빠르게 번창했다. 1900년에 캘리포니아의 일본인 농부는 29개, 총 4,698에이커의 농장을 소유하거나 임대 운영했다. 불과 5년 안에 일본인이 운영하는 농지 면적은 6만 1,858에이커로 껑충 뛰었다. 1920년이 되면 일본인 농부가 거의 50만 에이커의 토지를 경작하며 주에서 생산되는 딸기·양파·토마토·셀러리·강낭콩·완두콩 가운데 큰 몫을 재배했다. 그 해에 일본인 농장의 생산물 가치는 6,700만 달러에 달했는데, 이것은 캘리포니아에서 수확한 작물 총 가치의 약 10퍼센트에 달하는 수치였다.

농장의 하루는 길고도 고되었다. 특히 농장일과 가사라는 이중의 부담을 안고 사는 여성이 감당하기에는 더욱 벅찼다. 그럼에도 대풍년의

○ 일정한 면적의 토지에 많은 자본이나 노동력을 들여 생산력을 높이려는 농업.

꿈과 개척 정신에 힘입어, 일본인은 먼지 자욱한 새크라멘토밸리와 황량한 임피리얼밸리를 녹음이 우거지고 수익성 좋은 밭과 과수원으로 일구었다.

크게 성공한 일본인 농부 가운데 킨지 우시지마가 있다. 조지 시마로 더 잘 알려진 그는 1887년에 캘리포니아에 왔다. 처음에는 감자 수확으로 시작해 농장 인력 사무소를 운영하다가 농부가 되었다. 시마는 미개발 습지를 임대하고 사들인 다음 제방을 쌓고 배수로를 놓아 비옥한 농지로 바꾸었다. 시마의 땅에서 수확한 감자를 실은 증기선과 바지선의 선단이 새크라멘토강 삼각주에서 샌프란시스코 사이를 부지런히 오갔다. 1926년 사망 당시 "감자 왕"으로 유명해진 시마가 소유한 토지의 가치는 1500만 달러에 달했다.

하지만 크게 성공한 시마조차 인종차별에서 안전하지 못했다. 그가 캘리포니아주립대학교 캠퍼스가 있는 버클리시의 입지가 좋은 지역에 집을 사자, 어느 교수가 시위대를 데리고 나타나 '동양인' 동네로 이사 가라고 요구했다. 시마는 이사를 거부했다. 시마의 장례식 운구 행렬에는 스탠퍼드대학교의 총장과 샌프란시스코의 시장이 동참하며 존경과 애도의 마음을 전했다.

가로막힌 이민의 꿈

많은 일본인 이민자가 그들이 거둔 성공, 특히 농업에서의 성공에 힘입어 그들이 미국 사회에서 받아들여질 것이라 생각했다. 그러나 미국은 백인의 나라라는 믿음이 사람들에게 얼마나 깊이 스며 있는지 그들은 미처 깨닫지 못했다. 실제로는 그들이 농사로 거둔 성공이 오히려 그들에 대한 반감을 촉발했다.

1907년에 맺은 신사협정에 따라, 연방 정부는 일본이 노동자의 미국 이민을 제한하도록 압력을 넣었다. 그로부터 6년 후, 캘리포니아주 주 의회는 외국인토지소유제한법을 통과시켜, 미국 시민 자격이 없는 그 어떤 외국인도 토지를 살 수 없도록 규정했다. 이 법은 사실상 일본인 이민자를 겨냥한 것이었으며 그 근거를 인종에 두고 있었다. 1790년의 귀화법에서 '백인'만이 미국의 귀화 시민이 될 수 있다고 규정했기 때문에, 캘리포니아의 일본인은 외국인토지소유제한법의 적용을 받아 주에 있는 땅을 살 수 없었다.

다카오 오자와는 연방법에 이의를 제기하여 1915년에 시민권 신청 소송을 냈다. 그는 이십 년 전에 미국에 도착하여 고등학교와 대학교를 마치고 하와이에서 일하며 가족을 꾸렸다. 그는 시민권 신청이 거절되자 미연방대법원까지 소송을 이어가기로 결심했다. 대법원은 1922년에 그가 백인이 아니라는 점을 명확히 밝히며 오자와에게 패소 판결을 내렸다.

인종에 근거한 이민 제한은 1924년이 되자 더욱 심해졌다. 미국 의회는 그 해에 종합적인 이민법을 통과시켜 이 법에 따라 시민 자격이 없는 모든 외국인의 입국을 거부했다. 일본인을 포함한 비백인 이민자는 누구라도 미국에 들어올 수 없었다. 한 일본계 미국인 신문은 의회가 미국의 이상을 배반하고 미국 최고의 전통을 더럽혔다며 호되게 꾸짖었다. 이민자들이 고된 노동으로 보낸 수십 년의 세월이 헛되이 사라지는 듯했다. 짧은 하이쿠 한 편에 그 감정이 잘 드러나 있다.

아메리카 … 한때
희망과 동경 가득한 꿈이었던,
이제는 눈물만 가득한 삶.[14]

니세이의 시대

'이세이Issei'라고 불리는 일본인 이민자 1세대는 법적으로 미국 시민이 되고 땅을 살 수 있는 길이 막히고 말았다. 미국에서 그들의 미래는 이제 그들의 자녀인 '니세이Nisei', 2세대에 달려 있었다. 니세이는 일본인 사회에서 빠르게 성장하는 집단이었다. 1920년에 미국 본토 내 일본계 인구의 4분의 1 이상이 미국에서 태어났다. 20년 후에는 일본계 인구의 거의 3분의 2가 미국 출생이었다.

니세이는 미국에서 태어났기 때문에 시민 자격이 주어졌다. 이민 1세대는 교육과 더불어 시민권을 받은 자녀들이 자신들에게 막혀 있던 기회를 찾게 될 것이라 기대했다. 부모는 자녀의 교육을 위해 자신의 안락과 기본적인 여건마저 기꺼이 포기했다.

그러나 2세대는 시민권과 교육으로도 인종차별을 막지 못한다는 사실을 실감했다. 미국에서 태어난 니세이조차 "일본놈"이라 불리고 "일본으로 돌아가라"는 말을 들어야 했다. 일본계 아이들은 백인 아이들이 던지는 돌을 피해 학교에 다녔다. 좀 더 나이가 들어서는 영어가 유창하다는 칭찬을 듣고 미국에 얼마나 살았느냐는 질문에 답해야 했다.

니세이 대부분이 우수한 성적으로 고등학교를 졸업하고 대학까지 마쳤음에도 불구하고 직장을 찾기가 어려웠다. 니세이의 평균 교육 수준은 대학 2년으로, 전국 평균을 웃도는 수준이었다. 그래도 그들에게는 취업의 문이 여전히 닫혀 있었다.

1930년대에 덮친 대공황 시기에 성인이 되면서 니세이의 상황은 더욱 나빠졌다. 이때는 대량 실직의 시기였다. 변호사나 의사가 되기를 꿈꾸었던 젊은이들이 세탁소나 과일상 같은 조그만 자영업 가게에서 일하는 처지가 되었다. 노점에서 농산물을 팔던 어느 니세이는 이렇게 한탄했다. "내가 의사나 변호사라면 정말 좋으련만 … 하지만 … 내 모습은 지금 모습 그대로, 당근 씻기 선수에 불과할 뿐이다."[15]

미국에서 나고 자란 니세이에게는 이중의 정서가 있었다. 모니카 소네의 자서전 『니세이 딸』에 그런 정서가 잘 드러나 있다. 소네는 시애틀에서 어린 시절을 보내는 동안 두 문화에 둘러싸여 있었다. 집에서는 햄과 계란 말고도 무절임과 밥 같은 일본 음식을 먹었으며, 발레도 배우고 일본 전통춤도 익혔다.

소네의 가족은 일본인 극장에 다니고 스모 시합을 관람했으며, 고국의 노래를 부르고 일본 음식을 마음껏 즐길 수 있는 일본계 미국인 사회의 행사에 참석했다. 소네는 일본 문화를 즐기는 동시에 미키마우스 클럽의 회원이자 미국 사회의 꼬마이기도 했다. 부모 세대의 여러 활동을 즐기면서도 자신이 일본인에 그치지 않는다는 사실을 알고 있었다.

모니카 소네를 비롯해 많은 니세이가 마주한 가장 큰 문제는 고용 차별이었다. 소네는 고등학교를 졸업하고 사무직을 양성하는 대학에 지

원했으나, 일본계 여학생에게는 겨우 여섯 자리만 있다는 말을 들어야
했다. 일본계 학생이 교육을 마쳐도 학교에서 그들에게 일자리를 찾아
주기가 참으로 어려웠기 때문이다.

그러나 여기에는 표면적으로 드러난 고용 문제 이상의 진지한 의미
가 담겨 있었다. "미국인이 된다는 것은 무엇을 의미하는가?"라는 심오
한 문화적 물음이 그것이었다. 니세이의 진심에는 미국 사회에 완전히
동화되고자 하는, 미국인으로서만 살고자 하는 바람이 없었다. 그들은
두 문화의 복잡한 조합의 결과가 자신들이라 느꼈으며, 두 문화를 껴안
고 일본인인 동시에 미국인으로 살고자 했다.

사진신부

　미국에 갈 포부가 있는 일본 남자는 노동자 신분으로 미국에 갈 수 있었다. 일본 여자가 미국에 가려면 이미 그곳에 있는 일본인 남자와 결혼하는 방법이 있었다. 실제로는 한 번도 만나지 못한 채 사진으로만 보았던 남자와도 결혼할 수 있었다.

　일본에 남은 남자의 가족은 먼 곳에서 홀로 지내는 아들을 위해 사진신부를 찾아주려고 애를 썼다. 사진신부로 만나 결혼한 아이 미야사키는 당시를 이렇게 회상했다. "부모님께 외국으로 나가고 싶다는 바람을 말씀드리고 나서 내 이야기가 온 읍내에 퍼져나갔어요. 여기저기서 결혼 문의가 마치 비 오듯이 쏟아졌지요!"

　리요 오리테도 사진신부 가운데 한 명이었다. 그녀는 친척의 중매로 미국에 있는 남자와 결혼했다. "모두가 우리의 결혼에 동의했지만, 나는 즉시 결혼하지는 않았어요. 열여섯 살에 약혼해서 거의 열여덟 살이 될 때까지 오리테란 남자를 만나지 못했어요. 처음에 사진으로 본 게 다였지요. … 어린 나이여서 낭만 따위도 없었어요. 여자아이들은 결혼해야 한다는 얘기만 새겨들었을 뿐이었어요. 그 남자는 한 서른 살쯤 되었을까. 나보다는 나이가 좀 많다고 생각했는데 주위 사람들은 다 천생연분이라고 치켜세웠어요. 도쿄에 사는 그이의 형제가 내게 (미국에서 찍은) 멋진 사진을 많이 보냈어요. … 내 이름은 오리테 가문의 코세키(호적)에 올랐어요. 우리는 이렇게 결혼을 했어요."[16]

결혼은 인생의 중대사다. 태어난 땅을 떠나 낯선 이국땅에 정착하는 것도 마찬가지다. 수천 명이나 되는 일본의 사진신부들은 그 두 가지 일을 한꺼번에 겪었다. 이 젊은 여성들은 태평양을 건너 새로운 안식처가 될 미국에 첫발을 들여놓은 바로 그날 비로소 남편을 만났다.

11
유대인의 러시아 탈출

러시아의 유대인은 1880년대에 미국으로 이민을 가기 시작했다. 다른 많은 이민자 집단과 마찬가지로 그들도 감당할 수 없는 상황에 밀려 이민 길에 올랐다. 그러나 중국인이나 일본인 노동자가 처음에는 일시적 노동자로 미국에 올 계획이었던 것과 달리, 러시아의 유대인은 영구히 정착할 목적으로 미국에 들어왔다. 그들은 결코 돌아갈 수 없다는 사실을 알았기 때문이다.

박해하는 구세계

러시아에서 유대인은 박해받는 소수 집단이었다. 러시아 정부가 앞장서 이방인Gentile°이 유대인에게 폭력 행위를 가하도록 조장했기 때문

○ 유대인이 선민의식에서 그들 이외의 여러 민족을 얕잡아 부르던 말로, 여기서는 러시아 내 비유대인을 일컫는다.

에, 미국으로 탈출한 유대인은 정치적 난민이라는 중요한 의미가 있다.

유대인에게는 어디서나 억압이 따랐다. 그들은 러시아 서부의 유대인격리지정주거지라는 특정 지역을 벗어날 수 없었다. 그들은 법적으로 땅을 소유할 수 없었기에 대부분 도회 지역의 시테틀shtetl이라는 유대인촌에 살아야 했다. 생계는 상업이나 수공업에 종사하며 유지했다. 1879년 거의 40퍼센트에 이르는 유대인이 제조업이나 수공업 분야에서 일했다. 일하는 분야가 한정된 탓에 그들은 경제적 어려움에 시달렸다. 어느 유대인이 그 어려움을 토로했다.

인구 과밀과 같은 모진 경쟁을 피할 도리가 없었으니, 살기가 쉽지 않았다. 필요한 것보다 열 배나 많은 상점이 있었고, 재단사며 구두 수선공이며 이발사, 양철공 수도 마찬가지였다. 이방인이라면 폴로츠크에서 벌이가 시원찮아도 경쟁이 없는 다른 곳으로 가면 그만이었을 것이다. 유대인은 지정거주지 내에서나 옮겨 다닐 수 있었고, 어딜 가든 열악하기는 마찬가지였다.[1]

시테틀에서의 삶은 몹시 불안정했다. 유대인을 겨냥한 폭력이 끊임없이 벌어졌다. 그중에서도 가장 큰 공포의 대상은 포그롬이라고 불리는 박해였다. 포그롬이 터지고 나면 수많은 유대인이 학살되고, 그들의 가게와 예배당인 시나고그는 파괴를 면치 못했다.

"러시아의 거리에 포장된 모든 돌멩이가 피로 물든 것만 같았다. 어김없이 매년, 유월절°이 오기 전에 포그롬이 터졌다. 포그롬이 벌어지

○   유대인의 최대 명절로, 어린 양의 피를 문설주에 발라 재앙을 피하고 이집트에서 탈출한

는 동안 큰 도시에서는 유대인을 없애기 위해서라면 아무 이유나 다 통했다. 그들은 할 수 있는 한 많은 유대인을 죽였다. 그렇더라도 유대인을 구해줄 이방인이 조금 있기는 했다."[2] 박해를 피해온 어느 이민자는 쓰라린 기억을 떠올리며 당시를 설명했다.

러시아와 동유럽의 유대인은 포그롬을 겪고 나서 살던 곳을 떠나야 한다는 사실을 깨달았다. 많은 이들의 시선이 서쪽을 향했으니, 그곳에 바로 미국이 있었다.

손짓하는 신세계

제1차 세계대전이 터질 무렵인 1914년, 러시아와 동유럽의 유대인 가운데 3분의 1이 이민 행렬에 올랐다. 그들 대부분이 향한 곳은 미국이었다.

고국에서는 미국에서라면 누렸을 자유와 더 나은 삶에 대한 이야기가 사람들의 일상을 가득 채웠다. 가게와 시장, 그리고 예배당에는 미국에서 온 편지를 읽는 소리가 늘 들렸다. 아이들은 이민 가는 상황을 소꿉놀이에 담았다. 사람들은 미국에 대한 기대에 부풀고 약속의 땅에 대한 꿈을 꾸었다.

박해의 공포에 더해 새 삶을 찾는다는 원대한 이상에 젖어 유대인은 나고 자란 곳에서 뿌리를 거두고 영원히 떠날 수 있겠다는 용기를 찾았

사건을 기념하는 날이다.

다. 여인들은 시테틀의 거리에 침대며 의자며 식탁 따위의 가구와 팔 수 있는 물건을 모두 내놓고 미국으로 갈 여비를 마련했다. 개인 소지품만 챙긴 채, 유대인은 돌멩이로 포장된 거리와 붐비는 장터가 있는 친숙하고도 자그마한 촌락을 떠났다. 수 세기에 걸쳐 수많은 이민자들이 그랬던 것처럼, 출발의 순간을 목전에 두고서야 닥쳐올 여정이 얼마나 오래 걸릴 것인지 깨달은 사람이 있었다. 이 남자는 그 순간을 이렇게 회상했다. "이 순간이야말로 나의 과거와 단절하고, 내가 사랑했던 곳으로부터 떨어져 나오는 지점이었다. 내가 그들을 다시 찾을 수 있을까?"[3]

유대인은 대서양을 횡단하는 배에 오르고 나서 갑판 아래 비좁은 객실에 모여들었다. 객실은 컴컴하고 지저분하기 일쑤였다. 승객 일부는 원래 가축 운반 용도였다가 승객용으로 개조한 작은 배에서 대신 지내기도 했다. 승객들은 되도록 자주 갑판으로 나와 신선한 공기를 들이마셨다. 그들은 러시아 민요를 부르고 얘깃거리를 나누며 불안을 달랬다.

긴 항해 끝에 마침내 육지가 눈에 들어왔다. 감정이 벅차오르는 순간이었다. 당시 열일곱 살이었던 에마 골드먼은 러시아에서 미국에 갓 도착한 직후의 흥분을 전했다. "모두가 갑판에 나와 있었다. (내 여동생) 헬레나와 나는 서로 부둥켜안고 서서, 안개 속에서 홀연히 나타난 항구와 자유의 여신상을 홀린 듯이 쳐다보고 있었다. 아아, 그녀가 저기에 서 있다. 희망과 자유와 기회의 상징인 그녀가!"[4]

미국의 문을 찾아 두드리는 이 새로운 사람들은 과연 누구인가? 그들은 대체로 교육받은 사람들이었다. 1908년에서 1912년 사이에 온 남성의 80퍼센트, 그리고 여성의 63퍼센트가 읽고 쓸 줄 알았다. 대부분은 가난한 사람들이었지만, 그중 3분의 2는 장인과 같은 숙련 노동자였다. 그리고 다른 유럽 지역 출신의 대다수 이민자들과 달리, 그들은 정착할 마음으로 미국에 들어왔다.

남부 이탈리아인 이민자의 60퍼센트는 고국으로 돌아갔다. 유대인 가운데 고국으로 돌아간 사람의 비율은 상대적으로 작은 3퍼센트에 불과했다. 유대인이 다른 이민자 집단과 달랐던 또 한 가지는 가족을 이끌고 왔다는 점이었다. 미국에 들어온 유대인의 거의 반이 여성이었는데, 남부 이탈리아인 여성 이민자 약 20퍼센트와 견주어 볼 때 큰 비율이었다. 아이들은 4분의 1을 차지했다. 그들은 미국에서 새로운 가정을 꾸릴 마음으로 들어왔던 것이다.

유대인 공동체

이민자 대부분은 뉴욕항의 엘리스섬에 있는 이민심사국을 거치고 나면 뉴욕시의 로어이스트사이드로 향했다. 19세기 초에 먼저 들어온 독일계 유대인이 이 지역에 정착했다. 1880년대에 러시아계 유대인이 거대한 파도처럼 밀려오면서 그곳에 새로운 유대인 사회가 꽃을 피웠다. 1905년 즈음이 되자 로어이스트사이드에 사는 유대인은 50만 명으로 늘었다. 미혼남 인구가 높은 인근의 차이나타운과 달리, 유대인 거주지는 아이들로 북적거렸다.

이곳의 지역 사회에서 유대인은 러시아에서와 같은 방식으로 사는 것처럼 보였다. 조그만 구역 안에 거주하며 일하고, 자기들과 같은 처지의 사람들하고만 교류했다. 그래도 사업에 더 큰 의미를 두어 바삐 지내

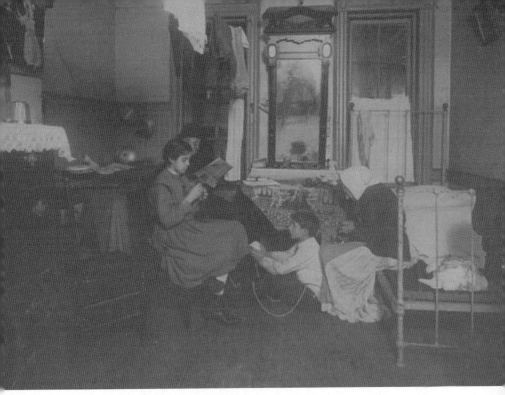

로어이스트사이드의 공동 주택에 사는 유대인 가족. 뉴욕, 1912년.

고 돈을 벌다 보니, 삶도 구세계에서보다 빠른 속도로 흘러갔다. 그들을
감싸는 기운은 에너지와 야망으로 충만했다.

유대인이 사는 동네는 사람들로 붐비고 숨 막힐 듯 갑갑하고 청결하
지 않은 환경의 게토이기도 했다. 주민들은 6, 7층짜리 공동 주택에 빼
곡하게 모여 살았다. 전형적인 아파트 한 채에 가족 말고도 친구나 하숙
인이 어울려 살기도 했다. 1908년 로어이스트사이드에 사는 250가구를
조사했더니 그중 반이 한 방에 두세 명씩 혹은 그 이상 모여 자는 것으
로 밝혀졌다. 게다가 많은 사람들이 제대로 된 침대도 없이 간이침대나

맨바닥에서 잠을 청하고 있었다.

유대인은 로어이스트사이드에 정착하면서 단체를 세우고 동족에 보탬이 되는 활동을 하는 공동체를 꾸렸다. '랜즈맨샤프트Landsmansshafts'라는 단체는 일종의 향우회로 러시아에 살던 시절, 같은 마을이나 지역에 살던 사람들이 인맥을 형성해 만든 관계망 또는 모임이었다. 유대계 이민자의 욕구에 맞춰 목욕탕, 육류 식품점, 카페, 영화관 같은 장소도 들어섰다. 거리에는 도붓장수들이 단추, 바나나, 성냥, 사과, 의류 따위의 상품을 손수레에 싣고 팔러 다녔다. 그러나 유대인 노동자의 대다수는 의류 산업에서 일하는 고용 노동자였다.

의류 산업의 노동자로

유대인이 미국에서 거둔 성공은 단지 그들의 넘치는 에너지 때문만은 아니었다. 유대계 이민자에게는 유용한 기술들이 있었는데, 특히 재봉 기술이 뛰어났다. 그들은 뉴욕시의 의류 산업이 한창 성장하던 시기에 들어왔기 때문에 시기적으로도 매우 잘 맞아 떨어졌다.

예전 같으면 구매자의 치수를 재고 옷감 조각을 하나씩 잘라 붙여 맞춤으로 만들던 의복 제작 방식이 남북전쟁으로 크게 변화했다. 북부 연방군이 요구한 군복 규격에 맞추기 위해 재단사들은 표준 치수를 도입했다. 여기에 재봉틀과 단춧구멍 기계 같은 발명품이 등장해 공장에서 의복을 대량으로 생산하는 일이 가능해졌다. 의류 공장의 수가 빠르게 늘었고, 새로운 의류 산업의 중심지가 바로 뉴욕시였다. 1910년에는 시에 있는 공장과 산업 노동자의 거의 절반이 의류 생산에 종사했다.

처음에는 독일계 유대인이 의류 산업을 좌우했다. 이어 러시아에서 새로운 노동자가 이 산업에 유입되고, 두 집단이 함께 기계로 양질에 적정 수준의 가격으로 팔릴 수 있는 옷을 생산했다. 로어이스트사이드는 산업화의 벌집처럼 일꾼으로 붐비고 부산했다. 골목을 사이에 두고 노동착취 공장sweatshop이라 불리는 작은 작업장이 분주하게 돌아가고 수천 대나 되는 재봉틀의 요란한 소리가 끊이지 않았다.

훨씬 큰 공장도 있기는 했지만, 대부분의 노동착취 공장은 노동자 서른 명 미만의 소규모였다. 이런 공장은 대개 도급업자가 운영했다. 그들은 공간과 설비를 빌리고 다 만든 옷은 더 큰 공장과 도매상에게 납품했다. 도급업자는 만든 옷의 양에 따라 대금을 받았기 때문에 이런 공장에는 짧은 시간 내에 가능한 많은 옷을 만들라는 압력이 따랐다.

노동자들은 마름질, 재봉틀 작업, 단춧구멍 내기, 다림질 같은 작업별로 조를 짜서 움직였다. 작업조는 생산한 의복의 수에 비례해 조별 임금을 받고, 각 조원은 자기가 한 일의 비율에 따라 자기 몫을 받았다. 조원이라면 자기가 속한 작업조의 생산 속도를 끌어올리고자 했으므로, 이런 임금 체계는 노동자 모두를 과로로 몰아갔다. 같은 작업을 되풀이하다 보니 솜씨 좋은 재봉사는 노예가 되어 일하는 심정이었다.

노동착취 공장의 노동 조건은 육체적으로 감당하기에도 매우 열악해서, 무덥고 시끄럽고 위험했다. 재봉틀에 손가락을 꿰이는 식의 사고가 일상이었다. 노동 일과는 11시간에서 15시간까지 무척 길었다.

노동착취 공장에서 일하던 어느 노동자가 길고 긴 하루를 회상했다. "나는 단추 다는 일을 했어요. 아직 컴컴한 이른 아침에 깜깜한 지하로 걸어 내려갔지요. 그러고 나서 지하에서 빠져나올 무렵에는 다시 컴컴한 밤이 나를 맞았어요."[5]

노동착취 공장의 딸들

의류 산업 노동자 가운데 수천 명이 젊은 여성이었다. 재봉 기술이 있어서 가족에 앞서 단신으로 미국에 건너온 사람이 많았다. 그들은 일자리를 찾고 돈을 모아 남아 있는 가족을 도울 수 있었다.

1910년 즈음에 젊은 유대인 여성들이 의류 산업 노동력의 3분의 1 이상을 차지했다. 그들은 열악한 공장의 긴 작업대에 다닥다닥 붙어 앉아 재봉틀을 움직였다. 노동착취 공장이 미어터질 정도로 꽉 찼기 때문에 비상시에는 급히 빠져나갈 겨를이 없었다.

그런 환경에서 결국 참사가 일어나고 말았다. 1911년 3월 25일. 트라이앵글셔츠웨이스트사Triangle Shirtwaist Company에 갑자기 화재가 발생했다.° 800명가량의 노동자가 불타오르는 건물에 갇혔다. 그들 대부분이 젊고 어린 여성이었다. 비명과 몸부림의 아비규환 속에서 그들은 창문으로, 일부는 9층에서도 뛰어내려 결국 인도로 추락하고 말았다. 고층에서 떨어지다 보니 가속이 붙어 소방관들이 쥐고 있던 그물이 찢어질 정도였다. 146명의 노동자가 목숨을 잃었다. 그들 대부분이 유대계와

○ 셔츠웨이스트는 남성용 셔츠처럼 여성들이 가볍게 입을 수 있는 블라우스 비슷한 상의를 말한다.

이탈리아계 이민자였다. 사상자가 워낙 많아 구급차와 경찰차로 다 실어 나를 수 없을 지경이 되자 근처의 잡화상과 행상이 자신들의 손수레를 내주기도 했다.

현장에 급히 달려온 어머니들은 검게 그을린 채 차디찬 인도에 누운 딸들의 시신을 목격하고 말았다. 참사 소식은 빠르게 퍼져나가 러시아의 유대인 촌도 엄청난 공황에 휩싸였다. 러시아에 남은 가족들은 그들의 딸이, 손녀가, 친척이 사망자에 끼어 있지나 않을까 가슴을 졸였다.

어느 기자가 당시의 참상을 전했다. "시신을 내려다보고 나서 나는 이들이 셔츠웨이스트를 만들던 소녀들이라는 사실이 기억났다. 지난해 대파업에서 공장 측에 더 나은 위생과 안전한 예방 조치를 요구하던 바로 그 소녀들이었다. 결국 대답으로 돌아온 건 그들의 주검이었다."[6]

대파업

기자가 언급한 "대파업great strike"은 1909년에서 1910년 사이에 일어났다. 트라이앵글셔츠웨이스트사를 포함한 세 공장의 노동자들이 기계 곁을 박차고 나와 더 나은 노동환경을 요구하며 행진했다. 그들은 국제여성의류노동조합International Ladies' Garment Workers' Union에 셔츠웨이스트 업계 전체의 총파업을 요구했다. 그러나 국제여성의류노조는 이제 막 출범한 터라 대규모 파업을 조직할 여력이 채 갖추어지지 않은 상태였다. 그러한 동력은 민중 자신으로부터 나오는 수밖에 없었다.

여성 노동자들은 로어이스트사이드의 사립대학인 쿠퍼유니언에서 대규모 집회를 조직했다. 파업에 지지를 보내는 수천 명의 시민이 동참했으며 파업 노동자를 체포하기 위해 경찰은 물론 그들을 때려 부술 구사대, 즉 청부 해결사도 동원됐다. 다음 날 아침, 그 집회에 고무된 1만 5,000명의 셔츠웨이스트 노동자들이 파업에 동참했다. 파업에 참여한 최종 인원은 2만 명가량이었으며, 유대인이 압도적 다수였다. 그들의 요구사항에는 주당 52시간 노동, 잔업수당 지급, 노조 인정이 포함돼 있었다.

파업이 진행되는 동안 로어이스트사이드는 모여든 시위대로 흥분의 도가니를 방불케 했다. 어느 공장이 파업 노동자와 합의했다는 소식이 차례로 전해질 때마다 지역 전체에서 환호의 박수가 터져 나왔다. 1910년 2월, 뉴욕의 셔츠웨이스트업 450개 공장 가운데 300여 곳이 어떤 식으로든 합의할 수밖에 없는 상황에 몰렸다. 트라이앵글셔츠웨이스트사도 그중 하나였다. 회사 측은 파업 노동자의 요구 대부분을 수용했지만, 비극적이게도 1년 뒤 화염과 연기 속에 희생된 그들의 목숨이 위기에 처했을 때는 안전 조치를 개선하지는 않은 상태였다.

유대인 사회는 파업 노동자들의 용기와 결단에 자부심을 느꼈으며, 그들의 투쟁을 「이만 민중의 봉기The Uprising of the Twenty-Thousand」라는 시에 기렸다.

일천구백구년의 한겨울,
시위대열에 섞여 얼어붙고 피 흘리며,
우리는 여성도 싸울 수 있음을 세상에 입증했으며
떨쳐 일어나 여성의 힘으로 승리를 쟁취했다.

후렴:

일천구백구년의 웨이스트 노동자를 찬양하자,

굴하지 않고 시위 대열에 동참한 노동자여,

군림하는 자들의 세력을 꺾어버린 노동자여,

길을 밝히는 노동자여, 속박의 사슬을 깨부수는 노동자여.

그로부터 몇 달 뒤, 의류 산업에 종사하는 5만 명의 노동자들이 일터를 박차고 나오면서 또 다른 파업이 터져 나왔다. 이번 파업은 파업 노동자와 고용주 간의 타협으로 끝을 맺었으며, 그 결과 노동자들은 요구한 이익 일부를 받아낼 수 있었다.

이러한 노동 투쟁은 유대계 미국인의 역사에 한 획을 긋는 사건이었다. 의류 산업에서는 10년에 걸친 파업의 신호탄이 되었으며 노조 성장기를 이끌었다. 역사가인 수전 A. 글렌은 다음과 같이 평가한다. "제1차 세계대전이 끝날 무렵(1918년), 의류 산업 노동자들은 미국의 노동자 가운데 가장 잘 조직된 구성원으로 꼽혔다."[7]

의류 산업의 파업은 노동자의 권리 향상을 위한 운동이었지만, 민족적 차원의 운동이기도 했다. 파업 노동자의 대다수가 유대인이었으며, 그들의 투쟁은 미국 내 유대인 사회의 주목을 끌어냈다. 노동운동의 승리로 유대인이 공유하는 민족적 정체성은 명확해졌으며, 그 결과 유대계 미국인은 노동운동에 지속해서 관심을 기울이게 되었다.

미국에 동화되는 애송이 유대인

유대계 이민자가 미국에 도착했을 때만 해도 그들은 옷차림이나 언어, 사고방식까지 영락없는 외국인이었다. 미국 사회에 막 등장한 신인으로서 아직 세상이 어떻게 돌아가는지 모르니, 그들은 스스로를 "애송이greenhorn"라고 불렀다. 미국 사회에 동화되고자 열망하며, 이 애송이들은 현대식으로 변화하여 잘 어울리고 싶어 했다.

그러나 잘 어울리며 살기 위해서는 그들의 관습을 다소간 포기해야 했다. 예를 들면, 유대인 촌 시테틀에서 입어버릇하던 옷을 벗고 미국식으로 입어야 했다. 남자라면 테 없는 유대 모자 대신 테 있는 모자를 쓰고 옷깃 있는 상의와 넥타이를, 여자는 갈색 드레스와 숄 대신 밝은 색의 셔츠웨이스트 위에 재킷을 갖추어 입었다.

언어 사용은 그 사람이 얼마나 동화되었는지 알 수 있는 단서이기도 했다. 러시아에서 그들은 유대인 고유의 언어인 이디시어를 사용했다. 지배적 언어인 러시아어를 배우려고 노력을 기울이는 유대인은 거의 없었다. 하지만 이민자로서 미국에 온 그들은 영어를 배우고자 열심이었다. 어느 어머니는 뉴욕에 있는 유대계 신문에 편지를 보내 딸에 대한 불만을 쏟아냈다. "우리가 없는 그 짧은 몇 년 동안, 그 애는 흔한 양키가 돼서는 이디시어를 까먹고 말았습니다. ⋯ 이디시어로 이야기하는 건 듣기 좋지 않다고 하더니 나더러는 애송이라네요."[8]

미국인이 되고자 하는 염원으로 일부, 아니 어쩌면 많은 유대인이 성을 바꾸었다. 보쉬로비츠는 버클리로, 스테핀스키는 스티븐스로 개명했다. 그들은 이름도 바꾸었다. 리브카는 루스가, 모이셰는 모리스가 되었다.

성공한 유대인은 미국식 관습을 받아들이면서 미국식 휴일도 기념하며 보냈다. 유대인의 휴일도 아닌 크리스마스에 선물을 교환할 정도가 되면 애송이에서 벗어난 첫 신호로 보기도 했다. 그들도 휴가를 보내기 시작했으며, 특히 뉴욕주 캐츠킬산맥에 있는 휴양지를 선호했다. 결혼한 여성은 일을 그만두었다. 일하지 않을 수 있는 사치를 누린다는 것은 가족이 경제적으로나 사회적으로 성공했다는 것을 의미했다.

유대인의 교육열과 반유대인 정서

유대계 이민자는 노조 가입 노동자와 사업가로 기반을 쌓으면서 자녀를 교육할 여력도 갖추었다. 그들은 자녀 세대가 노동자나 상인으로 살기보다는 전문직을 찾아 살게 하려는 의지가 컸다.

그러나 이 굳은 의지로 혜택을 입은 것은 대부분 아들들이었다. 딸들은 노동착취 공장에서 일하고 그 돈을 오빠나 남동생의 학비에 보태며 가족을 뒷바라지했다. 1910년에 딸들이 벌어들인 소득이 유대인 가족 평균 수입의 거의 40퍼센트에 달했다.

한편, 젊은 유대인 남자들은 뉴욕과 대서양 연안의 대학에 진학했다. 1916년에 뉴욕시립대학교 헌터 캠퍼스 학생의 거의 절반, 시티 캠퍼스 학생의 4분의 3이 유대인이었다. 바로 그즈음에 미국 최고의 엘리트 대학으로 명성이 높은 하버드대학교에도 유대인이 입학하기 시작했다. 1920년에는 하버드 재학생의 5분의 1이 유대인이었다.

그러나 하버드에서 유대인 학생이 늘어나면서 반발도 커졌다. 1923년에 어느 잡지사 기자는 신분 상승을 노리는 야심만만한 유대계 이민자가 다른 이민자 집단보다 한두 세대 일찍 자녀를 대학에 보내, "지저분하고 분별없는 이탈리아인, 아르메니아인, 슬로바키아인보다 더 지저분하고 분별없는 유대인이 대학에 다니게 되었다"[9]고 불평을 쏟아냈다. 대학 캠퍼스는 반유대주의 정서로 물들었다. 유대인 학생의 성적이 너무 높아 나머지 학생의 수준을 형편없어 보이게 한다는 원망도 나왔다.

하버드대학교의 총장인 애벗 로웰은 대학에 "유대인 문제"가 있다고 발표했다. 그는 유대인 학생의 수를 최저 수준으로 유지하면 캠퍼스에 번지는 반유대주의 정서도 방지할 수 있다고 주장했다. 유대인 학생의 입학을 줄이려는 의도였다.

하버드대학교는 새로운 입학 지침에서 단순히 성적만 높은 지원자보다 "다재다능한" 지원자 선발을 강조하면서, 뉴욕시 말고도 여러 지역의 더 많은 학생에게 기회를 주어야 한다고 강하게 말했다. 지원자에게는 사진도 첨부할 것을 요구했다. 이름을 바꾸었더라도 유대인에게는 도드라지는 외모적 특징이 있어서 사진으로 알아볼 수 있다고 믿었기 때문이다.

로웰의 견해에 모두가 공감한 것은 아니었다. 보스턴 시장으로서 아일랜드계 미국인인 제임스 컬리는 유대인을 겨냥한 차별에 반대했다. "우리 모두는 인종과 신념과 피부색에 상관없이 헌법의 가치 아래 평등을 보장받는다. 오늘 유대인이 가로막히면 내일은 이탈리아인이 막힐 것이고, 그다음 차례는 스페인인과 폴란드인이 될 것이다. 그리고 언젠가 결국 아일랜드인의 차례가 올 것이다."[10]

본토박이 먼저

하버드에서 시작한 반유대주의적 제한 조치는 크게 보면 본토인 우선주의 경향의 일부에 지나지 않았다. 이것은 어느 지역이나 국가에 확실히 자리 잡은 주민을 새로 들어온 사람과 이민에 우선시하고, '본토박이' 사람들의 이익을 다른 사람들의 이익보다 앞에 두는 사고방식이다.

본토인 우선주의가 들끓자 의회도 한층 강화된 새 이민법을 1924년에 통과시켰다. 남유럽과 동유럽 출신 이민자를 줄일 목적으로 제정된 법이었다. 이에 따라 국적별로 미국에 들어올 수 있는 사람의 수에 할당이 매겨졌다. 국적별 할당량으로 1890년에 미국에 있던 국적별 인구 총수의 2퍼센트씩을 적용했다. 그러나 1924년에 채택된 이 할당제는 이미 30년이나 묵은 인구통계에 근거를 두고 있는 셈이었다.

유대계 이민자의 대규모 이동이 1890년 이후에나 시작됐기 때문에, 1890년 당시 미국의 유대인 수는 그리 많지 않았다. 이제 매해 미국에 들어올 수 있는 유대인의 수는 그 적은 수의 2퍼센트에 불과했다. 이는 다른 국적의 이민자에게도 똑같이 적용됐다. 1882년의 중국인입국금지법은 국적에 따라 이민을 제한한다는 발상의 시초였다. 1924년의 법은 그 원칙을 한 국가에 그치지 않고 다른 이민자 집단에도 적용했다.

일찍이 미국에 들어온 독일계 유대인은 환영받았다. 그런데 러시아와 동유럽 유대인의 물결이 미국인에게 위협적으로 여겨진 것은 무엇 때문이었을까? 그들과 영국계, 스코틀랜드계, 아일랜드계 미국인과의 문화적 차이는 독일계 유대인이 보였던 차이보다 컸다. 그들이 대규모로 들어왔기 때문에 야망에 찬 외국인이 "침입"해 상당한 성공을 거둔 것처럼 보이게끔 두려움을 불러일으켰다. 게다가 러시아계 유대인의 노동운동과 파업 참여는 더욱 위협적으로 보였다.

유대인이 성공할수록 미국 사회에 더 잘 동화했고, 그럴수록 본토인 우선주의에 젖은 미국인은 유대인을 더욱 싫어했다. 유대인이 로어이스트사이드를 벗어나 비유대인 미국 사회와의 거리를 좁히자 적대감은 더욱 날카로워졌다. 유대인이 중산층 동네에 집을 구하려고 하면 유대인에게는 땅을 팔 수 없다고 규정한 규칙에 부딪히기도 했다. 그런 여건에서도 1920년대에 유대인 수십만 명이 로어이스트사이드를 떠나 브루클린, 브롱크스 등 뉴욕의 먼 지역으로 퍼져나갔다.

일찍이 유대인은 러시아의 시테틀을 빠져나와 난민의 신세로 미국이라는 약속의 땅에 도착했다. 이제 그들과 그 자손은 다시 이주를 시작하며, 미국의 삶에서 찾은 가능성을 품고 동화되어 미국인이 되고자 각오를 다지고 있었다.

클라라 렘리히는 어려서부터 몰래 책 읽는 습관을 들였다. 십 대에 미국으로 건너왔고, 불과 스물세 살의 나이에 1909년에서 1910년 사이에 벌어진 의류 산업 노동자 대파업을 이끌었다.

렘리히는 1886년 당시 러시아의 일부였던 우크라이나에서 태어났다. 그녀의 부모는 딸을 학교에 보내고 싶어도 러시아 학교에서 유대인을 받아들이지 않아 그럴 수 없었다. 부모는 렘리히가 러시아어를 읽고 말하지 못하도록 금지했지만, 렘리히는 아버지의 명령을 어기고 읽는 법을 배웠으며 빌릴 수 있는 여건이 허락되면 어김없이 책을 빌려왔다. 그녀는 책에 들어가는 비용을 대기 위해 은밀히 이웃 대신 편지를 써주기도 했다. 그러다 어느 이웃이 보여준 혁명 선전 소책자를 보고 정치·사회적 변화의 필요성을 확신했다.

렘리히가 열일곱 살이 되던 해, 가족은 포그롬을 피해 미국으로 이민했다. 렘리히는 로어이스트사이드의 의류 공장에서 일자리를 찾았다. 그녀는 작업장의 열악한 환경에 큰 충격을 받아 노조의 조직에 관여했다. 셔츠웨이스트 노동자의 첫 파업이 벌어지던 1909년, 나이 많은 남성 노조원들은 렘리히를 탐탁지 않게 여겼다. 이들은 렘리히를 다혈질이라고만 생각하여 젊은 여자는 장기간에 걸쳐 대규모로 진행되는 총파업을 감당할 수 없다고 경고했다. 렘리히는 그 경고를 무시했다.

쿠퍼유니언에서 열린 역사적인 대규모 집회에서 노동자와 그들의 가족이 불만을 토로하고 있을 때, 렘리히는 연단으로 달려가 발언권을 요구하며 외쳤다. "나는 여성 노동자입니다. 저 용납할 수 없는 환경에 맞서 파업을 벌인 그들 가운데 한 명입니다. 일반론만 말하고 마는 연사들의 말을 듣는 것도 이제 지긋지긋합니다. 우리가 여기 모인 까닭은 파업을 할 것인지 말 것인지 결정하기 위해서입니다. 나는 총파업 선언을 결의하자고 제안합니다. 지금 당장 말입니다!"[11] 집회의 의장이 연단으로 뛰어올라 렘리히의 손을 맞잡았다. 둘이 맞잡은 손을 높이 쳐들자, 군중은 파업을 하자는 맹세로 답을 했고, 다음 날 아침 2만 명의 노동자가 공장을 박차고 나왔다.

파업이 끝난 후 뉴욕의 어떤 의류 공장도 렘리히를 고용하지 않았다. 이후 렘리히는 아내이자 어머니가 되었을 뿐 아니라, 나머지 인생 전부를 바쳐 여성 투표권과 사회주의, 소비자와 세입자의 권리를 위해, 그리고 나중에는 핵무기 반대를 위해 싸웠다. 그녀는 아흔여섯 살에 로스앤젤레스의 요양원에서 생을 마감했다. 그곳에서도 잡역부들이 주체적으로 노조를 조직할 수 있도록 보탬을 아끼지 않았다.

12

멕시코의 북쪽을 향해

아시아와 유럽 출신의 이민자와 달리, 멕시코인은 미국과 국경을 접한 나라에 살았다. 그리고 오랫동안 미국으로 들어오기도 수월했다.

"멕시코 시민이라면 멕시코에서 넘어올 때 해야 할 일이라고는 미국 측 출입국 관리 사무소에 신고하는 게 다였다. … 이름과 출생지, 목적지만 대면 그만이었다."[1] 1900년대 초에 멕시코에서 가족과 함께 이주한 클레오파스 카예로스는 이렇게 기억했다.

그러나 대부분의 멕시코 출신 이민자는 출입국 관리 사무소에 신고하는 수고조차 들이지 않았다. 그들은 물이 얕은 리오그란데강을 걸어서 건너와, 멕시코 전통 모자인 솜브레로와 샌들 대신 미국식 모자를 쓰고 미국식 신발을 신었다.

북으로 향한 까닭

거의 비슷한 시기에 도착한 일본인 이민자와 마찬가지로 멕시코인도 미국을 기회의 땅으로 여겼다. 그들은 미국을 '엘 노르테', 북쪽이라 불렀다. 북으로 간 사람들은 편지로 그곳의 좋은 삶을 알리거나 고향을 찾아와 자랑하기도 했다. 이 소식에 더 많은 멕시코인이 엘 노르테로 향했다.

"이런 이민자의 수에 의구심이 드는 사람이 있다면 텍사스 남부를 찾아가 보기만 해도 어떤 상황인지 알 수 있을 것이다. 그 지역을 차로 하루만 돌아다녀도 걸어서, 당나귀 등에 걸터앉아, 투박한 두 바퀴 수레에 올라 이동 중인 멕시코인 수백 명을 지나치게 된다. … 어떻게 된 거냐고 물어보기라도 하면 굶주림을 피해 멕시코에서 빠져나온 것이라 말하는 사람이 많을 것이다."[2]

엘 노르테가 끌어당기는 힘은 이민 물결의 배경에 있는 한 가지 힘에 불과했다. 멕시코인은 고향 땅에서 내몰린 것이기도 했다. 대지주들이 소규모 농지를 인수하고 시골의 주민을 몰아냈다. 물납소작농이나 금납소작농이 될 수밖에 없게 된 농부들은 시골에서 착취에 시달렸으나, 착취에 못 이겨 도시로 가서도 경기의 부침에 따른 만성적인 실직으로 고통받았다.

그들을 괴롭힌 것은 가난 말고도 더 있었다. 그들 주위에는 위험한 폭력 사태가 잇따랐다. 1910년에 시작해 4년을 이어간 멕시코혁명으로 수천 명의 난민이 북쪽으로 탈출했다. 1915년 가족과 함께 로스앤젤레스에 도착한 난민 헤수스 모레노는 당시를 떠올리며 말했다. "우리는 미국에 들어와 혁명이 끝나기만 기다렸다. 그때만 해도 몇 달이면 다 끝날 것이라고 생각했다."[3]

운송수단의 발달은 북쪽으로의 이주 행렬을 촉진했다. 1895년에 한

철도 회사가 멕시코 안으로 들어가는 약 1,450킬로미터 노선을 건설해 텍사스의 접경 지역 소도시인 이글패스와 멕시코의 도시인 두랑고가 연결되었다. 그러자 철도 건설로 대규모 이주가 촉발됐다. "여객 열차가 하루도 빠지지 않고 국경을 오갔다. 열차는 미국의 철도 노선 공사에 단체로 일하러 가는 남자들로 가득 찼다."[4] 1904년 어느 멕시코 신문이 전해주는 모습이다.

밤새 열차로 이동하는 사이, 남자들은 커다란 지리적 차이는 물론 엄청난 문화적 차이를 실감했다. 열차로 국경을 넘는 기분이 과연 어떤 것인지 그들의 노래에 잘 드러나 있다.

쏜살같이 달리는 기차가

더는 좋을 수 없구나

해 질 녘에 집이었는데

새벽녘에 낯선 나라에 와 있다니.[5]

대부분의 이민자는 농업 노동 계급 출신이었으며, 대개 열다섯 살에서 마흔네 살 사이의 젊은 층에 속했다. 결혼한 남자는 아내를 데려오거나, 먼저 들어와 일을 찾은 다음 나머지 가족도 넘어오도록 했다.

1900년에서 1930년 사이, 남부의 멕시코인 인구는 추정하기로 37만 5,000명에서 116만 명까지 늘어났다. 이들 대다수는 미국이 아닌 멕시코에서 태어난 사람들이다. 그들은 텍사스, 애리조나, 뉴멕시코, 캘리포니아에 정착했으나 멀리 일리노이와 미시간까지 퍼져나간 이들도 있었다. 그들의 당면 과제는 일을 찾는 것이었다.

멕시코인의 땀으로 일군 들판

20세기 초에 멕시코인이 자석에 당기듯이 국경을 넘어온 것은 미국에 그들의 노동이 필요했기 때문이다. 그들은 다양한 업종에서 일했다. 도시의 노동자로서 건설 현장과 철도 산업에 종사하는 사람도 있었다. 그러나 그들은 지위가 낮은 육체노동자에 머물렀다. 1928년 텍사스 건설 노동자의 4분의 3이 멕시코인이었지만, 감독직과 기능직은 백인 차지였다.

인구에서 멕시코인의 비중이 큰 로스앤젤레스, 엘패소 등의 도시에서 대부분의 멕시코인은 의류 공장이나 통조림 공장, 식품 가공 공장에서 일하거나, 건물 관리인이나 정원사 등으로 일했다. 은행이나 사무실은 그들의 자리가 아니었다. 어느 연방 관리는 멕시코인이 철도 노동자로서 적합한 이유를 두고 "고용주가 보는 멕시코인의 강점은 저임금에도 기꺼이 일을 하려는 마음가짐"[6]이라고 설명했다.

그러나 대부분의 멕시코인이 일한 분야는 농업이었다. 이민법으로 아시아 출신 노동자의 유입이 막히자 캘리포니아의 농장주들은 멕시코인의 노동에 기대게 되었다. 1920년대에 캘리포니아의 20만 농장 노동자 가운데 적어도 3분의 2가 멕시코인이었다. 텍사스에서는 그 비율이 훨씬 높았다. 텍사스의 고용청이 추산하기로는 텍사스 농업 노동자의 85퍼센트가 멕시코인이었다. 그들 중 다수가 텍사스의 뜨거운 태양 아래서 하루 종일 목화를 따는 고된 일을 하는 일자리에 고용되었다.

농장 일은 철 따라 이주하는 특징이 있었다. 낡은 트럭과 자동차에 한가득 올라탄 노동자들은 작물을 따라 이동했다. 언제든 작물이 있는 곳을 따라 그들의 목적지가 결정되었다. 아나스타시오 토레스라는 이민자는 1919년 캘리포니아에서 목화를 따고 목화 철이 끝나면 로스앤젤레스의 제지 공장에서, 그 일이 끝나면 다시 농장 일을 찾아 돌아와 임피리얼밸리에서 레몬을 수확했다고 떠올렸다.

이주 노동자들은 누추한 막사촌에 살았다. 캔버스천이나 야자나무 잎으로 대충 만든 숙소가 그들의 집이었다. 멕시코인을 고용한 농부는 노동자의 건강이나 편안함에 일말의 책임감도 없었다. 어느 농부는 아무렇지도 않다는 듯 무뚝뚝하게 말했다. "그들이 내 작물 수확을 마치고 나면, 시골길로 내차버릴 거요. 내 의무는 그걸로 끝이니까."[7]

파업을 일으키다

멕시코인도 더 좋은 노동 조건과 높은 임금뿐만 아니라 존엄성을 인정받을 권리가 있다고 자각하며 노동 투쟁에 참여했다. 그들의 투쟁은 특히 1930년대의 대공황 시기에 두드러졌다. 1928년에서 1933년 사이, 캘리포니아의 농장에서 일하는 멕시코 노동자의 임금은 시간당 35센트에서 14센트로 삭감되었다. 그들은 다양한 노동조합이 이끄는 파업에 참여하는 것으로 대응했다.

그들은 노동운동에 적극적으로 참여하여 멕시코인에게 따라오던 수동적이고 태평하다는 고정관념을 깨버렸다. 농장주들은 멕시코인의 노조 결성과 그 투쟁 정신에 깜짝 놀랐다.

멕시코인의 파업 중 가장 거센 파업이 1933년에 일어났다. 샌와킨밸리의 노동자 1만 2,000명이 임금 삭감에 반발하여 파업을 일으켰다. 농장주들은 파업을 꺾기 위해 노동자들을 막사촌에서 쫓아내고 그들의 소유물을 길에 내다 버렸다. 그리고 지방 경찰을 동원해 파업 주동자들을 체포했다. 어느 보안관보의 인터뷰에 파업 노동자를 대하는 태도가 드러난다. "우리는 여기 컨 카운티에 있는 우리 농부들을 보호하는 겁니다. 그들은 가장 좋은 사람들입니다. … 하지만 멕시코인들은 쓰레기예요. 삶에 기본이 안 돼 있어요. 우리는 돼지 같은 그자들을 몰이하면 됩니다."[8]

파업 노동자들은 굽히기를 거부했다. 여성들이 특히 적극적으로 참여하여, 매일 시위 대열에 나와 파업 불참 노동자에게 파업에 동참할 것을 촉구했다. 리디아 라모스라는 노동자는 자신이 파업을 그만두고 일터로 돌아가지 않으려는 이유를 설명했다. "우리는 정의를 믿어요. 그래서 모든 것이 나에게 좋아지고, 또 다른 누군가에게 좋아지면 좋겠어요. 그런데 단지 그런 것 때문만은 아니에요. … 바로 평등과 정의가 중요한 거죠."[9] 파업 노동자들은 결국 농장주 측과 합의에 도달해 임금 인상을 약속받았다.

파업에서 알 수 있던 것은 엘 노르테의 삶에 불만이 깊숙이 자리 잡았다는 사실이었다. 1908년에 미국에 와서 서던퍼시픽철도의 선로와 콜로라도의 비트밭에서 일했던 파업 노동자 후안 베르순솔로는 이렇게 말했다. "나는 여기서 내 인생의 황금기를 보냈고 여기에 온 힘을 쏟았어요. 내 이마에 흐른 땀이 여기 그링고gringo(앵글로)의 들판과 공장에 뿌려졌어요."[10]

토르티야와 터번

멕시코인과 들판에서 나란히 일을 하고 있던 사람 중에는 인도에서 온 이민자들도 있었다. 20세기 초에 인도 북부의 펀자브 지방 출신 노동자들이 미국의 서부 해안 지대에 도착하기 시작했다. 1920년에만 6,400명가량이 미국에 들어왔다. 그들 대부분이 남자였으며, 그중에서도 대부분이 16세기에 인도에서 기원한 종교의 일원인 시크교도였다. 그들은 머리에 터번을 둘렀다.

시크교도는 펀자브 지역에서 농사짓던 사람들이어서 미국의 농장 노동에 자연스럽게 끌렸다. 그들도 멕시코인처럼 여러 작물의 수확기를 따라 이동했다. 시크교 남성과 멕시코 여성은 들판과 과수원에서 일하면서 만나 결혼으로 이어지는 관계를 맺기도 했다.

시크교 남성이 멕시코 여성과 결혼한 것은 사랑 때문만은 아니었다. 시크교도는 미국 법정에서 백인으로 인정받지 못했다. 따라서 귀화 시민이 될 수 없었다. 1913년의 외국인토지소유제한법에 따라 시민이 될 수 없는 외국인은 토지도 살 수 없었다. 그러나 멕시코인 아내의 이름으로 사는 것은 가능했기 때문에 시크교도는 아내를 통해 토지를 획득할 수 있었다.

"2년 전에 멕시코 여인과 결혼해서 그 덕에 농사지을 땅을 손에 넣을 수 있었어요. 당신네 토지법도 이제 나를 쫓아내지 못해요. 난 이제 정착해 살 거예요."[11] 임피리얼밸리에서 농사를 짓는 시크교도 인더 싱은 1924년 어느 인터뷰에서 이렇게 말했다.

시크-멕시코 다문화가족에서는 두 문화의 전통이 만나 섞였다. 멕시코 음식 토르티야와 인도식 납작 빵인 로티, 할라페뇨 고추와 펀자브산 칠리 고추로 대표되는 두 문화의 음식이 오갔다. 언어도 섞어 사용했다. 멕시코 아내들은 보통 펀자브 말을 어느 정도 알아들었지만 집에서는 영어와 스페인어를 사용했고, 펀자브 출신 아버지들은 아이들과 스페인 어를 익혔다. 아이들은 보통 멕시코인 어머니를 따라 가톨릭 세례를 받 았으며, 가톨릭교회와 스페인 문화에서 유래한 대부모 제도인 '콤파드 라스고compadrazgo'의 영향을 받으며 자랐다.

시크교도와 멕시코 여인의 결혼 비율은 그리 크지 않았다. 그렇지만 이 부부 조합과 그들의 가족은 미국 사회의 다문화성에 또 다른 풍경을 더하는 요소가 되었다.

철도 건너편

멕시코 노동자들은 미국에 노동자로서 있는 것이 허락되었지만 사 회의 완전한 구성원으로 있는 것은 허락되지 않았다. 앵글로의 지역에 서는 토요일에만 물건을 살 수 있었으며 앵글로의 카페에서는 계산대 옆에만 앉을 수 있거나 음식을 포장해 나가야만 했다. 멕시코인은 바리 오라고 하는 외떨어진 구역에 살았다. 바리오는 대개 철도를 사이에 두 고 앵글로들이 사는 지역의 맞은편에 있었다.

학교도 분리되기는 마찬가지였다. "멕시코인이 백인의 학교에 오 고자 한다면 지역 사회에 혁명이 일어날 것이다. 이는 멕시코인이 열등 한 종족이라는 인식에 뿌리내리고 있다."[12] 어느 교육자는 학교가 분리

미국의 국경 순찰대원들이 멕시코 노동자를 심문하고 있다. 1940년.

된 실상을 이렇게 전했다. 멕시코인 학교에 다니는 어린 멕시코계 미국인은 고분고분한 노동자가 되도록 훈련받았다. 미국에서 태어난 일본인 세대가 플랜테이션에서 계속 일하며 살기를 바랐던 하와이의 사탕수수 농장주들처럼, 텍사스의 앵글로 농부들도 학교에서 노동력을 재생산해 주기를 원했다. 사탕무 재배 농가는 모든 멕시코인이 고등학교 교육을 받는다면 사탕무를 뽑을 사람은 아무도 없을 것이라 걱정했다.

어느 농부는 그 바람을 이렇게 내비쳤다. "교육받은 멕시코인이 가장 다루기 힘든 법이요. … 7학년까지만 다닌다면 더욱 바람직한 시민이 될 수 있으련만."[13] 어느 멕시코계 학생은 6학년 시절 교사가 고등학교에 가지 말라고 충고하며 한 말을 떠올렸다. "너희들은 여기서 시궁창이나 파고, 곡괭이질이며 삽질을 하며 살게 돼 있어. 난 너희 중 누구라도 고등학교에 갈 계획을 세워야 할 거라고는 생각하지 않는다."[14]

그러나 멕시코계 미국인 아이들에게 존엄성과 자존감을 일깨운 교사도 있었다. 에르네스토 갈라르사의 자서전인 『바리오의 소년Barrio Boy』에는 그가 다니던 학교의 교장과 교사들에 대한 애정 어린 기억이 담겨 있다. 그들은 아이들이 놀이터에서 스페인어를 한다고 혼내는 법이 없었다. 갈라르사는 이렇게 강조했다. "자랑스러운 미국인이 된다고 해서 멕시코인임을 부끄럽게 느껴야 하는 것은 아니다."[15]

1920년대에 접어들자, 멕시코인은 미국이 더 이상 그들을 원치 않는다는 사실을 감지했다. 늘어난 멕시코계 이민자의 수에 놀라 미국에서 본토인 우선주의의 목소리가 점점 커졌다. 본토인 우선을 주장하는 사람들은 멕시코인이 혼혈이 많다며 문제 삼기도 했다. "인종적 관점에서 보자면, 흑인과 인디언, 혼혈아에게는 아무런 제한 없이 나라를 열어놓으면서도 유럽인의 수를 제한한다는 것은 사리에 맞지 않는다."[16]

신문과 잡지에서는 미국이 '멕시코화' 되고 있다며 신경질적인 기사를 쏟아냈다. 앵글로 노동자들은 일자리를 두고 그들과 경쟁하는 멕시코인에 반대한다는 의견을 분명하게 밝혔으며, 미국의 대규모 노조의 하나인 미국노동총연맹은 멕시코인을 값싼 노동자로 들여와 백인을 일터에서 몰아낸다며 불만을 표시했다.

이윽고 1930년대가 되자 대공황이 찾아왔다. 실업률이 크게 치솟았다. 멕시코인은 일터에서 쫓겨나고 백인 노동자의 실직에 대한 욕을 먹으면서 본국 송환 프로그램의 표적이 되었다. 이 프로그램은 멕시코인을 출생국으로 돌려보낸다고는 하나 그들이 살고 있는 나라를 억지로 떠나게 하는 조치였으므로 사실상 강제 송환이나 마찬가지였다.

정부 기관과 자선 단체는 멕시코인이 돌아갈 마음을 먹도록 다양한 술책을 동원했다. 복지 원조를 끊겠다고 위협하고 멕시코행 열차를 무료로 제공하겠다고도 했으며(때로는 화물칸이 미어터지도록 가득 채워 보낸다는 뜻이기도 했다), 경찰이 불시에 덮치도록 해 떠나도록 압력을 넣거나 아예 물리적 수단을 동원해 내보내는 일도 있었다.

본국 송환 시기에 약 40만 명의 멕시코인이 미국을 떠났다. 그들 중 많은 수가 아이들이었다. 로스앤젤레스의 상공회의소는 그 아이들 중 약 60퍼센트가 미국에서 태어난 미국 시민이라고 추정했다.

바리오, 멕시코와 미국이 공존하는 세상

많은 멕시코인에게 국경은 멕시코와 미국 사이에 있는 상상의 선에 불과했으니, 그들은 마음만 먹으면 국경을 넘었다가 다시 돌아올 수 있다고 여겼다. 그들은 엘 노르테라 부르는 곳에 살면서 바리오라는 멕시코계 미국인의 세상을 만들었다.

바리오는 동족의 섬이었다. 그곳에서 멕시코계 미국인들은 기차를 타고 과감히 앵글로의 지역으로 넘어올 때 느꼈던 이방인 같은 심정에서 벗어날 수 있었다.

바리오는 빈민 주거지이기도 했다. 인도나 포장된 도로 없는 초라한

판잣집과 다 무너져 가는 집들이 모인 동네였다. 그러나 그곳에서도 멕시코인은 그들의 국경일을 기념했다. 고국의 정겨운 음식을 먹으며 멕시코 시절의 이야기를 나누고, 악단을 만들어 미국기와 멕시코기를 같이 흔들며 음악에 맞춰 전통 노래를 연주했다.

바리오 사람들을 하나로 묶을 수 있었던 요인에는 같은 멕시코인이라는 동질성뿐만 아니라 그들이 처한 경제적 여건도 있었다. 그들 모두가 가난했고 일을 찾고 있었다. 그들에게 바리오는 구직 동향을 알 수 있는 정보망이었다. 또한 멕시코에서 갓 도착한 이민자에게는 피곤한 눈을 붙이고 허기진 배를 채우며 미국에서 살아남는 요령을 배울 수 있는 장소로서 기능하기도 했다. 그곳 사람들은 '아시스텐시아asistencia'라는 상호부조의 형태로 자기가 가진 것을 나누었다. 이것은 자선과는 성격이 달랐다. 도움을 받은 사람이 받은 호의를 언젠가 대갚음할 것이라는 신뢰 속에 도움을 주고받는 일종의 품앗이와도 같았다.

바리오에 저녁이 찾아오면 사람들은 마치 국경 너머의 고향 마을에서 그랬던 것처럼 집 앞에 앉아 이야기를 나누었다.

그들의 이야기 속에는 고국에 대한 그리움과, 미국에서 겪은 인종차별과 부당한 대우에 대한 불만이 담겨 있었다. 향수와 불만에도 불구하고 그들 대부분은 미국에 남았다. 그들은 이제 엘 노르테를 조국으로 여기고 있었다.

바리오라는 말이 서부에 몰려 있는 멕시코계 미국인 사회를 설명하기 위해 미국에서 처음 쓰이기는 했으나, 미국에서 라티노 문화의 중심지는 이곳만이 아니었다. 멕시코 말고도 중앙아메리카와 남아메리카, 카리브해 출신의 이민자로 구성된 스페인어권 사회가 미국 전역에 생겨났다. 이런 성격의 사회 가운데 가장 규모가 큰 것이 스페니시할렘Spanish Harlem이다. 엘바리오El Barrio 또는 이스트할렘East Harlem으로도 알려진 이곳은 뉴욕의 맨해튼 북동부 지역에 자리 잡은 동네로, 이미 1920년대에 푸에르토리코 출신 이주자들이 모여 살기 시작했다. 미국에서 태어난 푸에르토리코인 2세대와 3세대를 가리키는 누요리칸Nuyorican의 인구가 많은 곳이 바로 스페니시할렘이다.

여섯 살배기 이그나시오 피냐의 가족은 1931년에 몬태나주의 해밀
턴에 살았다. 그의 아버지와 누나는 사탕무밭에 나가 일하고 어머니는
토르티야를 굽고 있던 어느 날, 집행 기관 사람들이 총을 들고 예고 없
이 들이닥쳐 당장 나오라고 명령했다. 그들은 피냐 가족이 아무것도 챙
겨 나오지 못하게 했다. 이그나시오와 그의 다섯 형제자매들의 출생증
명서가 담긴 트렁크조차 허락하지 않았다. 출생증명서는 그 여섯 명이
미국에서 태어난 미국 시민임을 입증할 수 있는 서류였다.

피냐 가족은 열흘 동안 감옥에 갇혔다가 기차에 실려 멕시코로 보내
졌다. 그들은 1930년대의 본국 송환 조치로 쫓겨난 수많은 가족 가운데
하나였다. 40만 명에 달하는 멕시코인과 멕시코계 미국인이 공권력을
동원한 정부 당국의 괴롭힘과 사기, 협박에 멕시코로 보내졌다. 송환자
중에는 이그나시오 피냐와 같이 미국 시민으로 태어난 아이들도 많았
다. 본국 송환이란 말은 "태어난 곳으로 돌아간다"는 의미이지만, 이 아
이들은 결코 가본 적 없는 멕시코로 보내졌다. 그들은 미국에서 태어났
으므로 본국 송환은 그들의 법적 권리를 침해하는 조치였다.

피냐 가족에게 본국 송환은 재앙이었다. 온 가족이 장티푸스에 걸
려, 이그나시오의 아버지는 4년 후에 사망했다. "어머니는 우리 여섯 명
과 함께 가난하게 살았어요. 우리는 전혀 알지도 못하는 나라에서요. 그

곳에서 우리는 적응하지 못했고, 환영받지도 못했어요." 이그나시오는
훗날 드물게 본국 송환을 취재한 신문기사에서 고통스러웠던 시절을 떠
올리며 말했다.

본국 송환 후 이그나시오 피냐는 멕시코시티의 빈민가에 살았고 그
의 교육은 6학년에서 끝나고 말았다. 그러나 본국 송환 조치 후 16년이
지나, 그가 유타에서 태어났음을 증명하는 데 필요한 문서를 어렵사리
찾을 수 있었다. 그는 미국으로 돌아와 철도 건설 현장에서 일하며 자녀
를 대학에까지 보냈다. 그러나 본국 송환 이후 몇십 년이 지나도 당시의
고통스러운 기억은 생생히 남아 있었다. "대공황은 이곳에서도 심각했
어요. 멕시코라는 점을 떠올려보면 얼마나 안 좋았을지 상상이 갈 겁니
다. 16년 동안 겪은 생지옥을 머릿속에서 지울 수 없을 정도예요."[17]

13
흑인, 북부로 진출하다

20세기 초에 북으로 이주한 사람들은 엘 노르테를 향해 걸어가는 멕시코인만이 아니었다. 남부의 흑인도 북동부와 중서부의 도시를 향해 수만 명 단위로 이주했다. 이러한 이주 행렬 뒤의 기운을 훗날 소작농의 딸이자 아프리카계 미국인 작가인 조라 닐 허스턴이 다음과 같이 묘사했다.

그리고 흑인의 발로 길이 다져졌다. 어떤 이는 밝은 기운으로 작별을 고하고 … 미지의 위험에 대한 두려움을 웅얼거리며 근심을 내비치는 이도 있는가 하면 … 먼 곳에 대한 열렬한 동경에 잠자코 있는 이도 있었다. 동틀 녘이 되자 모두 가고 없었다. 불어오는 바람이 북쪽이라 말했다. 기차도 북쪽이라 일러주었다. 들고나는 바닷물도 사람들의 언어도 북쪽이라 말하고, 사내들은 빙하 앞에 선 거대한 무리처럼 움직였다.[1]

1910년부터 1920년 사이의 불과 10년 동안, 북부의 도시에서 흑인의 인구는 크게 뛰어올랐다. 디트로이트가 5,700명에서 4만 800명으로, 클리블랜드가 8,400명에서 3만 4,400명으로, 시카고가 4만 4,000명에서 10만 9,400명으로, 뉴욕이 9만 1,700명에서 15만 2,400명으로 각각 증가했다. 이 여정에 오른 아프리카계 미국인은 남부에서 어쩔 도리 없이 밀려 나온 것이기도 했고 동시에 북부의 손짓에 끌려 온 것이기도 했다.

밀어내는 남부, 손짓하는 북부

아시아와 멕시코, 유럽 출신 이민자와 마찬가지로 남부의 흑인도 경제적 어려움과 사회적 압력으로 어쩔 수 없이 고향에서 밀려 나왔다. 노예제 폐지와 노예 해방 이후, 남부 흑인 대부분은 소작농이 될 수밖에 없는 처지에 놓였다.

그들은 백인 지주에 의존했고 처음부터 다시 속박을 당했다. 이번에는 부채의 노예로서.

물납소작농이 겪는 시련은 참담했다. 금납소작농은 몇 달간 노동이 끝나고 수확 철이 오면 더 깊은 부채의 늪에 빠져 좌절했다. 그들은 정치적으로는 자유였지만 경제적으로 구속당하는 신세였다. 돈을 벌고 자기 땅을 소유할 수 있다는 희망이란 찾을 수 없었다.

내가 살던 곳에선
사람들이 뼈 빠지게 일하지
한평생 다 바쳐

죽을 때까지

땅 한 조각도 하늘 한 조각도

갖지 못하네.[2]

한편, 북부는 그들을 끌어당겼다.

1914년 유럽에서 발발한 제1차 세계대전으로 유럽의 이민자가 미국
으로 들어올 길이 막혔다. 이로 인해 미국의 산업에서 엄청난 노동력 부
족이 발생했다. 한때 흑인 노동자를 고용하기 거부했던 공장과 작업장
이 이제 남부에 직원 모집책을 보내 고용 계약을 맺어야 하는 입장이 되
었다.

남부의 흑인은 이렇게 찾아온 기회를 덥석 붙잡았다. 더 좋은 일자
리와 더 높은 임금을 준다는 제안에 끌려 그들은 열차 가득 올라타 북으
로 향했다. 어느 흑인 노동자가 북부에서 받은 대우를 기자에게 말한 대
목을 보면 알 수 있다. "(조지아에서) 내가 벌 수 있는 액수는 기껏해야
하루 1.25달러 내지 1.5달러였어요. 그런데 뉴저지주의 뉴어크에 있는
염색 공장에서는 하루에 2.75달러를 받고 임대료 없이 살 집도 받았어
요. 회사에서 북부로 오는 요금까지 대주었어요."[3]

멕시코계 이민자와 마찬가지로, 아프리카계 미국인도 일자리를 따
라 움직이고 있었다. 북부로 간 사람들은 그곳의 일자리에 대해 입이 마
르도록 자랑했다. 사우스캐롤라이나의 신문에서는 그린우드 카운티 농
장 출신으로, 주당 25달러에 북부로 일하러 간 어느 젊은이의 행운을 보
도했다. "그는 농장에 있는 가족을 돕기 위해 지난주에 집으로 왔으며,
100달러가 넘는 돈과 멋진 옷을 꽤 많이 챙겨 왔다. 어머니에게는 50달

러를 드리고 50달러는 그린우드 은행에 넣어두고, 잔돈 일부는 남겨두었다."[4]

그러나 남부의 흑인을 움직이게 한 데에는 그 말고도 다른 무엇, 경제 이상의 더 깊은 사정이 있었다. 노예 해방을 겪은 세대는 이제 수명이 다해가고 있었으며 그에 따라 노예제 시절부터 그들에게 배어 있던 습성도 사라지고 있었다. 백인에게 굽히고 자신들의 사회적 '위치'를 그대로 받아들인 바로 그 습성은 이제 옛말이 되었다. 남부의 백인은 그들이 알던 겸손하고 예의 바르며 공손한 흑인이 사라지고 있다며 애석해했다. 그 자리에 새로운 흑인 세대가 떠오르고 있었다.

신세대 흑인

이제 남부에는 노예 생활을 했던 구세대가 간 자리에, 남북전쟁 이후 태어나 노예제를 알지 못하는 젊은 아프리카계 미국인이 살고 있었다. 앞선 세대와 달리, 이 새로운 세대는 가시지 않고 남아 있는 주인과 노예 관계의 영향력에 덜 휘둘렸다. 백인은 젊은 흑인들이 "불만을 품은 채 배회하고 싶어 한다"[5]며 못마땅하게 여겼다. 그들은 세상을 알고 싶어 했다.

북부로 이주한 흑인 대부분은 남북전쟁 이후 세대에 속했다. 북부에서 벌고자 기대한 높은 임금에 더해 이들 아프리카계 미국인이 바란 것은, 남부의 인종적 폭력과 편견에서 탈출하고 인간으로서의 존엄성을 되찾을 수 있는 자리를 찾는 것이었다. 흑인 소유의 신문인《시카고디펜 더》에서는 아프리카계 미국인이 안전과 자존을 위해 북부로 가야 하는 이유를 숨김없이 설명했다.

> 왜 남부에 남으려 하는가, 그대의 어머니와 누이와 딸이 겁탈당하고 산 채로 타 죽는 그곳에, 그대의 아버지와 형제와 아들이 모욕을 당하고 목이 매달리는 그곳에, 자기에 대한 대우가 마음에 들지 않는다는 언급만으로도 총알 세례를 면치 못해 벌집이 되고 마는 그곳에?[6]

노예제의 그늘에서 벗어난 젊은 흑인은 북부에서 그들에게 열린 새로운 가능성을 상상할 수 있었다. 1930년까지 약 200만 명이 북부의 도시로 이주했다. 그들의 자유는 남북전쟁에 승리한 북부로부터 받은 것이지만, 이주는 그들의 선택에 따른 것이었다.

시카고의 흑인

시카고는 흑인의 주요 목적지였다. 이 중서부 도시에서 산업이 빠르게 성장해 일자리가 만들어지고 그 수요를 충당할 흑인을 적극적으로 불러들였다. 남부의 흑인이 시카고까지 갈 수 있는 길도 어렵지 않았다. 일리노이센트럴철도가 건설되어 미시시피, 아칸소, 루이지애나의 소도시와 시카고를 연결했다.

1900년에 시카고의 흑인 인구는 3만 명 수준이었다. 20년 후에는 10만 9,000명 수준으로 크게 늘었는데, 대부분이 사우스사이드의 흑인 동네에 모여 살았다. 흑인 인구가 급격히 늘면서 백인의 반발이 터져 나오기 시작했다.

백인은 부동산 중개업자들이 흑인에게 집을 팔지 못하도록 압력을 행사하기 위해 조직을 만들었다. 그들은 백인 집주인이 흑인에게 집을 팔거나 세를 놓지 못하도록 다그치기도 했다. 이런 행동을 주도한 사람은 "지금 백인이 사는 동네는 백인 동네로 남아야 한다. 타협이란 있을 수 없다"[7]고 선언하기도 했다.

제1차 세계대전으로 시카고의 군수 관련 산업의 일자리를 채울 흑인이 몰려들면서 주거를 둘러싼 갈등은 더욱 커졌다. 1917년에 시카고 부동산 협회는 남부의 흑인이 "한 달에 만 명 규모로 시카고에 쏟아져 들어온다"[8]고 발표했다.

일터 또한 인종의 전쟁터를 방불케 했다. 1910년, 흑인 노동자 전체의 약 절반이 가사 도우미, 세탁부, 잡역부, 웨이터 등의 서비스직종에 고용되었다. 그러다 전쟁으로 산업에 노동력 수요가 가파르게 증가해 새로운 기회가 열렸다. 1920년, 흑인 남자 대다수와 흑인 여자 15퍼센트가 서비스직종이 아닌 공장에서 일했다. 이들 흑인은 생애 처음으로 산업 현장에서 일하며 좋은 수준이라 생각되는 임금을 받았다.

회사 측은 백인 노동자의 노조 활동을 훼방 놓을 목적으로 흑인 노동자를 고용했다. 그런 의도로 고용된 흑인 가운데 리처드 파커라는 사람은 미국통합노조American Unity Labor Union를 설립했다. 파커는 아프리카계 흑인의 이익을 도모하기 위해 일하는 것처럼 보였으나 실제로는 흑인 노동자가 백인 노조에 가입하지 못하게 할 목적으로 흑인과 백인을 이간질하고 백인 사업주에게서 대가를 받았다. 편을 갈라 조종한다는 해묵은 술책을 다시 들고나온 것이다. 백인 경영자들은 흑백 노동자가 하나로 뭉치지 못하게 하여 두 집단이 전력을 다할 수 없도록 만들었다.

파커는 흑인 노동자들이 백인을 불신하도록 조장하고 흑인 노조에만 가입하도록 설득했다. 술책은 효과가 있었다. 가축노동자협회Stockyards Labor Council라는 백인 노조가 흑인에게도 문을 열었을 때, 흑인들은 가입을 거절했다.

일터에서 불거진 인종 간 갈등은 거주 동네에서의 갈등에 기름을 뿌린 격이었다. 1917년에 몇몇 흑인 가족의 집에서 폭발이 일어났다. 백인 패거리가 거리와 공원에서 흑인을 공격하고 사망자도 나왔다. 의도치 않게 공용 해변의 '백인 전용' 구역으로 표류한 젊은 흑인이 백인에 의해 죽자 인종 혐오는 폭동으로 번졌다. 경찰이 백인을 체포하지 않은데 분노한 흑인은 백인을 공격했다. 이어서 백인 패거리가 흑인을 폭행하기 시작해 두 인종 간 폭력 사태는 며칠이나 이어졌다. 폭동이 끝날 무렵, 흑인 23명과 백인 15명이 사망하고 흑인 342명과 백인 178명이 다쳤다.

시카고의 아프리카계 미국인은 자신들에게 의지하는 것으로 인종차별에 대응했다. 흑인 목사와 지역 사회의 지도자들은 흑인이 상점과 은행과 보험회사를 직접 운영하자고 촉구했다. 아울러 흑인은 흑인 소유의 집을 빌리고 흑인이 만들어 파는 상품에 돈을 써야 한다고 강변했다.

할렘의 블랙 프라이드

아프리카계 미국인의 또 다른 주요 행선지는 할렘의 고장 뉴욕이었다. 할렘은 때때로 '세계 흑인의 수도'라고 불리기도 하는 지역이다.

흑인이 할렘에 살기 시작한 것은 17세기부터였다. 당시만 해도 그들은 네덜란드의 식민지 노예였다. 미국이 독립을 쟁취하고 나서 그리 오래지 않은 1790년, 할렘 인구의 3분의 1이 흑인이었다. 그러나 세월이 흐르면서 그곳에서 흑인의 수는 점점 줄어들었다. 1890년 즈음만 해도 할렘은 부유한 백인 주민이 대부분인 동네였으나 남부의 흑인이 이주하면서 추세가 다시 변했다.

흑인의 이주가 시작되자, 할렘의 주택 경기 호황이 붕괴하며 텅 빈 아파트가 늘어났다. 흑인 부동산업자들은 백인 주인에게서 빈 아파트를 임차해 흑인에게 세를 받고 빌려주어 이윤을 남겼다. 시카고에서처럼 아프리카계 미국인이 들어오지 못하게 하려는 시도에도 불구하고, 할렘은 이렇게 다시 흑인 거주지가 되었다.

1914년, 약 5만 명의 흑인이 할렘에 살았다. 1920년대에는 11만 8,000명 이상의 백인이 할렘을 떠나고 8만 7,000명이 넘는 흑인이 들어왔다. 할렘은 맨해튼 전체 흑인의 3분의 2 이상이 모여 사는 동네가 되었다.

그러나 할렘은 이내 넘치는 인구로 인한 문제에 직면했다. 집주인들이 건물의 유지 보수를 게을리해 생활환경이 점점 나빠졌다. 배관이 엉망이 되고 지붕에서 물이 새고 쥐가 들끓어 세입자들의 불만이 커졌다. 그런데도 차별이 만연해 다른 도시로 이주할 엄두도 내지 못한 채, 흑인

뉴욕 할렘의 르네상스 카지노 무도장. 1927년.

은 점점 올라가는 집세를 감당하며 할렘에 남을 수밖에 없었다.

대부분의 아프리카계 미국인이 저임금 단순노동이나 서비스직종에
종사했기 때문에 높은 집세는 큰 부담이었다. 의류 산업에서 일하는 흑
인 여성도 있었으나 대다수는 가사 노동직에 고용되었다. 남자들은 항
만 노동이나 트럭 운전을 하기도 했으나, 역시 건물 잡역부나 엘리베이
터 기사, 웨이터 같은 직종에 종사하는 사람이 많았다.

과밀한 생활환경과 초라한 임금 수준에도 할렘의 아프리카계 미국
인은 넘치는 힘과 자부심을 느꼈다. 여기에 고무되어 그들은 단지 사는
곳 이상의 의미가 담긴 사회를 만들었다. 흑인 지식인들에게 할렘은 시

역사에 없는 사람들의 미국사

인 랭스턴 휴스가 말한 "뉴니그로 르네상스New Negro Renaissance"의 중심지로 자리 잡았다.°

흑인으로서 휴스를 비롯한 시인, 진 투머를 비롯한 소설가, 제이컵 로런스 같은 화가, 캡 캘러웨이와 같은 음악인이 할렘에 모여들었다. 할렘은 블랙 프라이드, 흑인의 자부심과 창의성이 구현된 사회로 변모했다. 할렘의 지식인들은 흑인의 삶과 역사, 문화에서 영감을 얻어 백인이 지배하는 주류, 중산층 미국에 대항하는 문학을 창조했다.

뉴니그로 운동에는 휴스가 그의 시에서 드러냈던 정체성 탐구의 성격도 있었다. 휴스는 자신이 아프리카에 속하는지 "시카고와 캔자스시티, 브로드웨이와 할렘"에 속하는지 물었다. 다른 아프리카계 미국인과 마찬가지로, 그 역시 아프리카인인 동시에 미국인으로서의 자아를 찾기 위해 안간힘을 쓰고 있었다.

대공황

1920대 후반이 되자, 할렘은 빈민 주거지로서 가난한 사람들의 안식처가 되었다. 흑인들은 여기서 애타게 꿈을 좇았다. 클럽 무대와 흥겨운 재즈, 문예적 성공으로 각광받은 할렘르네상스의 뒤에는 게토 특유의 누추함이 숨어 있었다. 그러다 1929년 주식 시장 붕괴에 이어 대공황의

○   니그로는 검은색을 뜻하는 라틴어 'niger'에서 온 말로, 1960년대까지 흑인을 가리키는 말로 자주 쓰였다. 마틴 루서 킹 주니어의 연설문에서도 흑인을 니그로라고 일컬었다. 그러나 노예제의 부정적인 유산이 담겨 있는 단어라는 이유로 점차 쓰이지 않게 되었다.

그림자가 거의 10년을 드리웠다. 산산이 부서진 경제의 영향으로 할렘의 매혹적인 겉모습에 가려진 어두운 현실이 드러났다.

아프리카계 미국인은 도처에서 깊은 빈곤의 수렁에 빠져들었다. 북부로의 대이동이 있었다고는 해도, 1930년대에 흑인 대부분은 여전히 남부에 살며 소작농으로서 백인 농장주 밑에서 목화를 재배했다. 그들의 삶도 주식 시장의 붕괴를 따라 비틀리고 말았다. 그들이 일을 찾아 도시로 나오면, 실직한 백인이 흑인 고용을 반대하는 성난 외침으로 맞이했다.

1932년경, 남부 도시의 전체 흑인 가운데 반 이상이 실업 상태였다. 북부 도시에 거주하는 흑인의 실업률도 비슷했다. 힘든 시기가 오면 해고 1순위는 늘 흑인 노동자였다. 어느 조사에서는 흑인의 실업률이 백인의 실업률보다 30퍼센트 내지 60퍼센트까지 높은 것으로 드러났다. 집세나 식비를 감당하지 못해 절망에 빠진 가족들은 지하실에 살며 음식 찌꺼기를 찾아 쓰레기통을 뒤지다시피 했다.

빈곤층을 대상으로 한 연방 구호 프로그램에서도 아프리카계 미국인은 뒷전으로 밀렸다. 백인 농부와 노동자는 흑인보다 원조받는 액수가 컸다. 이런 위기로 인해 흑인 사이에서 그들의 미래에 대한 논쟁이 불붙었다.

흑인 역사학계를 주도하는 학자이자 전미유색인지위향상협회National Association for the Advancement of Colored People : NAACP의 지도자인 W. E. B. 듀보이스는 인종 분리의 종식이라 할 통합의 입장을 오랜 세월 고수해 온 인물이다. 그러나 대공황이라는 고난을 겪으면서, 아프리카계 미국인이 자발적이고 임시적인 분리를 실시하며 하나로 뭉치고 서로 도우며 오직 서로 간에만 사업을 하며 미국 내 흑인 국가를 건설하자고 제안했다. NAACP는 이런 발상을 거세게 비판하며, 그 대신 "백인과 흑인, 숙련직과 비숙련직, 농업과 산업 분야의 모든 노동자를 하나로 묶는"[9] 운동이 필요하다고 주장했다.

흑인은 실제로 산업 현장에 고용되기 시작했고 전국 규모의 거대 노동조합에도 가입하기 시작했다. 전미광산노조연합United Mine Workers은 1933년에 흑인 노동자를 조직에 들이기 위한 운동을 주도했으며 산업별노동조직위원회도 곧 같은 정책을 추진했다. 자동차 산업에서는 전미자동차노조연합United Auto Workers이 노조의 인종차별 반대를 선언하며 흑인의 가입을 촉구했다. 이런 성과가 있었다고 해서 백인 노동자의 인종차별이 끝난 것은 아니었으나, 인종적 경계를 넘나드는 연대야말로 경제 위기에서 경영자에 맞서 투쟁하는 노동자에게 필수적이라는 의식이 여실히 드러났다.

한편, 민주당 성향의 정치계에서는 흑인 유권자의 규모와 잠재력을 인정하기에 이르렀다. 그들은 흑인의 필요성을 진지하게 다루기 시작했다. 이에 흑인은 민주당을 지지하고 공화당을, 노예 해방의 선구자 에이브러햄 링컨이 소속했던 그 당을 버리기 시작하는 것으로 답했다. 흑인은 이제 정치적으로 중요성을 띠기 시작했으나, 그들이 노동과 정치 분야에서 이룬 진보는 이내 다른 많은 이들과 마찬가지로 제2차 세계대전이라는 국제적 격동 속에 휩쓸리고 만다.

신선한 바람처럼 할렘을 휩쓴 블랙 프라이드의 이상을 구현한 사람이 있다면 그가 바로 마르쿠스 가비이다. 그는 미국의 흑인에게 당당히 선언했다. "일어나라, 그대 강력한 종족이여. 그대들은 뜻한 대로 이룰 수 있다."[10]

카리브해의 섬나라 자메이카에서 태어난 가비는 인종 의식에서 자유로운 아동기를 보냈다. "어린 시절, 내 고향에서는 흑과 백 사이에 차이가 없었다." 가비는 이렇게 피부색에 대한 고민 없이 백인 친구와 어울려 놀 정도였으나, 열네 살이 되자 친구의 부모가 가비의 인종을 문제 삼아 둘을 갈라놓으면서 상황이 변했다.

"같은 인류라도 차이가 있음을, 사회적으로 각자 별개의 뚜렷한 삶을 사는 상이한 종족이 있음을 처음으로 깨달은 게 그때였다."[11] 몇 년 후에, 가비는 유럽을 여행하면서 흑인 민족주의Black Nationalism 사상에 눈뜨기 시작했다. 이것은 흑인이 통합의 의지와 긍지, 힘을 드러내야 한다는 신념과 더불어 흑인 문화에 헌신하고자 하는 의식을 강조한 사상이다. 그는 1914년에 자메이카로 돌아와 만국흑인진보연합Universal Negro Improvement Association : UNIA를 설립해, 세계의 흑인을 하나로 묶고 아프리카에 아프리카계 미국인의 국가를 건설한다는 목표를 세우고 흑인 민족주의를 도모했다.

이러한 움직임에 담긴 가비의 메시지는 검은 피부가 아름답다는 것, 아프리카에는 영광스러운 과거가 있으며 흑인이 아프리카를 다스릴 운명이라는 것이었다. 가비는 다음과 같이 주장했다. "유럽이 유럽인을 위한 곳이라면, 아프리카는 전 세계 흑인을 위한 곳이어야 할 것이다. … 다른 종족들도 각자의 나라가 있으니, 지금이야말로 4억의 흑인 스스로 아프리카의 주인 될 권리를 주장할 때이다."[12]

1916년, 가비는 할렘을 자신의 운동의 근거지로 삼았다. UNIA는 갖가지 활약을 펼쳤다. 다채로운 행진을 하고 다양한 출판물을 발행했으며, 식료품점과 세탁소 같은 흑인 소상공업 창업에서부터 블랙스타해운이라는 해운회사에까지 그 활동이 미쳤다. 블랙스타해운의 경우 아프리카계 미국인이 투자도 할 수 있었다.

블랙스타해운은 UNIA에서 상징성이 가장 큰 활동이었으나 운영이 매우 부실해 부채 더미에 올랐다. 가비는 1922년에 투자자 사기로 고발당했다. 정부의 주장은 근거가 약했고 가비가 사기를 저질렀다는 증거도 없었으나 가비는 결국 유죄 판결을 받았다. 5년 형을 선고받은 가비는 2년 후 사면되어 자메이카로 추방되었다.

가비는 사라졌지만 그가 구현했던 강력한 꿈은 할렘과 도처의 흑인의 마음속에 그대로 남았다. 가비는 흑인의 인종적 긍지를 끌어올려 흑인이 자신을 바라보는 방식을 영원히 바꾸었다. 아프리카계 미국인 대변지인 《스포크스먼》은 이렇게 평가했다. "가비는 전에는 결코 생각하지 않던 수천 명의 사고를 일깨웠다. 꿈만 꾸던 수천 명이 이제 장래를 내다본다."[13]

14

차별받는 이민자들, 참전하다

1939년 유럽에서 발발한 제2차 세계대전은, 후에 태평양까지 번졌다. 미국은 방관하고 있다가 1941년 12월 7일, 일본이 하와이의 진주만에 있는 해군 기지를 공습하고 나서야 참전했다. 이때를 기점으로 미국은 전시 체제로 전환했다. 이제 미군은 전 세계의 전장에 뛰어들 태세를 갖추고 있었다.

전쟁은 여러 나라가 연합국과 추축국 두 집단으로 나뉘어 맞붙는 양상이었다. 연합국에는 미국을 포함해 영국과 프랑스를 비롯한 여러 나라가 속했다. 추축국에서는 유럽의 독일(아돌프 히틀러의 나치당이 지배하는)과 이탈리아, 아시아와 태평양의 일본이 주요 가담국이었다.

나치는 게르만 혈통의 백인이 타 종족에 비해 우월한 "지배 민족"임을 내세웠다. 나치가 칭한 타 종족에는 집시와 가톨릭교도, 동성애자와 더불어 나치 박해의 가장 큰 표적이 된 유대인이 있었다. 이 외에도 나치는 여러 집단을 열등하다고 규정했다. 나치의 이념은 파시즘의 일종으로, 단일하고 지배적이며 공통된 문화와 혈통의 측면에서 국가와 국민을 규정하는 정치적 견해다. 파시즘은 세계를 '우리'와 '그들'로 나누

역사에 없는 사람들의 미국사

어 바라본다. 여기서 그들은 열등한 존재, 외부자, 약자를 가리킨다.

　나치즘과 파시즘이 인종차별주의에 토대를 두고 있다는 사실을 두고, 사람들은 다른 나라에서 위세를 떨치는 이 반동적인 사상에 미국이 어떻게 맞설 수 있다는 것인지 의문을 품기도 했다. 미국이야말로 인종차별주의가 활개 치는 곳이었기 때문이다. 제2차 세계대전을 계기로 미국인은 인종과 민족으로 갈라진 자국 사회의 분열을 비판적으로 보게 되었다. 소수 집단은 각자가 처한 상황에 따라 전쟁을 다르게 경험했으나, 그들의 경험을 하나로 모아보면 제2차 세계대전은 단순히 해외에서 평등과 민주주의를 위해 싸우는 전쟁이 아니었다. 이 전쟁은 본국에서 벌어지는 투쟁에 새로운 전기가 시작되는 무대이기도 했다.

일본계 미국인 : 헌법에 구멍을 낸 강제 수용의 희생양

　일본의 진주만 공습이 초래한 결과 중 하나는 하와이와 미국 본토에 사는 일본인을 향한 의심과 두려움이었다. 미국 시민인 일본계 미국인도 그 대상이었다.

　공습 직후 연방 당국은 미국의 안보에 위협이 될 것이라 간주되는 미국 내 일본인과 독일인, 이탈리아인 약 2,100명을 체포했다. 그러나 군부와 프랭클린 D. 루스벨트 대통령이 국내의 독일계와 이탈리아계, 일본계 사람이라면 전부 모아들여야 할 것인지 논의하는 과정에서 대통령은 독일계와 이탈리아계는 문제가 되지 않는다고 정리했다. 그렇다면 일본계는 어떻게 판단해야 할 것인가?

당시 해군 장관은 하와이에 사는 일본계 사람들을 모아 억류하고 감시하고자 했다. 하와이의 군정 장관인 델로스 에몬스 중장은 이 의견에 동의하지 않았다. 그는 하와이 시민에게 자신 있게 말했다. "연방 당국 측에서 대규모 수용소를 운영하려는 의도나 요구는 없습니다. 우리가 무자비하고 기만적인 적에게 심각한 공격을 당했다고는 하나, 이곳은 미국이며 우리는 미국다운 방식으로 해결해야 한다는 점을 명심해야 합니다."[1] 에몬스가 생각하는 "미국다운 방식"이란 미국 헌법을 존중하고 그에 따라 집행하는 것이었다.

루스벨트 대통령이 2만 명에 달하는 "위험한" 일본인을 하와이에서 강제 이동시킨다는 계획을 승인했어도, 잠재적으로 위험하다고 판단되어 에몬스가 수용을 명령한 인원은 겨우 1,444명에 불과했다. 에몬스는 하와이에서 어떠한 적대적 방해 행위도 보고되지 않은 사실을 짚었다.

그러나 서부 해안 일대에 사는 일본계 미국인 12만 명의 운명은 사뭇 달랐다. 연방수사국FBI의 국장인 J. 에드거 후버는 그들을 억류해야 할 안보상의 이유는 없다고 밝혔다. 미국 법무부 장관인 프랜시스 비들도 그들을 억류하는 것은 인종차별이며 "우리의 헌법 체계에 거대한 구멍을 만드는" 꼴이 될 것이라고 단언했다. 이런 입장에도 불구하고 서부 해안 일대의 군사령관인 존 L. 디윗 중장은 일본계 사람들이 미국 시민이라 할지라도 미국에 충성스럽다고는 확신하지 않았다. 대통령은 군부에 결정을 맡겼고 디윗은 서부 해안 지대의 모든 일본계 사람을 수용소로 데려가 감시하라고 명령했다.

일본인과 일본계 미국인은 옷가지와 가사용품만 간신히 챙긴 채 집과 재산과 사업을 포기할 수밖에 없었다. 그들이 남긴 재산의 많은 부분이 헐값에 백인 손으로 넘어갔다. 그들은 기차에 실려 목적지를 알 수 없는 곳으로 보내졌다. 그들을 맞이한 것은 멀리 떨어진 사막 지대의 조악한 막사였다. 막사는 수용자로 가득 차 가족 단위로 한방을 써야 했다. 낯설고 치욕스러운 새 삶에서, 그들의 시야에 들어오는 것이라곤 철조망을 두른 담벼락과 감시탑뿐이었다.

소수의 일본인이 강제 수용에 저항했으나 체포되어 유죄 판결을 받았다. 그들은 유죄 판결에 맞서 미연방대법원에까지 항소했으나, 일본인을 추려내는 행위가 옳다는 증거는 없을지라도 전시에 군사적으로 필요한 조치라는 판결문을 들어야 했다.

그러나 미국에서 태어난 일본인 남자는 미군 입대를 조건으로 수용소에서 나올 수 있었다. 그렇게 해서 3만 3,000명이 입대했다. 그들은 자기가 속한 나라를 지키는 데 기여하는 것이 그들의 충성심을 입증하고 시민으로서 의무를 다하는 것이라 믿었다.

일본계 미국인으로 군인이 된 사람 가운데 수천 명은 태평양 전선에서 통역병으로 복무했다. 그들은 임무를 완수하기 위해 전투 한복판에서 일본군 장교의 바로 곁까지 기어가 명령을 엿듣고 통역하기까지 했다. 어느 고위 첩보 장교는 일본계 미국인 병사의 기여 덕택에 전쟁을 2년이나 앞당겨 끝낼 수 있었다고 평가했다.

일본계 미국인은 유럽 전선에서도 활약했다. 미국 본토와 하와이 출신의 일본계 미국인으로 편성된 442연대 전투단은 이탈리아와 프랑스의 치열한 전투에서 크게 명성을 떨쳤다. 그들은 1만 8,000개가 넘는 훈장을 받았으며, 이 가운데 3,600개 이상이 전투 중 부상을 입은 용사에게 수여되는 퍼플하트 훈장이었다.

그러나 가슴 가득 무공 훈장을 달고 팔다리마저 잃은 채 전쟁에서 돌아온 일본계 미국인 병사들은 여전히 차별이 존재하는 현실을 마주해야 했다. 이발소에서는 "우리는 일본놈을 받지 않습니다"라는 안내문을 내다 걸었다. 강제 수용소가 폐쇄돼 전쟁 전 살던 도시로 돌아온 가족들을 반긴 것은 "일본놈 출입 금지, 일본놈 사절"이라는 말이 적힌 표지였다. 억류되었다가 돌아온 사람들에게 석방은 처음부터 다시 시작해야 한다는 의미나 다름없었다. 살던 집과 살림살이가 완전히 사라졌기 때문이다.

아프리카계 미국인 : 군대의 인종차별에 직면하다

제2차 세계대전 동안 미군에 입대한 아프리카계 미국인은 약 90만 명에 이른다. 그러나 그들은 분리된 채 복무했다. 흑인만의 훈련소에서 훈련받고, 별도로 편성된 흑인 연대에 배속됐다. 부내 내에서는 교회와 클럽의 출입이 금지되었다. 게다가 요리나 청소같이 가장 낮은 등급의 직책을 도맡거나 폭발물 및 탄약 처리 같이 가장 위험한 임무가 주어지기도 했다.

아프리카계 미국인 병사들은 전투에서의 가치를 입증할 기회가 올 때마다 놓치는 일이 없었다. 터스키기 공군기지에서 훈련받은 미군 최초의 흑인 비행사들은 총탄으로 찢겨 나간 프랑스와 독일의 하늘에서 백인이 조종하는 폭격기를 엄호하여 명성을 얻었다. 아프리카계 미국인으로 편성된 761 전차 대대는 유럽 전선에서 가장 격렬했던 벌지 전투에서 밀리지 않고 임무를 완수했다. 흑인 여성도 유럽에서 여군 소속으로 복무하며 우편물을 처리하고 백인 여군과 나란히 군사 업무를 담당했다.

루스벨트 대통령이 군대에서의 인종 분리 종식을 끝내 거부하자 미국 전역의 흑인은 충격을 받고 격분했다. 말과 행동이 일치하지 않는 정부의 위선을 많은 이들이 비난했다. 미국은 자유와 민주주의를 위해 싸운다고 주장하면서도 실상은 인종에 따라 공식적으로 분리된 "짐 크로 군대"로 전쟁을 수행하고 있었다.

그러나 아프리카계 미국인이 전쟁에서 거둔 중요한 승리가 하나 있었다. 1941년 여름, 루스벨트 대통령이 정부직이나 국방 산업 고용에서 인종이나 민족에 근거한 차별을 금지하는 행정 명령에 서명한 것이다.

아프리카계 미국인이 기획한 대규모 시위 행렬이 루스벨트의 결정에 영향을 끼쳤을지도 모른다. 그러나 군수 산업에서 통합에 대한 실질적 압력은 철강 공장과 조선소, 항공기 공장, 탄약 공장 등 전쟁 수행에 필요한 무기를 만드는 현장에서 노동력 부족을 호소하며 나오기 시작했다. 남성 인력을 군대에 충당하고 나니, 군수 산업에서는 노동력 보충이 절실한 상황이었다. 그들은 흑인 남성을 고용하기 시작한 데 이어, 백인 여성과 흑인 여성도 고용했다. 전쟁 동안 100만 명에 달하는 아프리카계 미국인이 군수 산업에 고용됐다. 그중 절반 이상이 여성이었다.

그러나 아프리카계 미국인이 군수 산업 지역의 도시로 오자 종종 혐오 범죄와 폭력의 표적이 되고 말았다. 흑인과 백인 사이의 경쟁은 일터에서도 존재했다. 흑인은 분리된 게토에서 살아야 했기 때문에, 붐비는 도시의 거주 공간을 두고 갈등이 일어나기도 했다. 전쟁이 한창이던

1943년. 디트로이트에서 인종 사이의 긴장이 극단으로 치닫고 격렬한 폭동이 일어나 사흘이나 이어졌다. 이 폭동으로 흑인 25명과 백인 9명이 사망했다.

디트로이트의 폭력 사태에 별다른 비판 성명을 내지 않은 루스벨트 대통령과 달리, 전쟁에서 부상을 입은 군인들이 인종적 폭력에 적극적으로 반대하는 입장을 보였다. 그들은 치료 중인 병원에서 그들의 고향 디트로이트에 있는 신문사에 편지를 보내 이번 폭동으로 인해 그들이 무엇을 위해 목숨 걸고 싸운 것인지 의문을 품게 되었다고 말했다. 그들은 "미합중국을 태동시킨 원칙"[2]을 위해서 싸웠고 기꺼이 목숨을 바칠 수 있다고 당당하게 밝혔다. 편지 끝에 그들은 각자의 서명을 남겼다. "흑인 짐 스탠리, 일본인 조 와카마쓰, 중국인 엉 위, 아일랜드인 존 브레넌, 이탈리아인 파울 콜로시, 독일인 돈 홀츠하이머, 폴란드인 요에 보이에호프스키, 유대인 마이크 코언."

종족적 정체성이 뚜렷한 그들의 이름이 모든 것을 말해주고 있었다. 고국의 자유를 향한 전쟁에서도 승리할 필요가 있다는 것을.

중국계 미국인 : 애국심을 분출하다

미국의 참전으로 전국의 차이나타운에서는 애국심이 타올랐다. 육군 최초의 징집자가 중국계 미국인이라는 사실에 뉴욕의 차이나타운에서 흥분한 군중이 목이 쉬도록 환호했다.

중국계 미국인은 미국 사회에서 인정받고자 입대를 원했다. 샌프란

역사에 없는 사람들의 미국사

시스코의 찰리 렁은 당시의 소회를 다음과 같이 털어놓았다. "나 같은 세대의 남자들에게 제2차 세계대전은 우리 시대에서 가장 중요한 역사적 사건이었어요. 생전 처음으로 우리도 미국 사회에서 뭔가 해낼 수 있겠구나 싶었죠."[3]

전쟁으로 중국계 미국 남자들은 차이나타운을 벗어나 군복을 입고 해외로 파병될 기회를 얻었다. 해외의 전장에서 그들은 미국의 위대한 애국군의 일원임을 느꼈다. 어느 참전 군인의 회상에 당시의 벅찬 감정이 잘 담겨 있다. "1940년대에 중국인은 미국인에게 처음으로 친구로 받아들여졌어요. 중국인과 미국인이 일본과 독일과 나치에 맞서 함께 싸웠기 때문이에요. 그런 까닭에 우리는 뜻밖에도 아메리칸드림에 속하게 된 거지요."[4]

중국계 미국인 성인 남자의 5분의 1 이상인 1만 3,499명이 징집이나 자원입대로 참전했다. 한편, 중국계 미국인 노동자는 민간 영역에서 새로운 기회를 찾았다. 그들은 노동 시장에서 중국인이라는 이유로 수십 년 동안이나 제한된 분야의 일을 도맡았다. 주로 식당이나 세탁소가 그들의 일자리였다. 그러나 전시에 노동력이 부족해지자 그들에게도 고임금 일자리를 얻을 수 있는 길이 열렸다. 특히 군수 산업에서 그들의 노동력을 필요로 했다. 로스앤젤레스에서는 세탁 노동자 300명이 세탁소를 닫고 '차이나빅토리호'의 건조에 참여했다. 그들은 군용기 생산 시설에도 고용되었다.

여자들도 남자들과 함께 새로운 취업 분야에 뛰어들었다. 대체로 사무직이 많았지만, 흥미롭게도 1943년 중국계 미국인을 대변하는 신문에서 군수 산업 분야의 중국계 여성에 대한 보도를 실었다. 신문에는 중국계 미국인 여성 최초로 캘리포니아의 군용기 공장에서 B-24 폭격기 조립에 참여하는 여성들과 보스턴의 해군 조선소에서 수습 정비공으로 일하는 앨리스 이크가 소개되었다.

제2차 세계대전은 중국계 이민에 대한 정부의 정책 변화에도 영향을 끼쳤다. 일본의 반미 라디오 방송에서는 미국 내에서 중국인이 인종차별을 받고, 미국법에 의해 중국인의 이민이 제한되고 아시아계 이민자의 시민권 획득이 막혔다는 점을 대대적으로 선전했다. 그러자 이에 자극받은 의회가 중국인의 입국을 막았던 중국인입국금지법을 폐지했다. 의회는 그 대신 중국계 이민에 할당량을 정해두었다. 비록 그 할당량은 1년에 고작 105명으로 보잘것없는 수치에 불과했으나 중국계 미국인은 중요한 승리 하나를 거머쥐었다. 새로운 법에서는 그들도 귀화 시민이 될 수 있던 것이다.

멕시코계 미국인 : 바리오에서 일어서다

스물일곱 살의 멕시코계 미국인 알렉스 로만디아는 할리우드에서 스턴트맨으로 일하다 일본의 진주만 공습 소식을 접하고, 유대인 친구 몇 명과 함께 육군에 지원했다. 그가 인터뷰에서 밝힌 지원 사유는 이렇다. "우리 모두 앵글로보다 더 미국인답다는 걸 스스로 입증해야 했어요."[5]

멕시코계 미국인 50만 명이 입대했다. 모두 269만 명에 이르는 멕시코계의 거의 5분의 1에 달하는 수다. 그들이 비록 멕시코에 강한 유대감을 형성하고 있다고는 해도, 이제 미국이 그들의 조국이라는 점을 증명

할 방법이 필요했다. 많은 이들이 군 복무를 그 한 가지 방법으로 인식했던 것이다.

멕시코계 미국인 병사들은 큰 희생을 치렀지만 뛰어난 무공을 세워 명성을 떨쳤다. 그 가운데 가이 루이스 가발돈은 두드러지는 무공으로 훈장을 받았다. 그는 로스앤젤레스 동부의 바리오에서 자라 일본계 가족과 친분을 쌓고 그들에게서 일본어를 배웠다. 전쟁이 일어나자 그 가족은 수용소로 보내졌다.

가발돈은 열일곱 살에 해병대에 입대하여 태평양 전선에 참전했다. 사이판섬 전투 첫날, 그는 일본군 서른세 명을 죽였으나 양심의 가책을 느껴 살아남은 일본군에게 항복을 설득하리라 다짐했다. 당시 일본군은 자국 해군과 차단된 채 포위된 상황이었다. 그는 단독으로 행동에 나서 일본군 여섯 명을 사로잡아, 그중 세 명에게 다른 병사를 데려오지 않으면 나머지 세 명을 사살하겠다고 말했다. 불과 일곱 시간 안에, 가발돈은 일본 병사 800명을 포로로 사로잡았다.

멕시코인은 국내 전선에서도 중요한 기여를 했다. 농장 노동력의 수요가 늘어나자 연방 정부는 이에 맞추기 위해 멕시코에서 브라세로bracero라 불리는 계절 노동자를 일정 기간 들어오게 하는 프로그램을 실시했다. 1947년까지 약 20만 명의 브라세로가 이 프로그램으로 미국에서 일했다.

도시의 멕시코계 미국인도 흑인과 마찬가지로 군수 산업에서 일했다. 1941년만 해도 로스앤젤레스의 조선소에 고용된 멕시코계 미국인의 수는 전혀 없었으나 1944년에 1만 7,000명으로 늘었다. 여성 수천명은 드릴링과 항공기 조립을 익혀 금속 재료를 결합하는 리벳공으로 일했다.

멕시코계 미국인에게 군수 산업에서 일한다는 것은 애국심을 표현하는 동시에 개인적으로 성장하는 기회이기도 했다. 현장에서 기술을 익히고 사회성도 배우면서 자신감이 커지고 시야가 넓어졌다. 군수 공장에서 일했던 안토니아 몰리나는 관용에 눈뜨게 된 순간을 떠올렸다.

하루는 흑인 노동자 몇 명이 우리 공장에 도착했다. 첫날부터 백인 노동자 몇 명은 그들에게 인사말조차 건네기를 단호히 거부했다. 다음 날, 우리 멕시코 여자 몇 명이 점심 자리에 흑인 여자들을 불러와 같이 앉았다. 우리는 차별 당한다는 게 무엇인지 너무도 잘 알기 때문에 그리 한 것뿐이다. 그 주가 막바지에 이를 즈음에는 백인 노동자 몇 명도 점심 식사에 우리와 동석했다. 우리는 전쟁에서 이기려면 차이 따위에는 무던해져야 한다는 점을 이내 깨달았다.[6]

북미 원주민 : 백인의 전쟁에서 싸워야 하는 이유는?

전쟁이 일어나자, 젊은 인디언들은 '백인의 전쟁'에 뛰어들어야 하는 이유에 의문을 품었다. 1607년 제임스타운에 첫 영국 이주민들이 발을 디딘 이후 북미 원주민은 그들에게 줄곧 땅을 빼앗기며 살았는데, 왜 미군에 입대해야 한단 말인가?

그런데도 많은 북미 원주민이 전쟁에 뛰어들었다. 특히 나바호족에서 입대가 많았다. 보호 구역에서 살다가 제2차 세계대전으로 입대한 인디언 가운데 거의 5분의 1이 나바호족이었다.

인디언들은 애국심과 긍지에 이끌려 입대했다. 레이먼드 나카이는 나바호족이 입대하려는 이유가 무엇이냐는 물음에 이렇게 대답했다. "미국인이라서 자랑스럽다는 게 우리의 대답이다. 우리가 북미 원주민이라는 사실에 자부심을 느낀다. 나라가 우리를 필요로 할 때 우리는 언제든 준비가 되어 있다."[7]

그러나 또 다른 이유가 더 있었으니 바로 빈곤이었다. 제2차 세계대전 즈음, 연방 정부가 나바호족 보호 구역의 가축을 줄이기 위해 실시한 프로그램으로 인디언은 점점 가난해진 채 임금에 의지해 살았다. 나바호족의 연간 평균 소득은 128달러 수준이었는데 그중 5분의 2가 임금 소득으로, 그마저도 대부분 정부 사업에 임시로 고용돼 얻은 수입이었다. 젊은 인디언들은 군 복무가 그들의 삶을 개선할 수 있는 기회라고 여겼다.

한편 나바호족에게는 다른 데서 찾아볼 수 없는 독특한 기술이 있었으니, 이 기술로 전시에 그들의 중요성은 더욱 커졌다. "나바호족의 고유 언어 때문에 해병대에서 우리를 신병으로 받아들였습니다. 해병대는 전쟁 중에 메시지를 전달할 때 우리가 쓰는 말을 사용하는 걸 선호합니다."[8] 코지 스탠리 브라운은 어느 인터뷰에서 이렇게 밝혔다.

영어와 부족 언어 모두 능통한 나바호족은 '암호병'으로 훈련받을 수 있었다. 나바호족의 어휘에서 나는 소리는 그 언어를 모국어로 쓰는 사람만 알아들을 수 있었으며, 동사 형태가 매우 복잡해서 그 언어를 어려서부터 접하며 자란 사람만이 제대로 구사할 수 있었다. 그 때문에 일본군은 나바호족 언어를 알아듣기는커녕 흉내 낼 수도 없었다. 미군은 나바호족 언어를 "해독 불가능한 암호"[9]라 부를 정도로 감탄해 마지않았다.

1945년, 나바호족 암호병은 태평양 전선에서 가장 중요한 전투에 참가했다. 바로 이오지마 상륙작전이다. 이오지마 상륙 첫 이틀 동안 암호병들은 800건의 암호를 실수 하나 없이 보내며, 밤낮을 가리지 않고 싸웠다. 그 전투에서 암호병 네 명이 목숨을 잃었다. 하워드 코너 소령은 그 공로를 높이 기렸다. "나바호족이 없었다면 해병은 이오지마를 결코 점령하지 못했을 것이다."[10]

그러나, 종전 후 나바호족을 비롯한 북미 원주민은 전쟁에서 입은 신체적, 정신적 상처를 안고 보호 구역으로 돌아왔다. 게다가 보호 구역의 경제 상황은 개선되지 않은 채 그대로였다. 전쟁이 끝나고 1년 후, 나바호족 보호 구역의 남자가 버는 1년 평균 소득은 100달러가 채 안되었다.

나바호족은 자신들이 부족 고유의 언어로 인정받았다는 사실에서 모순을 느꼈다. 한때 정부는 나바호족이 그들 고유의 언어를 쓰지 못하게 막기도 했었다. 테디 드레이퍼 시니어가 그 사실을 증언했다. "제가 기숙학교에 다닐 때만 해도 미국 정부는 나바호 말을 금지했어요. 그런데 전쟁이 터지니 나바호 말을 쓰라고 하더군요!"[11]

유대계 미국인 : 대학살에 직면하다

히틀러가 독일의 권력을 잡은 1933년, 미국에는 450만 명의 유대인이 살고 있었다. 그들은 나치즘의 만행에서 안전했으나 이내 고통스러운 문제에 직면했다. 유럽에서 벌어지는 비극에 유대인으로서 어떻게 대응해야 할 것인가? 독일의 반유대주의와 유대인 박해는 제2차 세계대전이 터지면서 특정 종족을 조직적으로 없애려는 계획, 이른바 집단 학살로 치닫고 있었다.

1930년대 내내 독일에 있는 유대인의 상황은 지속적으로 악화되었으나, 대다수 미국인은 독일계 유대인이 더 많이 미국으로 들어올 수 있게끔 이민자 한도를 완화하자는 목소리에 반대하는 입장이었다. 어느 여론 조사에 따르면, 미국인 가운데 66퍼센트는 정부가 독일에서 위험에 빠진 유대인 어린이를 들이는 것조차 원치 않았다.

루스벨트 대통령과 미국 정부가 세인트루이스호를 외면하자, 미국의 유대인은 깊은 좌절에 빠지고 말았다. 그 배에는 나치 독일에서 탈출한 독일계 유대인이 무려 900명이나 타고 있었던 것이다. 미국에서 유대인은 성실한 시민이었다. 이름난 유대계 미국인 단체는 물론 유대인 다수가 처음에는 이민법에 예외를 두어서는 안 된다는 입장이었다. 그러나 독일의 유대인이 끔찍한 운명을 맞이하고 있다는 사실이 명확해지자, 그들을 난민으로서 미국에 입국시켜야 한다는 목소리가 점점 커졌다.

미국의 참전 1년 후인 1942년, 히틀러의 강제 수용소와 학살, 그리고 마침내 '유대인 문제'°를 완전히 끝장내기 위한 대학살 계획이 미국 정부와 유대계 지도자들의 귀에도 들어갔다. 대통령은 상황이 그렇게

○ 유대인이 고대부터 현대에 이르기까지 겪어온 편견·차별·박해 등을 둘러싼 국제적 문제의 총칭.

나빠지는데도 유럽의 유대인을 돕는 길은 전쟁에서 승리하는 것뿐이라고 선언했다. 그는 유대인을 난민으로서 미국에 들이는 것이 내키지 않았다.

루스벨트는 결국 1944년이 되어서야 전쟁 난민 대책위를 지정해 추축국이 벌인 범죄의 희생자를 구할 계획을 세우도록 지시했다. 구출된 희생자는 북아프리카에 수용할 계획이었다. 미국에 올 수 있는 인원은 1,000명에 불과했다. 한편, 나치의 죽음의 수용소인 아우슈비츠에서는 매일 1만 2,000명이 목숨을 잃었다. 1945년 6월, 연합군이 독일을 패배시키고 수용소를 해방시킬 무렵에는 홀로코스트로 알려진 집단 학살로 이미 600만 명의 유대인이 희생되고 말았다.

홀로코스트로 인해 유대계 미국인은 더욱 적극적으로 시오니즘에 매달렸다. 시오니즘은 유대인이 그들의 나라를 가져야 한다는 사상적 운동이었다. 재미시온단Zionist Organization of America의 회원은 1929년 1만 8,000명에서 1939년 5만 2,000명으로, 1945년에는 13만 6,000명으로 가파르게 증가했다.

1947년 유엔총회에서는 중동 국가 팔레스타인을 두 나라로 나눠 하나는 아랍 국가로 나머지 하나는 유대 국가로 하자는 계획을 표결에 부쳤다. 장차 유대인의 새로운 조국인 이스라엘의 탄생이 임박한 순간이었다. 그 이듬해, 해리 트루먼 대통령은 신생 국가 이스라엘을 인정하는 문서에 서명했다.

또 다른 홀로코스트, 히로시마

트루먼은 루스벨트 정부의 부통령이었다. 루스벨트의 갑작스러운 사망으로 1945년에 대통령직을 물려받아, 그 몇 달 후 제2차 세계대전이 끝날 때 미국을 이끌었다.

당시의 많은 미국인이 그랬듯이, 트루먼도 기만적인 진주만 공습에 분노해 복수심에 사로잡혔다. 태평양에서 벌어진 충돌은 인종 혐오에 기인해 더 격렬한 양상을 보이기도 했다. 미군과 언론은 일본인이라는 적을 인간 이하의 짐승이나 다름없는 존재로 묘사했다. 트루먼의 견해도 이와 다르지 않았다. 트루먼은 1945년의 일기에 "무자비한 미치광이 야만인, 일본놈들"[12]이란 표현을 쓰며 혐오를 드러냈다. 그는 태평양 전쟁에서 수용할 수 있는 유일한 결과는 일본의 완전하고 무조건적인 항복뿐이라고 믿었다.

1945년, 트루먼은 그런 수준의 항복을 받아내기에 충분한 괴력을 지닌 수단을 손에 넣었다. 과학과 군사 분야의 사업인 맨해튼 프로젝트가 핵폭탄 개발이란 임무를 성공적으로 완수하며 마무리되었다. 트루먼이 제안한 무조건적인 항복을 일본이 거부하자, 미국은 두 개의 폭탄을 일본의 히로시마와 나가사키 두 도시에 떨어뜨렸다. 이 둘이 이제껏 전쟁에서 사용된 유일한 핵폭탄이었다.

두 도시와 수십만 명이 한순간에 재로 사라지고 나서야, 일본은 일왕제를 유지하게 해달라는 한 가지 조건을 내걸고 항복에 동의했다. 세 번째 폭탄만은 떨어뜨리기를 원치 않던 트루먼은 이 조건을 받아들였다. 마침내 전쟁이 끝났다.

제2차 세계대전은 미국과 연합국 측의 승리로 끝났다. 그러나 미국의 소수 집단의 입장에서 보면, 편견에 맞선 투쟁에서의 승리는 아직 쟁취하지 못한 상태였다. 아프리카계 미국인 역사가 W. E. B. 듀보이스의 말을 빌자면, 전쟁은 "백인뿐만 아니라 황인, 갈색인, 흑인의 민주주의를 위한"[13] 투쟁이어야 했다.

이중의 승리

미국이 참전하고 몇 주가 지난 뒤, 캔자스의 젊은 흑인이 해외에서 뿐만 아니라 국내에서도 민주주의를 위해 싸우자고 흑인을 고취하면서, 이내 전국을 휩쓴 운동에 큰 영감을 불어넣었다.

당시 스물여섯 살이던 제임스 G. 톰프슨은 군용기 공장의 간이 식당에서 일하고 있었다. 1942년 1월 31일, 아프리카계 미국인을 대변하는 신문인 《피츠버그쿠리어》는 "'반쪽 미국인'으로 살기 위해 희생해야 하는가?"[14]라는 제목으로 알려진 그의 편지를 실었다. 다음은 톰프슨이 쓴 편지의 내용이다.

편집자에게,

참된 미국인이라면 모두 그렇듯이, 우리 역사의 중대 분기점이 될 이 시기에 나의 가장 큰 바람은 오늘날 우리의 존재를 위협하는 악의 세력에 철저히 승리하는 것입니다. 그 바람의 뒤편에는 또한 이 나라 나의 조국에 가장 이로운 방식으로 국민의 도리를 다하고픈 바람이 있습니다. 우리의 지도자 대부분이 최고의 목표인 승리를 위해, 우리가 품고 있는 모든 야망을 희생하자고 말하고 있습니다. 나도 여기에 동의합니다. 그러나 또한 바로 이 시기에 다른 승리는 과연 거둘 수 없는 것인지 묻고자 합니다. …

피부색이 어두운 스물여섯 살의 미국인으로서, 다음의 질문들이 뇌리를 스치고 지나갑니다. "'반쪽 미국인'으로 살기 위해 내 목숨을 희생해야 하는가?", "이후에 평화가 찾아오면 다음 세대의 삶은 더 나아질 것인가?", "내 목숨을 희생하는 대가로 완전한 시민권을 보장해 달라고 한다면 지나친 요구일까?", "내가 아는 미국은 과연 지킬 가치가 있는 나라인가?", "이 전쟁이 끝나면 미국은 참되고 순수한 민주주의 국가가 될 것인가?", "미국의 유색인은 과거부터 쌓여온 굴욕을 여전히 감수하고 살게 될 것인가?"…

"승리의 V" 사인이 억압과 예속과 폭정에 맞서 승리를 위해 싸우는, 소위 모든 민주주의 국가에서 주목을 끌며 내걸리고 있습니다. 이 V 사인이 지금 이 거대한 투쟁에 가담한 이들에게 그런 의미라면, 미국의 유색인에게는 이중의 승리를 상징하는 이중의 VV를 사용하게 하도록 합시다. …

첫 번째 V는 외부의 적에 맞선 승리를 상징하며, 두 번째 V는 우리 내부의 적에 맞선 승리를 상징합니다. 이토록 추한 편견을 가진 자국민들은 분명 추축국 세력 못지않게 우리 정부의 민주적 틀을 파괴하려 꾀하고 있습니다. …

앞서 말한 물음에 대한 답으로, 나는 이렇게 말할 수 있습니다. 이 나라는 의심의 여지 없이 지킬 가치가 있다고, 다음 세대에는 상황이 달라질 것이라고, 미국의 유색인은 인정받을 것이라고, 그리하여 마침내 미국은 원래 되고자 했던 진정한 민주주의에 도달할 것이라고 말입니다. 이윽고 때가 되면 이 모든 일이 실현될 것입니다. 그러나 그 모든 것을 지키려는 노력을 조금이라도 게을리하면 결코 이룰 수 없습니다.

이런 물음들이 나의 뇌리에 종종 스며든다고는 해도 나는 미국을 사랑하며 언젠가 현실이 될, 내가 아는 바로 그 미국을 위해 기꺼이 목숨 바칠 것이라는 말로 끝을 맺고자 합니다.

제임스 G. 톰프슨

《피츠버그쿠리어》가 톰프슨의 발상을 더블 V 캠페인double V campaign
으로 전환시키자, 더블 V를 다룬 기사 수십 건이 《피츠버그쿠리어》외
에 다른 흑인 신문에도 등장했다. 더블 V 동호회가 활동하게 되고 장식
용 핀 같은 홍보 물품이 나오면서, 민주주의를 수호하기 위해 타지에서
싸우는 아프리카계 미국인이 그들의 모국에서 완전한 평등을 누릴 가치
가 있다는 믿음이 퍼지는 데 기여했다.

승리를 축하하는 백인 군중. 뉴욕, 1945년.

15
변화의 목소리

　미국의 인종·민족·종교적 소수 집단은 제2차 세계대전이 벌어지는 동안 유럽과 태평양 전선에서 국가의 적에 맞서 싸웠다. 이제 그들은 국내에서 또 다른 전쟁에 직면했으니, 바로 차별과의 전쟁이었다. 전쟁을 계기로 변화를 요구하는 목소리가 터져 나왔다. 전후 수십 년 동안, 대통령 결정과 새로운 법이 쏟아져 나와 미국의 인종적·민족적 소수 집단이 처한 환경에 변화를 일으켰다. 그 결과 미국은 사회적으로 모두를 위한 정의에 한 발자국 가까워질 수 있었다.

　그 첫 번째 변화는 1948년에 일어났다. 전쟁이 끝난 지 3년이 되도록, 미군은 여전히 인종에 따라 분리된 채 운영되고 있었다. 흑인 민권 운동가이자 노동운동가인 A. 필립 랜돌프는 군대 내 차별을 끝내라고 요구해 온 사람으로서 이 상황을 용납할 수 없었다.

　랜돌프는 트루먼 대통령을 공식적으로 만나 미군에서 흑인과 백인의 동등한 권리와 대우를 요구했다. 그는 흑인에게 평등을 보장하지 않고 싸우게 하는 행위의 부당함을 지적하고 명확히 밝혔다. "흑인이 여기 본국에서 민주주의를 거부당하는 한, 그들은 해외의 민주주의를 위해 총대를 멜 의사가 없습니다."[1] 트루먼은 아프리카계 미국인의 대대적인 저항을 의식해, 군대 내 모든 구성원에게 동등한 대우와 기회가 주어지도록 하는 행정 명령을 내렸다.

일본계 미국인, 목소리를 높이다

제2차 세계대전이 발발하기 전 캘리포니아에 살던 다른 일본인과 마찬가지로, 가지로 오야마와 고히데 오야마도 전쟁 중에는 미국 정부의 수용소에서 억류 생활을 했다.

오야마 가족은 수용소에서 풀려난 후 캘리포니아로 돌아와 주가 입법한 1913년 외국인토지소유제한법을 심판해 달라고 법원에 요청했다. 이 법에 따르면 그들은 비백인으로서 시민이 될 수 없었기 때문에 자기 명의의 토지를 소유할 수 없었다. 오야마 가족은 미국에서 태어나 시민이 된 아들 명의의 토지가 있었으나, 수용소에 억류되어 있는 동안 주에서 토지를 압류하려 했다.

오야마 가족은 이 소송을 미연방대법원까지 이어갔다. 1948년에 법원은 캘리포니아주가 오야마 가족의 땅을 압류하려고 하는 과정에 불법 행위가 있었다고 판결했다. 프랭크 머피 판사는 캘리포니아주의 외국인토지소유제한법이 "명백한 인종차별"[2]이라고 밝혔다. 이로써 1952년에 캘리포니아주의 대법원이 외국인토지소유제한법을 위헌이라 선언하기에 유리한 여건이 마련되었다.

그 무렵, 미국은 다문화 역사상 중요한 이정표가 될 또 다른 조치를 통과시켰다. 일본계 참전 군인이 포함된 단체가 로비 활동을 벌이며 압력을 넣자, 의회는 1952년에 '백인' 이민자만 미국 시민이 될 수 있다고 규정한 1790년 귀화법을 폐지하기에 이르렀다. 이제 모든 이민자가 피부색에 구애받지 않고 시민권을 얻을 자격이 생겼다.

1965년까지 약 4만 6,000명의 일본계 이민자가 미국 시민으로서 의무를 다하겠다고 선서했다. 수십 년을 미국에 살면서 나이가 지긋해지도록 시민으로 인정받지 못한 사람들이 많았다. 그 가운데 기오카 니에다가 기쁜 마음을 시에 담았다.

한눈팔지 않고 영어 배우러 다녔지,
깜깜한 밤, 세찬 비를 뚫고서 말이야,
그런 노력으로,
인생 늘그막에,
미국 시민권을 얻는구나.[3]

그런데 일본계 미국인에게는 여전히 잠들지 않고 떠도는 망령이 하나 더 남아 있었으니, 바로 제2차 세계대전 동안 벌어진 대규모 강제 수용의 기억이었다. 일본계 미국인은 오랜 세월 동안 침묵 속에 그 짐을 안고 살았다. 그러나 1970년대가 되자, 일본계 3세대가 침묵을 깨기 시작했다. 그들은 어른들에게 물어 전쟁 중에 겪은 일을 알아내고 수용소로 향하는 순례단을 조직했다.

일본계 미국인은 의회에 청문회를 열어 그들의 목소리에 귀 기울여 달라고 요구하기 시작했다. 청문회가 열리고 그 결과, 의회는 강제 수용을 공식적으로 사과하고 생존자에게는 각각 2만 달러의 보상금을 지급하는 법안을 1988년에 통과시켰다. 로널드 레이건 대통령은 법안에 서명하는 자리에서 미국 정부가 심각한 잘못을 저질렀음을 인정했다. 레이건은 일본계 미국인이 전쟁 동안 국가에 "절대적으로 충성"했음을 짚고 강제 수용을 "미국사의 슬픈 사건"[4]이라 언급했다.

멕시코계 미국인, 바리오에서 저항하다

저항의 바람은 멕시코계 미국인이 모여 사는 지역, 바리오에도 몰아쳤다. 전쟁이 끝난 후, 중남미계 이주민과 그 후손인 히스패닉은 그 어느 때보다 마음의 상처가 컸다. 식당과 상점을 비롯한 업소에서 그들을 백인 고객과 동등한 고객으로 맞이하기를 거부했기 때문이다. 전쟁 중에 국방 분야에서 일을 했던 후아나 카우디요는 하소연했다. "전쟁에서 이기려고 그토록 열심히 일했는데도 이런 수모를 당하고 나니, 우리 모두 그 부당함을 통감했다."[5]

참전하고 돌아온 멕시코계 미국인들은 본국에서의 차별에 맞서 승리하자고 결의했다. 1948년, 그들은 텍사스의 코퍼스크리스티에 GI 포럼이라는 민권 단체를 세웠다. GI 포럼은 회원 수가 빠르게 늘기 시작해 불과 일 년 안에 23개 주에 100개가 넘는 지부를 갖추었다. GI 포럼의 회원들은 히스패닉에게 고용 차별을 일삼는 어느 기업을 대상으로 불매운동을 조직하고, 학교에서는 영어와 스페인어로 수업을 하는 이중언어 교육을 요구했다.

전쟁을 계기로 멕시코계 미국인도 변했고 일부는 적극적인 사회 운동가로 거듭났다. 세사르 차베스는 참전 군인으로 파시즘에 맞서 싸우고 귀국해, 농장 노동자의 권리를 위한 투쟁에 헌신했다. 그는 편견에 맞서는 한편 농업 노동에 종사하는 멕시코계 미국인이 제대로 된 임금을 받도록 하는 것을 사명으로 여겼다. 미국이 소비하는 포도와 잎채소는 캘리포니아를 비롯한 여러 주에서 일하는 멕시코계 노동자의 땀으로 수확한 것이었다.

여성의 마음도 변화를 꿈꾸는 멕시코계 미국인의 바람과 같았다. 그 가운데 한 명이 여성의 바람을 들려주었다.

우리의 젊은 남자들은 전쟁을 마치고 고향에 돌아와 더는 2등 시민으로 취급받는 걸 원치 않았다. 우리 여자들도 여성의 사회적 지위에 관해서라면 시계를 과거로 되돌려 전쟁 전으로 돌아가고 싶지 않았다. 전쟁은 우리가 사회적으로나 경제적으로나 독립할 수 있는 전례 없는 기회를 안겨준 셈이다. 그리고 우리는 이제 단지 전쟁이 끝났다고 이 경험을 포기하고 싶지는 않았다. 우리도 우리 사회에서 1등 시민이 되고 싶었다.[6]

멕시코계 미국인은 차별에 맞서 싸우기로 의지를 모으고, 우선 교육에서 인종에 따른 분리 관행을 멈추고자 했다. 학생을 인종에 따라 구분된 학교나 교실에 배치하는 것이 당시 교육 현장의 일반적인 모습이었다. 1946년, '멘데스 대 오렌지카운티 웨스트민스터 학교구 소송Mendez v. Werstminster School Disctrict of Orange County'에서 남캘리포니아의 미연방항소법원은 학교에서 멕시코계 학생을 분리하는 행위는 수정헌법 제14조에 보장된 대로 그들이 법에 따라 동등하게 보호받을 권리를 침해한다고 판결했다. 이 승리의 영향은 멕시코계 미국인 사회의 범위를 뛰어넘는 것이었다. 이를 계기로 캘리포니아의 학교구가 중국계와 일본계, 그리고 인도계 아이들을 분리해 교육하도록 한 법이 폐지되었다.

민권 운동의 시작

멘데스 소송으로 미연방대법원의 역사적인 1954년 판결이 나올 수 있는 여건이 마련되었다. '브라운 대 교육위원회 소송Brown v. Board of Education'으로 알려진 소송에서 대법원은 학교에서의 인종 분리가 위헌이라고 판결했다. 이 판결은 미국의 모든 공립학교에 적용되었다. 인종에 따른 분리는 장차 동등한 기반 위에 여러 인종이 한데 어우러져 교육받는 통합에 자리를 내주게 되었다.

전미유색인지위향상협회는 이미 연방대법관 앞에서 인종 분리에 반대하는 주장을 펼친 바 있었다. 협회는 이 판결을 두고 모든 미국인의 승리이자 미국이 자유세계의 지도자 될 자격이 있음을 보여주는 신호라며 환영했다. 당시 이 협회의 변호사로서 훗날 미연방대법원 최초의 흑인 대법관이 된 서굿 마셜은 제2차 세계대전에서 아프리카계, 그리고 일본계 군인이 보여준 용맹과 애국심이 있었기에 이제 미국인이 흑인과 아시아계 시민을 백인과 동등한 존재로서 존중해야 할 날이 올 것이라 확신했다.

그러나 대법원이 학교에서의 인종 통합을 법으로 규정했다고는 해도, 통합은 여전히 문서상의 판결에 그치고 있었다. 미국의 학교구에서 법원의 판결을 완전히 실행에 옮긴 것은 그로부터 몇 년이 더 지난 뒤였다. 그러는 사이에 변화의 압력은 법원이 아닌 민권 향상을 염원하는 민중의 운동에서 나오기 시작했다.

민권 운동의 시작을 알리는 사건이 1955년 앨라배마주 몽고메리에서 일어났다. 아프리카계 미국인 로자 파크스가 시내버스에서 백인에게 자리 양보를 거부하자 경찰에 체포된 것이다. 남부의 공공 버스에서 분리 정책에 도전한 것은 파크스가 처음은 아니었다. 이런 방식으로 차별에 저항한 사람이 더 있었으며 그중에는 십 대들도 끼어 있었다. 그러나 파크스의 체포는 커다란 저항의 도화선이 되어, 이 도시의 흑인들이 버스 승차 거부 운동을 벌이기 시작했다.

이때 마틴 루서 킹 주니어라는 젊은 목사가 시위를 조직했다. 킹은 몽고메리 주민의 반 이상이 흑인이면서도 그들 대부분의 직업이 가사 노동이나 단순노동직에 한정되고, 학교와 버스에서는 모두 분리되어 둘러 막힌 현실을 목격했다. 버스 승차 거부 운동에서 그가 보여준 고무적인 지도력에 힘입어 그는 남부 전역에서 구체화되고 있던 민권 운동의 지도자로 우뚝 서게 되었다.

"나에게는 꿈이 있습니다."

민권 운동가들은 직접 행동으로 인종 분리에 도전했다. 노스캐롤라이나주의 그린즈버러에서 시작된 연좌 운동sit-ins이 대표적인 예다. 흑인

백인 전용 식당에서의 연좌시위. 플로리다주 세인트피터즈버그, 1960년.

대학생들이 '백인 전용' 편의점의 간이 식당에서 음식 주문을 거부당하자 자리를 차지하고 앉으면서 직접 행동으로 나섰다. 학생비폭력조정위원회Student Nonviolent Coordinating Committee : SNCC라는 단체의 주도 아래 같은 성격의 연좌 운동이 수십 개 도시에서 벌어졌다.

이런 행동의 결과는 간이 식당에서의 분리를 끝낸 것으로 그치지 않았다. 행동에 참가한 젊은이들 사이에는 자긍심과 자기 존중을 크게 높이는 효과가 있었다. 어느 흑인 학생은 당시에 느낀 긍지를 드러냈다. "식당에서의 인종차별을 내가 없앴다. 다른 누구도, 어느 거물도, 권력

좀 있다는 그 누구도 아닌 나, 보잘것없는 내가 해냈다. 내가 시위행진에 가담하고 연좌 농성을 하니 인종 분리의 장벽이 무너져 내렸다. 이제 모든 사람이 거기서 먹을 수 있다."[7]

인종평등회의Congress of Racial Equality : CORE가 주도하는 "프리덤 라이드Freedom rides" 즉, 자유 승차 운동이 그 뒤를 이었다. 버스를 타고 남부를 돌며 시위를 벌인 이 시민 불복종 행동에서, 흑인과 백인 민권 운동가들은 대담하게도 함께 버스를 타고 남부의 버스 터미널에 들어섰다. 그들은 도착한 곳에서 버스 밖으로 내쫓기고 텔레비전 카메라가 지켜보는 앞에서 인종차별에 물든 백인 폭도에게 심하게 구타당하기도 했다. 그런 일련의 사태 속에서 미시시피의 흑인 민권 운동을 주도하던 메드거 에버스가 1963년 살해당하고 말았다.

그해 여름에는 유명한 워싱턴 행진이 있었다. 20만 명이 만인의 평등을 요구하며 수도 워싱턴 D.C.에 모였다. 군중이 운집한 곳은 다름 아닌 링컨 기념관 앞이었다. 한 세기 앞서 게티즈버그 연설을 하고 노예 해방선언으로 노예들에게 자유를 안겨준 대통령을 기리는 바로 그 기념관 앞이었다. 마틴 루서 킹 주니어는 행진에 참가한 민중에게, 국가에게, 그리고 전 세계에 미국의 자유를 향한 그의 이상을 들려주었다.

백 년 전, 한 위대한 미국인이 노예 해방 선언을 했습니다. 지금 우리가 자리한 곳은 그의 그림자가 드리운 상징적인 자리입니다. … 나의 벗인 여러분에게 말씀드립니다. 고난과 좌절의 순간에도 나에게는 여전히 꿈이 있다고. 그것은 아메리칸드림에 깊이 뿌리내리고 있는 꿈입니다. 나에게는 꿈이 있습니다. 언젠가 이 나라가 일어나 "모든 인간은 평등하게 태어났다는 것

을 자명한 진리로 받아들인다"는 신조의 참된 의미를 실현하는 날이 오리라는 꿈입니다.[8]

흑인과 유대인의 연대

워싱턴 행진의 연설자 중에는 요아힘 프린츠도 있었다. 프린츠는 유대인의 종교적 지도자인 랍비로서 나치 독일의 죽음의 수용소에서 생존한 인물이다. 그는 운집한 군중에게 인종적 불평등에서 가장 절박한 문제는 혐오나 편견이 아니라고 말했다. 문제는 바로 침묵이었다. 그는 불의를 목격하고도 아무것도 하지 않는 방관자야말로 불의가 지속되도록 인정하는 것이므로 도덕적으로 유죄라고 경고했다.

워싱턴 행진에 프린츠가 동참했다는 것은 여러 인종이 어우러진 민권 운동에서 아프리카계 미국인과 유대인이 연대했음을 일러주는 사실이다. 행진 참가자와 시위대는 "흑인과 백인이 함께라면 우리 언젠가 승리하리라"며 노래했고, 실제로 백인도 이 운동에 참여했다. 그런 백인 가운데 반 이상이 유대인이었다. 민권 운동을 지지하는 유대인은 프리덤 라이드와 같은 행동에 가담하는 것 말고도 NAACP와 SNCC, CORE, 킹이 이끄는 남부기독교지도자회의Southern Christian Leadership Conference에 재정적 지원과 법률 자문을 제공했다. 1964년 여름, 흑인 유권자 등록을 위해 활동하던 민권 운동가 세 명이 미시시피에서 살해되었다. 희생자인 제임스 체니는 아프리카계였으며, 앤드루 굿맨과 마이클 슈워너는 유대계였다.

미시시피행 버스 안의 프리덤 라이더들. 1961년.

유대계 미국인으로서 그들 자신이나 부모가 러시아에서 겪은 박해와 폭력의 기억 때문에 아프리카계 미국인을 위한 정의의 성전에 동참한 사람도 있었다. 그들은 인종차별과 반유대주의가 서로 다를 바 없으며, 흑인과 유대인 모두 차별을 끝냄으로써 이룰 것이 많다고 보았다.

그러나 흑인–유대인 연대는 민권 운동의 관심이 남부의 식당과 버스 정거장에서 북부의 도시로 옮겨가면서 균열이 생기고 말았다. 유대인과 북부 도시의 흑인 사이의 경제적·계급적 간극이 두 집단을 갈라놓기에 이른 것이다.

뉴욕의 할렘과 로스앤젤레스의 와츠 같은 흑인 거주지에 있는 상점

역사에 없는 사람들의 미국사

의 30퍼센트는 유대인 소유였다. 인종 폭동 당시 흑인은 남들과 같이 유대인 소유의 상점을 약탈했다. 게토에 사는 다수의 흑인은 자기 집의 주인이 유대인이라는 사실을 알고 나서는, 유대인 집주인이 흑인 세입자를 착취하는 현실에서 흑인이 유대인과 공조할 수 있는지 의문을 품었다.

두 집단의 분열을 더 깊숙이 파고 들어가 보면, 각자 평등에 대한 상이 달랐다. 민권 운동은 통합을 통해 흑인의 평등을 찾는 투쟁의 성격으로 시작했다. 그 성공의 여부는 인종에 대한 동등한 대우로 가려졌다. 처음에는 학교와 식당에서, 버스 정거장에서, 그리고 투표와 직업에서의 동등한 기회로.

하지만 1960년대 중반부터 스토클리 카마이클과 맬컴 엑스 같이 젊고 호전적인 흑인이 나타나 '블랙 파워Black Power'라는 구호를 외치기 시작했다. 그들은 흑인이 인종으로 똘똘 뭉쳐 스스로의 운명을 결정해야 한다고 믿었다. 그들은 흑인 해방을 위한 이 운동에 백인이 들어설 자리는 없다고 여겼다. 그리고 백인에는 유대인도 포함되었던 것이다.

그럼에도 불구하고, 흑인과 백인이 함께 어우러진 민권 운동으로 일군 중요한 승리가 있었다. 1964년과 1965년에 의회와 린든 존슨 대통령은 잇따라 다음과 같은 내용의 법을 통과시키고 행정 명령을 승인했다. 이 과정에서 나온 조치는 호텔과 버스 등 공공 편의시설 내 차별 금지, 동등한 고용 기회의 촉진을 위한 위원회 설립, 흑인의 투표를 방해할 의도로 시행되는 문해력 시험 같은 장애물 제거, 연방 정부의 일을 하는 기업이 소수 집단 출신을 채용하는 데 각별한 노력을 기울이도록 요구할 것 등을 골자로 했다. 이러한 변화의 결과는 달라진 미국이었다. 이제 차별이 법과 사회적 관습 망에 엮이지 못할 근거가 마련된 것이다.

경제적 불평등

그렇다고는 해도 아프리카계 미국인이 직면한 그 모든 문제가 민권 운동으로 해소된 것은 아니었다. 법과 법원의 판결로 차별이 공식적으로 금지되었지만 빈곤마저 몰아낼 수는 없었다. 아프리카계 미국인은 식당에 앉아 햄버거를 주문할 권리는 찾았으나 그럴 돈조차 없는 것이 현실이었다. 게다가 고용과 임금, 승진에서 고용주가 인종적 차별을 드러내는 행위가 불법으로 규정되었다고는 해도, 흑인을 위한 일자리 자체가 매우 드물었다.

1965년에 일어난 와츠 폭동은 흑인이 느꼈을 분노와 좌절을 조명하기에 충분했다. 맬컴 리틀이라는 본명으로 태어난 맬컴 엑스는 약물과 범죄에 찌들고 교도소를 전전하던 게토 시절을 직접 경험하고 나서 "나는 그 어떤 아메리칸드림도 보지 못했습니다. 내게 보이는 것은 아메리칸 악몽뿐입니다"[9]라 말하며 분노를 드러냈다.

악몽은 멈추지 않았고 폭력도 계속되었다. 존 F. 케네디 대통령이 암살자의 총탄에 희생된 지 2년 후인 1965년, 맬컴 엑스도 암살당했다. 디트로이트, 시카고, 뉴어크 같은 도시에서는 1960년대 후반 내내 인종 폭동이 끊이지 않았다. 마침내 1968년에는 더욱 충격적인 두 건의 암살이 일어나 세상을 충격에 빠뜨렸다. 민권 운동의 상징과도 같은 존재인 마틴 루서 킹 주니어, 그리고 미국의 법무부 장관으로서 민권 운동을 강력히 지지했던 로버트 F. 케네디(존 F. 케네디 대통령의 동생)가 암살당한 것이다. 1960년대 말과 1970년대 초에는 민주사회를위한학생연합 Students for a Democratic Society : SDS이라는 조직이 폭발물까지 동원하며 폭력 사태를 일으켰다. 이 조직은 반전 운동과 민권 운동을 하던 학생 단체에서 갈라져 나온 폭력적 성향의 분파였다.

한편, 민권 운동은 인종뿐만 아니라 경제 문제에서 비롯된 불평등의 벽에 가로막히고 말았다. 1960년대부터 미국 사회는 두 계급으로 갈라져 깊은 골이 패인 상태였다. 중산 계급은 교육과 수입에서 이익을 불려나가는 반면, 하층 계급은 빈곤과 실업의 수렁에 빠져들었다.

제조 시설과 사무실이 교외로 위치를 옮기니 도시를 벗어날 수 없는 많은 흑인이 취업에서 멀어졌다. 제조업이 생산 시설을 해외로 옮기면서 공장도 문을 닫았다. 이런 상황에서 자동차와 고무, 철강 산업에 집중되어 있던 흑인 노동자의 취업문도 점점 좁아졌다. 이제 남아 있는 일자리는 패스트푸드 식당 같은 저임금의 서비스직종이 많았으며 이런 분야에서는 장래가 보이지 않았다.

경제적 불평등이 쌓인 미국의 열악한 도심지에는 폭발의 기운이 감돌았다. 급기야 1992년 봄, 로스앤젤레스에서 최악의 폭력 사태가 발생했다. 백인 경관 네 명이 로드니 킹이라는 흑인을 구타하고도 법원에서 무죄 판결을 받은 직후였다. 곧 인종적 분노가 도시를 집어삼켰다. 도시에 수천 건의 화재가 발생해 통제 불능의 상태에 빠져들었고 약탈이 만연했다. 피해액의 규모가 무려 8억 달러에 달할 정도였다.

그러나 일단 폭동의 화염을 걷어내고 나자 다문화 집단 간에 복잡하게 얽힌 연결고리를 짚어내는 목소리가 나왔다. 사회비평가인 리처드 로드리게스의 지적처럼 "로드니 킹 사태로 촉발된 폭동은 이곳 미국의 다문화 수도에 걸맞게 다문화적 성격을 띠었다."

로드리게스는 폭동을 계기로 아프리카계 미국인과 한국인 상점 주인 간의 팽팽한 긴장이 드러났으며, 약탈에 가담해 체포된 사람 중에 히스패닉이 많았다는 사실을 짚으면서 결론적으로 말했다. "이것이야말로 경계도 국적도 없는 인종 폭동이다. 그리고 온 도시의 사람들이, 비록 두려움에서이었을지라도, 모두가 서로 연결되어 있다는 사실을 비로소 깨달았다."[10]

미국 사회는 2008년에 다문화적으로 또 하나의 획기적인 이정표에 도달했다. 백인 어머니와 아프리카 케냐 출신의 아버지 사이에서 태어난 버락 후세인 오바마가 미국 역사상 최초로 비백인 대통령에 선출된 것이다. 그러나 비백인 대통령의 선출이라는 진일보한 성과에도 불구하고 인종 문제는 국가적으로 여전히 민감한 화두로 남아 있으며, 경제적 불평등은 백인보다도 다수의 흑인에게 지속적인 괴로움을 안기고 있다. 동시에 국가적·세계적으로 직면한 경제 침체로 인종에 상관없이 수백만의 사람들이 기회를 잃고 있다.

남부에서 비롯된 민권 운동에서 젊은 사람들의 역할은 필수적이었다. 1960년대, 앨라배마주 몽고메리의 흑인 학생들에게는 인종적 불의에 맞서 시위에 참가하고 그러다 체포되는 일이 방과 후 활동이나 다름없었다.

마틴 루서 킹 주니어라는 젊은 목사는 시내버스에서 인종에 따라 좌석을 분리하는 차별에 저항하고자 1955년에 조직된 몽고메리개선협회 Montgomery Improvement Association : MIA의 출범에 기여했다. 1956년에 몽고메리시가 버스에서의 인종 통합을 요구하는 법원의 명령에 따름으로써 MIA는 버스 보이콧에서 승리를 거두었다. 그러나 동등한 대우를 삶의 모든 부분으로 넓히려는 더 거대한 투쟁은 이후로도 계속되었다. 글래디스 윌리엄스는 시내의 상점과 식당에서 흑인과 백인을 불공평하게 대우하는 조치에 저항한 수많은 어린 활동가 한 명이었다.

"우리는 학교가 끝나면 MIA 사무실로 가 계획을 짜곤 했다. 먼저 누가 어느 가게로 갈 것인지부터 정했다. 여자─남자, 여자─남자 이렇게. 아무도 혼자 가지 않았다. 항상 남자 여자가 섞여서 움직였다. 같이 가는 사람들의 가족과 친지의 이름과 전화번호, 주소도 챙겨 가곤 했다."

윌리엄스와 학생들은 일단 상점에 도착해서 시위 구호를 들고 바깥의 행렬에 가담하기도 하고 '백인 전용' 식당에 들어가 앉기도 했다.

"내가 얼마나 많이 체포당했는지는 굳이 물을 것도 없었다! 그들은 우리를 불법 집회와 무허가 시위 명목으로 잡아들였다. 우리가 아주 질서정연하게 시위해도 치안을 어지럽힌다거나 평화를 깨뜨린다며 잡아가곤 했다."

윌리엄스를 비롯한 학생 활동가들에게 교도소에 갇히는 것은 "당시로서는 명예로운 일이었다. 시위에 참가한다면, 감옥에 갈 수도 있다는 걸 이미 알고 가는 것이었다. 다칠 수도 있고, 죽을 수도 있다는 걸 다 알고 있었다. … 두렵지는 않았냐고 묻는다면, 우리는 두려움이란 게 무엇인지도 몰랐다. 그만큼 자유를 찾아야 한다는 생각뿐이었다. 그게 다였다"[11].

16
새로운 이민의 물결

세계 시민이 계속해서 미국으로 몰려들어 다문화라는 복잡한 피륙에 한 올 한 올 엮였다. 1960년대의 민권 운동은 미국 내의 인종 관계에 초점을 모았다. 한편 민권 운동기와 그 이후로도 외국인의 새로운 이주 물결이 이어졌다. 그중에는 중국처럼 익히 알고 있는 나라에서 온 사람도 있었다. 카리브해, 베트남, 아프가니스탄 같은 곳에서 온 이민자들은 그들의 모국과 미국을 잇는 새 연결고리를 만들었다.

이제껏 그래왔듯이, 새 이민자 가운데 다수는 전쟁이나 가난, 정치 혹은 종교적 박해를 피해 고향에서 떠밀려 나온 사람들이었다. 그와 동시에 자유를 찾고 경제적으로 다시 시작한다는 꿈에 이끌려 미국으로 온 것이기도 했다.

중국인에게 문이 열리다

1960년대에 미국의 흑인 차별 문제를 해결하기 위해 새 민권법이 통과되었을 때, 여전히 출신국에 따라 이민자 수의 한도를 책정한 이민법에 문제를 제기한 사람들이 있었다. 이민자 수 할당 제도하에서는 매년 나라별로 제한된 수만큼의 이민자가 미국에 들어올 수 있었다. 이 제도를 중국과 일본을 비롯한 아프리카 여러 나라에 적용하면 '출신국'은 실제로는 '출신 인종'이나 마찬가지였다. 이민법은 사실상 단지 출신국이 아닌 인종에 따른 차별법이었다. 입법을 담당하는 국회의원들은 이런 제도를 멈추어야 한다고 요구하고 나서기 시작했다.

"우리가 민권법을 통해 이 나라에서 차별을 없애려고 한 것처럼, 오늘 우리는 출신국별 할당제를 폐지함으로써 이민자의 후손들로 빚어진 이 나라에서 이민자의 차별을 없애려고 한다."[1] 어느 국회의원의 설명처럼, 의회는 1965년에 아시아계 이민자에게 적용했던 모든 제한을 없애는 것으로 답했다. 이로써 아시아계 미국인이 수십 년에 걸쳐 넘어서고자 했던 불공정법 하나가 사라졌다.

중국인으로서는 그들이 한때 황금 산이라 부른 나라로 통하는 문이 새로운 법으로 다시 열린 셈이었다. 1960년, 23만 7,000명이던 미국 내 중국인은 1980년경 81만 2,200명으로 크게 늘었다. 이민의 새 물결이 일기 전 중국계 미국인의 대다수가 미국 출생이었으나, 이후에는 외국 출생이 대다수를 차지했다.

중국인 학생들이 교육을 위해 미국으로 몰려들었다. 1980년 미국 내 30만 외국인 학생의 절반이 중국이나 아시아 국가 출신이었다. 그들 다수가 숙련 노동자로서 일을 찾을 수 있었기 때문에 학생 비자로 이민 절차를 밟을 수 있었다. 이제 그들은 본국의 아내와 자녀를 미국에 데려올 수 있었고, 미국 시민권을 얻고 나자 부모와 형제자매도 데려올 수 있었

역사에 없는 사람들의 미국사

다. 이런 식으로 중국인 학생 한 명이 가족 구성원의 연쇄 이민을 불러왔다.

새로 들어온 중국계 이민자의 교육 수준이 모두 높은 것은 아니었다. 영어가 서툴거나 아예 못하는 사람들이 많았기에 그들의 취업에는 제한이 많았다. 새로 들어온 중국인 여성 이민자의 다수는 그들보다 오래전 들어온 이민자 여성 세대와 마찬가지로 의류 산업에 취업했다. 그들은 노동착취 공장과 같은 열악한 환경에서 최소 임금을 받고 일하기 일쑤였다. 1980년대 중반, 차이나타운의 어느 주민은 이렇게 하소연했다. "공장의 환경은 정말 끔찍하기 짝이 없어요. 더러운 공기며, 일주일에 육 일, 아침 여덟 시부터 밤 여덟 시까지 정말 오래 일해야 하죠! 작업량에 따라 돈을 받고, 수입이 제법 큰 사람은 정말 손에 꼽을 정도예요. 어찌 따져야 할지도 모르고 법도 모르니 저항할 수도 없어요."[2]

그렇더라도 중국인 이민자 중에는 중국에서 교육 수준이 높고 전문직에 있던 사람들이 많았다. 이런 이민자들조차 미국에서 좋은 직업을 얻기 어려웠다. 중국에서 건축가와 생물학 교수로 지내던 어느 부부는 영어가 서툴러 저임금의 허드렛일을 하다 포괄적고용훈련법Comprehensive Employment Training Act라는 연방 프로그램의 도움을 받았다. 아내는 영어 수업 지원을 받고 나서 사서로서 새로운 경력을 시작하여 캘리포니아주립대학교 버클리 캠퍼스의 아시아 도서관의 도서관장에 올랐다. 새로 유입된 이민자들도 초기 중국의 이민자들과 마찬가지로 미국 사회에 동화되고 성공하기를 바랐으나, 그러기 위해서는 여전히 버거운 도전을 이겨내야 했다.

베트남의 전쟁 난민

중국에서 온 이민자들과 달리, 베트남에서 온 이민자들은 목숨을 부지하기 위해 탈출한 전쟁 난민이었다. 1955년에서 1975년까지 벌어진 베트남 전쟁으로 그들의 고국은 산산이 부서졌다. 이 전쟁은 민족적 분규의 성격이 강했으며 미국이 남베트남을 지원하고 중국이 공산국인 북베트남을 지원하는 양상이었다.

남베트남과 미국의 입장에서 보면 전쟁은 재앙으로 끝났다. 남베트남 정부가 무너지고 북베트남 군대가 그 수도로 진군했다. 남베트남 정부의 몰락 직전에, 1만에서 1만 5,000명에 달하는 남베트남인들이 가까스로 탈출했다. 대부분이 미국에 협력한 군 관계자와 그 가족이었다.

그리고 북베트남군이 도착하기 직전의 혼란스러운 며칠 동안, 8만 6,000명이 더 나라를 탈출했다. 탈출하는 사람들은 미국대사관의 옥상에서 헬리콥터에 간신히 올라탔다. 그들은 고국을 떠날 시간이 불과 10시간밖에 남지 않았다는 공식 통보를 받고 이민 준비를 채 갖추지 못한 상태였다. 당시만 해도 그들은 한두 달만 있으면 다시 돌아올 수 있으리라 생각했다.

그렇게 해서 1975년에 13만 명에 달하는 베트남 난민이 피난처를 찾아 미국으로 들어왔다. 그들은 교육 경험이 많은 집안 출신에 대체로 서구식 생활 방식에도 익숙했다. 그들 가운데 약 3분의 2가량은 영어에 능통했다. 그들은 군 기지에서 입국 절차를 거친 후 미국에 들어와 미국 전역으로 흩어졌지만, 이내 캘리포니아의 오렌지카운티 같은 장소에 한데 모여 동포 사회를 이루며 살았다.

한편, 전쟁으로 국토가 파괴되고 공산주의 정부가 들어선 베트남에서의 삶은 매우 험난했다. 시민들은 시골로 보내져 수로를 파고 농사일을 해야 했다. 당시를 떠올리는 어느 이민자의 회상에는 고난의 상처가 남아 있었다. "전쟁으로 모두가 힘들었다. 모든 것이 변했다! 베트남에서는 미래도 좋은 삶도 보이지 않았다! 그저 탈출하고만 싶었다."[3]

두 번째 난민의 파도로 수천 명씩 탈출 길에 올라 1979년까지 27만 7,000명 이상이 베트남을 빠져나왔다. 그들은 사람으로 뒤엉키고 물이 줄줄 새는 배에 가족을 태우고 폭풍우와 해적의 위험을 무릅쓰며 태국의 항구를 향했다. 그들은 태국의 난민촌에서 호주와 캐나다, 프랑스, 특히 미국으로 보내질 날만을 손꼽아 기다렸다. 그들 중 다수는 전부터 베트남에서 살며 차별을 겪어온 중국계 사람들이었다. 베트남 난민의 첫 번째 대량 이주와 달리, 두 번째 물결에 밀려온 사람들은 영어를 잘하지 못했다.

1985년까지 미국에 사는 베트남인은 약 64만 3,200명에 달했다. 어느 베트남전 참전 군인은 이렇게 호소했다. "이들이 우리와 같은 편이었다는 사실을 기억해야 한다. 그들은 난민으로서 이 나라에 들어올 권리가 있다. 그들은 그저 집이 필요할 뿐이다."[4] 그러나 초기 아시아계 이민자와 마찬가지로, 베트남인들도 환대받지 못한다고 여겼으며 인종 비하로 상처를 입었다.

많은 난민은 이제 제2의 조국이 된 미국에서 베트남의 전통문화를 완전히 유지할 수 없음을 실감했다. 성 역할에 관한 한 그런 인식이 특히 강했다. 베트남 출신 여성은 이제 미국에서 임금 노동자가 되어 새로이 독립을 얻었다. 대학 교육을 받고 전문직을 꿈꾸는 젊은 여성이 중매

결혼과 순종하는 여성상의 전통에서 벗어나려고 하면 가족 관계도 껄끄러워졌다. 젊은 세대의 영어 사용이 늘면서, 베트남어가 사라진다고 생각하는 사람도 있었다.

시간이 지나 난민들도 자녀를 키우고 미국 사회에서 자리를 잡아가면서, 그들은 미국 생활이 이대로 계속될 것임을 깨달았다. 2000년경, 베트남계 미국인의 수는 약 140만 명으로 늘었다. 그들은 동족 거주지를 만들어 살았으며 베트남계 미국인의 40퍼센트가 캘리포니아에 살았다. 베트남계 시민은 의학과 사업, 소매업을 비롯해 각종 직종에 진출하며 미국의 다문화성에 새로운 요소를 더했다. 그리고 이제 그들도 더 이상 순전한 베트남인이 아닌 베트남계 미국인으로 변모하고 있었다.

테러리즘과 아프가니스탄 난민

베트남인과 마찬가지로 아프가니스탄인도 난민으로서 미국에 왔으나, 그들은 다른 지역에서 다른 성격의 전쟁을 겪은 사람들이었다. 그들의 모국인 아프가니스탄은 육지로 둘러싸인 무슬림 국가로, 텍사스 정도의 크기에 남아시아에 자리 잡고 있다.

제2차 세계대전 이후 미국과 공산주의 진영 간의 대립은 냉전이라 불리며 국제 정세를 좌우했고, 아프가니스탄은 냉전의 전쟁터가 되었다. 1991년, 러시아와 그 인접 국가들로 구성된 공산권의 초강대국 소련이 붕괴되면서 냉전도 끝이 났다.

소련은 붕괴되기 12년 전 아프가니스탄을 침공했다. 미국은 그 지역

내 소련의 지배력을 차단할 목적으로 반소련 세력에 자금을 대고 그들이 운영하는 민병대를 훈련시켰다. 그런 상황에서 다수의 아프가니스탄인이 정치적 망명을 택하거나 난민으로서 미국으로 피신했다.

아프가니스탄 침공은 10년 동안 지속되다가 1989년 소련군이 철수하면서 사실상 소련의 패배로 끝이 났다. 그러나 피신한 사람들이 고향으로 돌아가기도 전에 아프가니스탄 내 다양한 파벌 간의 다툼으로 내전이 일어났다. 1996년에 극단적 보수에 반서방적 성향을 띠는 탈레반이라는 파벌이 아프가니스탄의 수도인 카불을 점령했다. 난민 세디쿨라라히는 탈레반이 장악한 고국의 상황에 아파하며 말했다. "탈레반은 원시적이고 편협한 자들이에요. 아프가니스탄에서 진보적인 거라면 조금도 허용하지 않아요. 우리 경제는 무너지고, 사회도 무너지고, 사람들의 목숨은 하찮아졌어요."[5] 아프가니스탄으로 돌아가리라 다짐했던 난민들은 마음을 바꿔야 했다.

그리고 9.11이 벌어졌다. 수많은 시민의 운명을 가른 2001년 9월 11일, 무슬림으로 조직된 여객기 납치범들이 뉴욕시의 세계무역센터 쌍둥이 빌딩과 워싱턴 D.C.의 국방부 건물인 펜타곤을 공격했다. 테러리스트들은 아프가니스탄에 근거지를 둔 지하 조직 알카에다로 밝혀졌다. 그리고 이듬해, 미국과 다국적군이 아프가니스탄을 침공했다.

미국의 아프가니스탄 사람들은 조국 탈출의 쓰라린 기억뿐만 아니라 탈레반이 그들의 조국과 그 국민에게 저지르는 악행에 대한 걱정까지 안고 살던 터였다. 그리고 이제 9.11이 터지고 나니, 미국 내 반무슬림 정서에도 직면했다. 테러 공격을 알리는 뉴스가 텔레비전과 인터넷에 오르자마자, 아프가니스탄계 미국인은 자신들의 안전이 염려되기 시

파키스탄인 동네의 모습. 뉴욕시 브루클린의 뉴커크 애비뉴 근처, 2005년.

작했다. 2007년 어느 아프가니스탄계 미국인은 그때의 심정을 털어놓았다. "모든 게 달라지겠구나 하는 예감이 든 게 바로 이때였어요. 아프가니스탄계 미국인이라 하면 흔히들 떠올리던 과거의 모습과는 달라지는 거죠. 이제 사람들은 나에 대해 내가 미국인인지 혹은 테러리스트인지 진짜 모습을 알고 싶어 했어요."[6]

아프가니스탄인 중에는 괴롭힘을 당하지 않기 위해 멕시코인이나 그리스인, 또는 이탈리아인 행세를 하는 사람들도 있었다. 그런가 하면 성조기를 집이나 가게 앞에 걸어 미국을 향한 충성심을 드러내는 사람들도 있었다. 파테마 노르자이라는 젊은 여성은 캘리포니아에서 태어났지만, 그 부모는 내전을 피해 아프가니스탄에서 빠져나왔다. 그녀는 9.11이 미국의 무슬림 사회에 어떤 영향을 끼쳤는지 들려주었다. "히잡(무슬림 여성이 머리를 가리기 위해 두르는 천)을 두른 소녀들이 공격받는다는 이야기가 들리기 시작했어요. 인디언이 '중동 사람'처럼 보인다'는 이유로 총에 맞고, 모스크들은 방화로 타버렸어요. 내가 무슬림이란 사실에 겁이 난 건 이때가 처음이었어요."

세계를 뒤흔든 이 사건 이전에도 노르자이는 아프가니스탄계 미국인이라는 정체성을 두고 고심했다. "나 자신을 이것 아니면 저것이라고 완벽하게 규정할 수 있다고는 생각하지 않아요. 나는 아프가니스탄 사람이지만 그에 못지않게 미국인이기도 해요." 노르자이의 견해로는 아프가니스탄계 미국인이야말로 동화가 아닌 통합의 성공적인 사례다. 미국 주류 문화에 그들 고유의 문화와 정체성을 잃기보다 잘 지켜왔다고 생각해서다. "아프가니스탄 사람들은 그들의 개성과 아름다운 문화를 지켜오면서도 동시에 요즘 사회에서 완벽히 기능하고 있어요. 내가 생각하는 통합이란 바로 그런 거예요."[7]

아프가니스탄계 미국인은 인구 분포상 방글라데시·인도·파키스탄과 함께 남아시아계 인구 집단으로 분류된다. 인구상으로는 미국에서도 규모가 큰 하위 집단이다. 남아시아계 인구는 1990년대에 미국에서 가장 빠른 성장을 보인 인구 집단 가운데 하나였다. 미국 내 남아시아인의 대다수는 인도계로, 2010년 인구 조사에서 인도계 미국인이 260만 명을 기록했다. 아시아계 미국인의 하위 집단 가운데 320만 명을 기록한 중국계 미국인에 이어 두 번째로 큰 규모였다.[8]

국경 넘어 엘 노르테로

21세기 초, 미국은 1200만 명으로 추정되는 미등록_{undocumented}° 이민자의 보금자리였다. 이들은 미국 거주 허가를 받지 못한 외국인 또는 이방인이라는 이유로 불법 체류자라 불리기도 한다. 그들 대부분이 멕시코 출신이다. 미국 시민이 될 수 없어도 많은 사람들이 일을 하고 세금을 낸다. 그들의 운명은 미국이 아직도 해결하지 못한 과제로 남아 있다.

그들의 운명이 걸린 문제를 어떻게 풀어나갈 것인가? 엄격한 이민 통제를 지지하거나 멕시코인의 이민을 반대하는 사람들의 어조는 강경하다. "그들을 체포해 추방해야 한다", "그들의 운전면허 취득이나 취업을 금지해야 한다", "의료 서비스나 교육을 받지 못하게 해야 한다", "국경에 장벽을 더 높이 세우고 국경을 감시할 병력을 보내야 한다." 본토인 우선주의자들의 이 같은 목소리에는 미국의 "갈색화_{browning}"에 대한 두려움이 담겨 있다.

그러나 이와 다른 목소리도 있다. 시사주간지 《타임》은 2007년 7월 16일 자의 표지 기사에 미등록 외국인을 사면해야 한다는 주장을 실었다. 달리 말하면 이들을 더는 불법으로 남겨두지 않고 시민권 취득의 길을 열어주어 거주를 허락해야 한다는 의미다. 이 기사에서는 미등록 이민자가 "수적으로만 보면 추방할 수 없는 수준이며, 더 중요하게는 그들이 건전한 미국 경제에 복잡하게 뒤엉켜 있어서 그들만 따로 떼어낼

○ 법아래 평등해야 하는 사람 자체를 불법으로 규정한다는 어감이 지적되면서 미국에서는 불법_{illegal}이라는 표현보다 '이주 허가를 표시하는 공적 문서에 이름을 올린 기록이 없다'는 의미의 undocumented를 사용하는 추세다.

공립학교에서 학생의 출입국 지위를 확인하도록 요구한 앨라배마주의 법에 반대하는 시위자들.
앨라배마주 버밍엄, 2011년.

수 없을 정도"[9]라는 점을 짚었다.

그러나 2008년에 시작된 경기 침체로 미국 경제는 건전하지 않다는 사실이 드러났다. 경제 성장은 주춤하고 실업률이 치솟았다. 상황이 이처럼 어려워지자 미등록 외국인의 취업과 그들이 미국의 자원을 소모한다는 우려의 목소리에 힘이 실리기 시작했다. 애리조나와 유타 같은 주에서는 불법 이주민을 더욱 엄격히 단속할 목적의 법을 통과시켰다. 2011년, 앨라배마에서는 미국에서도 가장 엄격한 법을 통과시켜 학교 측에 학생의 출입국 지위를 확인하도록 요구했다.

멕시코인의 초기 이주 물결과 마찬가지로, 새로 도착한 사람들도 점점 깊어지는 빈곤에 못 이겨 북으로 밀려 나오고 있었다. 1994년 발효된 북미자유무역협정North American Free Trade Agreement : NAFTA으로 멕시코의 농부들은 돌이킬 수 없는 피해를 입었다. NAFTA의 효력하에, 미국 농부가 정부의 재정 지원(보조금이라고 하는)을 받아 재배한 옥수수는 멕시코로 실려 가 현지에서 재배된 옥수수보다 더 싼 값에 팔렸다. 이로 인해 멕시코의 농부 150만 명이 파산하고 말았다.

파산으로 주저앉은 농부 가운데 다수가 국경을 넘어 북으로 향했다. 저널리스트인 데이비드 베이컨은 2007년의 기고문에 그들의 처지를 알렸다. "NAFTA의 효력이 발생한 동안, 600만 명 이상이 미국에 살기 위해 왔다. 집과 가족, 농장과 일자리, 그중에 그들이 기꺼이 원해서 포기한 것은 아무것도 없었다. 그들은 살아남는 것 말고는 선택의 여지가 없었다."[10]

멕시코인들은 불법으로 국경을 넘기 위해 죽음도 불사한다. 차들이 질주하는 도로를 서둘러 가로지르고 타들어 가는 사막을 걸어야 한다. 그럼에도 북쪽에서는 그들을 고용할 것이라는 사실을 알기에 끊임없이 오고 있다. 멕시코 노동자들이 없다면 미국의 농부와 과수 재배업자는 작물을 수확할 수 없다. 공화당 소속으로 1981년부터 1989년까지 대통령을 역임했던 로널드 레이건은 이미 1977년에 그 사실을 직시하고 있었다. 그는 뉴잉글랜드에서는 노동력 부족으로 따지도 못한 사과들이 나무에 매달린 채 썩어간다고 지적하며 덧붙였다. "이 굶주린 세상에서 한 가지는 확실합니다. 수확 일꾼의 부족으로 들판에서 작물이 썩도록 내버려 두게 하는 규제나 법은 허용해서는 안 된다는 것입니다."[11]

멕시코계 이민자의 다수는 캘리포니아에 살며 그 대다수는 미국에서 합법적으로 거주하고 있다. 미국인구조사국은 2006년 조사에서 캘리포니아 거주 멕시코인의 70퍼센트가 미국 시민이라고 발표했다. 그들 중에는 미국에서 태어난 사람도 있으며, 멕시코 출신이라도 귀화 절차를 거쳐 미국 시민이 된 사람도 있다. 로젤리아 아길라도 귀화 시민의 한 명이다.

멕시코에서 태어나 미국에 살면서 멕시코계 미국인에 대한 반감을 염려하던 아길라는 스물아홉 살이 되던 해에 57개국 출신의 450명과 나란히 서서 "헌법에 대해 참된 신뢰와 충성을 다할 것"을 엄숙히 선서했다. 그녀는 귀화 선서가 끝난 후 그 감회를 남겼다. "이제껏 내게 일어난 사건 중에서 가장 중요한 일이다. 그저 달라졌다. 내 안에 뭔가 좋은 일이 일어나고 있는 기분이랄까. 마치 새로 태어난 기분이다."

2011년, 미국 전역의 젊은이들이 '불법' 거주 학생의 어려움에 대한
대중의 인식을 높이기 위해 한목소리를 냈다. 불법이란 합법적인 이주
자임을 확인해 줄 공식 문서가 없는 외국인에게 붙는 표현이다.

드림팀이라는 단체가 9월에 노스캐롤라이나주의 샬럿에서 집회
를 열어 국회에 드림법안Development, Relief, and Education for Alien Minors Act :
DREAM Act의 통과를 촉구했다. 드림법안은 어린 시절 부모를 따라 미국
에 들어와 불법 체류자 신분이 된 수많은 청소년에게 합법적인 신분을
부여하는 법안이다. 학생 수백 명이 참가한 집회에서 몇 명이 연단에 올
라 자신이 불법 체류자 신분임을 밝히며 외쳤다. "내 이름은 알리시아
토레스이며 모든 걸 걸고 이 자리에 올랐습니다. 오늘은 음침한 그늘에
서 나와, 내가 존재하고 있음을 밝히는 날입니다. 나는 더는 마음 졸이
며 살지 않을 것입니다."[12] 이 집회로 적어도 열 명의 미등록 이주민이
체포되었다.°

두 달 후, 조지아에서는 그 무렵에 고등학교를 졸업한 둘세 게레라
가 미등록 고등학생의 사정을 의원들에게 호소하기 위해 주 의회 의사

○ 드림법안의 정식 명칭은 '외국인 청소년을 위한 개발, 구제와 교육법이다. 2001년 최초
로 의회에 상정되었으나 강경한 이민 정책을 추구하는 반대 목소리에 막혀 아직까지 통과되
지 못하고 있다.

당에서 집회를 조직했다. 게레라는 이미 3월에 미등록 체류자인 자신의 지위를 공개적으로 밝힌 바 있다.

젊은 활동가들은 세상의 이목을 끈 어느 "커밍아웃"에 용기를 얻었을지도 모른다. 버지니아 공대 총기 난사 사건 보도로 2008년에 풀리처상을 수상한 기자 호세 안토니오 바르가스는 자신의 불법 체류 지위를 《뉴욕타임스》에 밝혔다. 바르가스는 열두 살 때 필리핀의 어머니에 의해 미국에 있는 조부모에게로 보내졌다. 바르가스의 어머니는 그에게 더 좋은 삶을 안겨주고 싶었지만 이민 서류를 갖출 수는 없었다. 바르가스는 거의 12년 동안 불법 체류자의 신분으로 살아왔다. 그는 비밀을 간직한 채 사는 데 염증을 느꼈으며 얼마나 많은 사람들이 열심히 일해 성공했으면서도 자신과 같은 처지에 머물러 있는지 미국인에게 알리고 싶었다.

드림법안을 반대하는 목소리는 로이 벡과 같은 사람들에게서 나왔다. 그는 엄격한 이민 정책을 호소하는 단체의 지휘자로 드림법안에 강한 우려를 나타냈다. "대학을 졸업한 우리 미국의 젊은이들은 취업 시장에서 절박한 상황에 빠져 있다. … 드림법안에 적용되는 학생들에 대한 지지 입장이 강력한 만큼, 우리는 그들을 합법화하는 것이 실제로는 우리 젊은이들을 희생시키는 행위라는 사실을 인정해야 한다."[13]

그러나 게레라를 비롯한 활동가들과 바르가스는 그 같은 지적에 동의하지 않는다. 그들은 미국에, 그리고 아메리칸드림에 자신들과 같은 젊은이를 포용할 힘이 있다고 믿는다. 미등록 외국인이라고는 해도 그들은 부모 손에 이끌려 들어왔으며 여기에 대해서는 아무런 힘도 행사할 수 없는 어린아이였기 때문이다. 그들은 의원들이 이민법을 바꾸도록 설득해 시민이 되고 교육을 마칠 수 있기를, 국적을 속이지 않고도 취업문을 두드릴 수 있게 되기를 희망한다.

17
우리는 모두 소수가 될 것이다

1997년 6월, 나는 백악관의 초대를 받아 빌 클린턴 대통령의 인종 문제 관련 연설문 작성을 도우러 갔다. 나는 민권 운동 지도자와 학자로 구성된 자문단의 일원으로서 대통령을 만나 주제에 대한 의견을 나누었다. 회의가 진행되는 동안 나는 21세기의 어느 시점이 오면 백인도 미국의 인구 분포에서 소수 집단이 될 것이라는 점을 짚고 힘주어 말했다. "그럼요. 우리 모두 소수가 되는 겁니다."

며칠 후 클린턴 대통령은 캘리포니아주립대학교 샌디에이고 캠퍼스의 졸업식에서 "21세기, 하나 된 아메리카 : 인종에 관한 대통령 발안"이라는 제목의 연설을 했다. "지금으로부터 반세기 후, 여러분의 손자 손녀들이 대학생일 즈음이면 미국에 다수 인종이란 더는 존재하지 않을 것입니다." 대통령은 졸업생들 앞에서 이렇게 선언했다.

이어서 그는 다문화가 공존하는 미국의 과거에서 절정에 해당하는 부분을 짚으며 연설을 이어갔다.

이어지는 내용을 숙고해 봅시다. 우리는 모두가 평등하게 태어났다고 주장하는 독립선언문과, 그러면서도 노예제를 명문화한 헌법과 함께 태어났습니다. 우리는 노예제를 폐지하고 합중국을 지키기 위해 피비린내 나는 내전을 벌였으나, 한 지붕 아래 살면서 법에 의해 분열되고 불평등한 상태로 이후 한 세기를 더 살아야 했습니다. 우리는 자유라는 이름으로 대륙을 가르며 전진했으나 그 과정에서 원주민을 그들의 땅에서 내몰았으며, 그들의 문화와 생계 수단을 짓밟고 말았습니다. … 제2차 세계대전이 발발하자 일본계 미국인은 유럽에서 자유를 지키기 위해 희생을 무릅쓰고 용맹하게 싸웠습니다. 그러는 동안 고국에 남은 그들의 가족은 강제수용소에 갇혀 지내야만 했습니다. 전쟁에서 명성을 떨친 터스키기 전투 비행대는 그들이 호위한 폭격기를 단 한 대도 잃지 않았으나, 전쟁이 끝나고 고국에 돌아와서는 아프리카계라는 이유로 많은 권리를 희생당해야 했습니다.

연설을 마무리하며 클린턴 대통령은 우리가 직면한 시험대를 확인시켜 주었다. "우리는 (남과 북) 두 아메리카가 아닌, 갈라지고 불평등하며 고립된 수많은 아메리카가 될까요? 그것이 아니라면 모든 국민과 고결한 인간 존엄에 대한 우리의 오랜 믿음으로부터 힘을 끌어모아 세계 최초의 진정한 다인종 민주주의 국가로 거듭나게 될까요?"[1]

미래는 우리의 손에 달려 있다. 우리의 선택은 역사를 바라보는 우리 자신의 시각에 따라 정해질 것이다. 소수를 생략하는 역사는 분절을 강화하지만, 모두를 포함하는 역사는 집단 간 분절을 잇는 가교가 된다.

역사의 바다를 항해하면서, 아메리카의 민중은 베이컨의 반란, 남북전쟁, 제2차 세계대전과 같은 사건을 겪으며 그들의 길이 서로 교차한다는 것을 확인했다. 포와탄 인디언이 버지니아 해변에 내린 영국의 식

역사에 없는 사람들의 미국사

민지 개척자들과 처음으로 조우한 순간부터 최근까지도 국경을 넘어오는 멕시코 이민자의 행렬에 이르기까지 그들의 삶과 문화는 함께 소용돌이쳤다. 그럼에도 미국이 처한 딜레마는 그 다양성을 거부한 데서 비롯했다.

우리는 본래 저마다 다른 땅에서 출발해 여기까지 왔으며, 우리의 다양성이 미국을 만든 과정의 한복판에 자리 잡고 있다. 우리의 인종적·민족적 다양성의 자취는 전국 도처에서 찾을 수 있다. 엘리스섬, 에인절섬, 차이나타운, 할렘, 로어이스트사이드, 인디언 이름과 스페인 이름에서 유래한 지명들, 아프리카계 미국인이 창안한 음악, 어빙 벌린이라는 러시아계 유대인 이민자가 작곡한 「화이트크리스마스」와 같은 노래에서 알 수 있다.

주변부로 밀려난 소수 집단은 평등과 존중을 위해 싸우며 「우리 승리하리라We shall overcome」°를 노래했다. 분명 그들의 투쟁은 이어져야 마땅하지만, 그들은 노예제 폐지, 군대와 공교육에서의 인종 통합, 인종에 상관없이 모든 이민자에 귀화 시민권 확대, 인종 간 결혼 금지법 폐지, 제2차 세계대전 중에 강제 수용된 일본계 미국인에 대한 사과, 그리고 그 놀라운 다양성에 대한 미국의 각성에 이르기까지 적지 않은 승리를 거둔 것도 사실이다.

우리의 미래는 과연 어떻게 될 것인가? 21세기의 가능성은 미국 민중의 색채가 변하리라는 가능성과 맞물린다. 인구 추세를 연구하는 학문인 인구통계학에서는 미국인이 누구를 가리키는지 다시 정의하고 있

○ 미국의 민권·평화 운동에서 즐겨 부르는 운동가요.

다. 미국에서 백인이 다수로서 행세할 수 있는 시간도 이제 얼마 남지 않았다. 그 말인즉 미국은 이제 진정 소수 집단이 모인 국가가 된다는 뜻이다.

이제 우리의 다양한 자아를 받아들여야 할 때가 왔다. 새로운 아메리카, 다양성이 숙명인 세상이 다가오고 있기 때문이다. 아프리카계 미국인인 시인 랭스턴 휴스는 우리가 속한 다문화 국가의 사연 속에 진심 어린 시구를 한 올 한 올 엮어냈다. 시에서 그는 이렇게 읊었다.

미국이 다시 미국이 되게 하자.
…
미국이 다시 꿈꾸는 자가 꾸는 꿈이 되게 하자
…
우리 들이쉬는 공기에 평등이 퍼져 있는 나라가 되게 하자.[2]

옮긴이의 말

잊힌 이들의 역사를 비추는 또 다른 거울

『역사에 없는 사람들의 미국사A Different Mirror for Young People: A History of Multicultural America』는 로널드 다카키의 명저『다문화 미국사를 비추는 또 다른 거울A Different Mirror: A History of Multicultural America』(1993, 이하『또 다른 거울』)이 더 넓은 독자층에게 읽히도록 내용을 추려 그의 사후에 새로 펴낸 책이다. 주류 역사의 무대에서 주목받지 못한 사람들을 주인공으로 비추었다는 점에서는 하워드 진의『미국민중사』(1980)가 선구적이라 할 수 있으나, 이주와 정착이라는 조각으로 미국사의 퍼즐을 재구성했다는 점에서『또 다른 거울』은 크게 주목받았다. 미국은 이주민이 세운 국가라고 흔히들 말하지만 뿌리가 다양한 이주민 집단의 역동을 기조로 미국사를 조명한 역사책은 거의 없었다. 대대로 살던 터를 빼앗기고 머나먼 땅으로 떠나야 했던 토박이 인디언도, 노예제의 사슬에 묶여 신음하던 흑인도 백인에 의해 강제로 이주한 신세였다. 그 뒤를 이어 각 대륙에서 절박한 현실에 내몰린 사람들이 모든 것을 걸고 들어왔으나, 예기치 못한 차별과 고난의 현실에 맞닥뜨렸다. 여기 맞서 평등과 정의를 찾기 위해 싸우면서 그들은 억센 민중으로 거듭났으며 그들의 후손이 모인 나라가 오늘의 미국이다. 그러나 앞서 들어온 유럽계 백인이 줄곧 정치·경제를 지배하면서 여기에 속하지 않은 이민자들의 역사는 주변부로 밀려 나가거나 잊혀왔다. 다카키는 이것을 "불완전한 역사"라 진단하고 "모든 사람의 역사를 비추는" 것은 가능하다는 신념으로 이민자 민중의 관점에서 역사를 써 내려갔다.

『또 다른 거울』은 2008년에 개정판으로 다시 나왔다. 이는 미국 사회에 이민자의 유입이 계속되고 있으며 그들을 포함한 소수 집단에 대한 이해와 사회적 공감대가 필요함을 방증하는 것이기도 하다. 최근에는 이와 관련해 주목할 만한 보도가 나왔는데, 2021년 8월 12일 자《월스트리트저널》은 다음과 같은 제목의 기사를 내보냈다. "인구 통계 사상 최초로 미국의 백인 인구 감소"

최신 인구통계 자료를 인용한 이 기사에 따르면 미국에서 인구 조사가 시작된 이후 처음으로 백인 인구가 감소했다. 전체 미국인 가운데 백인이 차지하는 비중도 2010년에 비해 6퍼센트포인트 감소한 57.8퍼센트였다. 미국 전체 인구는 증가하였으나 이는 소수 집단의 인구가 늘어난 덕분이며 일부 지역에서는 백인이 더 적은 것으로 나타났다.° 로널드 다카키가 내다본 대로 미국 사회에서 특정 집단이 압도적 다수를 차지하던 시대는 가고 "미국은 이제 진정 소수 집단이 모인 국가"를 향해 가고 있는 것이다. 그러나 사회의 양극화와 우경화 흐름에 일부 기인한 반이민, 반소수 집단 정서가 미국을 넘어 세계 각국에서 번지고 있는 것이 현실이다. 근 몇 년 동안 우리는 트럼프 전 대통령의 반이민 정책과 미국-멕시코 국경 장벽 건설, Black Lives Matter 운동을 촉발한 공권력

○ Paul Overberg and John McCormick, "Census Data Show America's White Population Shrank for the First Time," Wall Street Journal, August 12, 2021. https://www.wsj.com/articles/census-race-population-redistricting-changes-11628714807 (접속일: 2021.8.20.)

남용, 아시아계 이민자를 대상으로 벌어지는 혐오 범죄와 총기 난사 사건을 접하고 있다. 최근에는 우리와도 무관하지 않은 아프가니스탄 난민 탈출 사태에 이르기까지 이민자와 소수 집단을 둘러싼 이슈는 세계 뉴스에 끊임없이 오르고 있다. 반이민 정서는 우리나라라고 예외가 아니다. 이민자와 이주노동자가 우리 사회에 꾸준히 편입되고 있으나 단일민족 정서가 강한 까닭에 '우리와 다른' 사람, 특히 비백인이 편견과 차별 없이 살아가기란 쉽지 않다. 특히 복잡하게 얽힌 국제 정세 속에서 무슬림을 잠재적 테러범으로 보는 이슬람 포비아가 확산되면서 국내에서도 이들에 대한 막연한 공포와 혐오가 감지되고 있다. 이주 노동자의 노동에 대한 불공정한 처우와 차별도 곧잘 뉴스에 오르내린다. 한편, 최근 뉴스에 따르면 우리나라에서 한 명 이상의 외국계 혈통 부모를 가진 다문화 학생이 전체 학생 가운데 차지하는 비중이 올해 처음 3퍼센트를 넘겼고, 갈수록 그 비중이 커질 전망이라고 한다.° 우리나라에서도 전체 국민 가운데 다문화적 구성원이 점점 유의미한 비중을 차지하는 것이다. 다문화, 다민족, 다양성의 관점에서 미국사를 이해하면 이제 같은 흐름으로 접어든 우리의 모습을 돌아보고 장래를 짚는 데 보탬이 되리라는 기대로 이 책을 옮겼다.

중요한 학자이지만 아직 국내에 널리 알려지지 않은 로널드 다카키는 일본인 이민 3세대로 하와이 사탕수수 플랜테이션 노동자의 후손이다. 하와이의 다문화적 환경에서 자란 그는 본토에 있는 대학에서 처음

○　윤우성, "[다문화 학생 3% 시대] ① 서울 한 중학교는 '10명 중 4명꼴'", 《연합뉴스》, 2021.10.12. https://www.yna.co.kr/view/AKR20211010005600501?input=1195m (접속일: 2021.10.24)

으로 백인 사회를 접하고 '문화적 충격'을 받았다고 회고했다. 다양한 소수 인종과 민족 집단의 역사를 연구한 그의 이력의 근원에는 그 시절의 충격이 자리 잡고 있었다.《뉴욕타임스》는 2009년 그의 임종을 기리면서 그가 "전통적 (역사) 서술에서 배제되어온 아시아계를 비롯해 다양한 인종·민족 집단이 포함되도록 미국사가 다시 쓰이는 것을 필생의 숙원으로 여겼으며, 미국에서 인종·민족 연구 최초로 박사 과정이 출범하는 데 기여했다"고 전했다. 생소했던 이 분야가 교육과 연구 과정으로 자리 잡는 데 매우 중요한 영향을 끼친 것이 바로 이 책의 원저인『또 다른 거울』이다. 다카키는 생전에 공교육 교육자들을 위한 저술과 연수도 꾸준히 진행했으며, 그의 연구와 활동에 힘입어 교육 현장에서 미국사의 접근 방식이 크게 바뀌었다고 인정받고 있다.° 그런 활동의 결과 여러 저명한 방송에 출연해 다문화 교육과 소수 집단 지원 정책을 적극 옹호하는 입장에 서기도 했다.

　다카키가 생전에 저술한 여러 책 가운데 아시아계 이민자를 조명한『다른 해변에서 온 이방인들Strangers from a Different Shore』(1989)은 퓰리처상 후보에 올랐다.『또 다른 거울』은 인종차별 타파에 기여한 도서에 주어지는 애니스필드-울프상과 미국도서상을 수상했다.『고요한 아침의 나라에서From the Land of Morning Calm』(1994)와『다른 해변에서 온 이방인들』에서는 구한말부터 시작된 한인들의 미국 이민을 조명하며 일제의 탄압과 식민지 수탈이라는 역사적 배경도 빼놓지 않고 서술하고 있다.

○　William Grimes, "Ronald Takaki, a Scholar on Ethnicity, Dies at 70." New York Times, May 30, 2009. https://www.nytimes.com/2009/05/31/education/31takaki.html (접속일: 2021. 9.24)

　　　　　　　　역사에 없는 사람들의 미국사

본 책『역사에 없는 사람들의 미국사』는 원저에 앞서 각색판이 번역 출간되는 드문 사례다. 원저의 시대적 가치에도 불구하고 출판 시장의 불황과 원저의 적지 않은 분량, 저자가 관련 분야의 중요한 학자임에도 국내 대중에게는 생소하다는 점을 고려할 수밖에 없었고 또한 번역을 본업으로 하지 않고 교직 생활 틈틈이 좋은 책을 발굴해 출판사의 의향을 묻는 입장이다 보니 원저에 대한 확신을 출판사들에 심어주기 어려웠다. 이런 사정을 들어 각색판으로 선보이는 것이 아쉽기는 하나 아무쪼록 이 책을 계기로 원저가 국내에서도 빛을 볼 수 있기를 기대해본다. 원저의 초판이 1993년에 출간되었으나, 현재 우리나라의 상황과 세계적 흐름을 볼 때 여전히, 그리고 앞으로도 유의미한 책이라 생각한다. 책의 의의를 확인하고 출간해주신 도서출판 갈라파고스에 감사드린다.

2021년 겨울
오필선

모두가 소수가 되는, 이주 시대의 공존

개별 집단의 역사로서의 미국사

오늘날 국가의 역사를 하나의 통일된 목소리로 이야기할 수 있을까? 호모사피엔스라는 종의 역사 속에서 인간은 언제나 특정한 '집단'의 일원으로 살아왔다. 18세기 이후 서유럽에서 등장한 국민국가 형태는 제2차 세계대전 이후 전 세계를 하나의 체계로 연결하는 지배 양식이 되었다. 이제 우리 모두는 국민국가에 소속되나 세계를 배경으로 생활한다.

20세기 이후 세계 질서를 좌우해온 강대국 미국의 역사는 구대륙에서의 이주와 제국에 대한 저항 그리고 원주민의 정복과 이주민의 동화를 통해 승리와 번영을 누려온 국가 건설의 성공담으로 알려져왔다. 그러나 이 책에서 로널드 타카키 교수가 펼쳐내는 미국사는 다르다. 미국과 미국인이 만들어지는 과정이 얼마나 다양한 집단들의 절망과 꿈, 희생과 성취가 깃든 지난한 시간이었는지를, 비유럽계 미국인들인 북미 원주민, 아프리카계, 아시아계, 아일랜드계, 유대계, 멕시코계, 라티노, 무슬림 미국인들의 역사를 통해 알아야 한다고 말한다.

종족 민족주의ethnic nationalism가 지배적인 한국 사회에서 볼 때, 한 나라의 역사를 다양한 내부 집단의 '역사들'로 다시 쓰는 것은 이민 국가인 미국에나 해당되는 예외 상황이라고 여겨질지 모른다. 그러나 한국의 근현대사는 미국의 국제적 위상이나 이해관계와 밀접하게 관련되며, 두 국가의 교점이 되는 재미 한인의 삶은 점차 더 하나의 세계가 되어가는 전체 이야기의 한 부분을 구성한다. 이 책의 머리말 마무리 부분을 조금 바꾸어 말해 보면(11쪽), 미국을 구성하는 다양한 개별 집단의 역사를 기억해야 하는 이유는 그렇게 모은 이야기로 세계 시민 국가의 이야기를 써나가야 하는 시대를, 지금 우리가 살고 있기 때문이다.

한국계 미국인과 재미 한인 사이

서울에서 워싱턴 D.C.까지의 거리는 만 천여 킬로미터, 비행시간은 13시간 반. 미국은 한국의 지구 반대편에 있는 먼 나라이지만, 한국의 정치와 경제, 군사, 사회문화 모든 영역에 크게 영향을 미쳐왔고 우방으로 불리는 가까운 나라이다. 미국 사회에서 한국계 미국인의 비중은 실제로 그리 크지 않다. 2015년 미국커뮤니티조사(ACS: American Community Surveys)에 따르면 (순혈/혼혈) 한국계 미국인의 수는 182만여 명으로, 전체 미국 인구의 0.56퍼센트에 해당하며 아시아계 미국인들 중에서는 중국계와 필리핀계, 인도계, 베트남계 다음으로 많다.

한국 사회의 입장에서 재미 한인은 규모로도 구성상의 특징으로도 중요한 재외 한인 집단이다. 2019년 외교부가 발표한 '재외 동포 현황'에서 재미 한인은 250만여 명으로 전체 재외 동포 750만여 명의 34퍼센트에 해당하는 가장 규모가 큰 집단이다. 재미 한인의 역사는 구한말에서 일제강점기로 이어지는 근대의 격변기에 시작된다. 1884년 갑신 정변 후 미국으로 갔던 서재필을 비롯하여 안창호와 이승만 등의 정치 인들은 미국에서 공부하였고 한일 합방 후에는 망명길에 올랐다. 무엇 보다 1903년부터 1905년까지 하와이 사탕수수 플랜테이션 계약노동자 와 가족 7,000여 명, 그리고 1910년부터 1924년까지 이들 노동자와 결 혼한 사진신부 1,000여 명의 집단 이주가 있었다. 1924년부터 1965년 까지는 아시아계의 미국 이민이 현실적으로 막혔었기 때문에, 시간이 흐르면서 하와이의 한인들은 다른 종족 집단과 결혼하였고 하와이에는 광범위한 혼혈 한국계 미국인 집단이 구성되었다.

광복 이후의 시간이 미 군정에서 한국전쟁, 주한미군의 주둔으로 이 어지는 상황에서 미군과 결혼한 한국 여성과 미국 가정으로 입양된 고 아나 혼혈 아동은 이민법 개정 전에도 미국으로 이주할 수 있었다. 국가 기록원 온라인 사이트의 '미국의 재미 한인' 항목에는 1950년에서 1964 년 사이에 6,000여 명의 여성이 미군의 아내로 미국으로 갔으며, 2000 년까지 누적된 미군의 한인 아내 수가 10만 명에 달한다고 소개된다. 또 한 해외 입양이 공식화된 1954년 이후 2002년 말까지 모두 약 10만 명 의 한국 아동이 미국으로 입양되었다고 한다. 이들 한인 여성과 입양 아 동은 미 전역으로 흩어져 미국 가족의 성원으로 생활하였고 이후에 이주 해온 한인들과 구분되는 자신들만의 모임이나 조직을 만들기도 하였다.

1965년의 이민법 개정으로 아시아에도 이민 문호가 개방되면서, 미 국의 (순혈) 한국계 미국인의 수는 1970년의 6만 9,000여 명에서 1980 년의 35만 4,000여 명, 1990년의 79만 8,000여 명으로 급증하였고, 이 후 증가율은 다소 수그러들어 2010년에는 142만여 명에 이른다(US

Census). 1992년에 발생한 로스앤젤레스의 한인 상점 약탈 사태는 이렇게 미국의 한인 이민자 수가 급증한 상황에서 어느 정도 자리를 잡은 한인들을 겨냥한 새로운 성격의 인종 폭동이었다. 이 사건은 한국계 미국인들을 정치적으로 각성시키고 공식 정치 영역에 적극 진출하도록 만드는 계기가 되었다.

1989년 한국의 여행 자율화 이후 재미 한인의 구성과 생활 방식은 더욱 다양해지고 있다. 2000년대 들어서는 비영주 목적으로 미국에 왔다가 영주권을 취득하는 경우가 보편적인 추세가 되면서, 다양한 목적의 체류와 이민을 통한 정착 사이의 경계가 흐려지고 초국적transnational 성격의 시민운동과 정치 활동도 늘고 있다. 2010년 뉴저지주에서는 '위안부' 기림비 설립 운동이 첫 결실을 맺었으며, 2014년 버지니아주에서는 공립학교 교과서에 일본해와 동해를 함께 표기하는 법안이 통과되었다. 이처럼 미국 시민이라는 위치에서 일제강점기의 한국의 피해를 국제적으로 알리고 시정을 촉구하는 시민 활동을 하며 재미 한인들은 특히 중요한 성과를 만들었다.

우리 모두가 소수가 되는 시대

"그럼요. 우리 모두 소수가 되는 겁니다"(291쪽). 1997년 6월 인종 문제 관련 연설문 작성을 돕기 위해 만난 클린턴 대통령에게 타카키 교수가 한 말이다. 2000년의 시작을 얼마 남기지 않은 시점에 조만간 백인이 미국의 인구분포에서 소수가 될 것이라고 장담한 것이다.

이주는 필연적으로 기존의 경계를 흐리거나 새롭게 조정하면서 새로운 집단정체성과 연대감을 만들어낸다. 1992년의 로스앤젤레스 폭동은 1965년 이후에 이민 온 첫 한인 세대가 다음 세대로 넘어가는 시점에 발생하였다. 이 사건을 겪으면서 한국계 미국인들은 한인과 다른 소수 종족 사이의 정치적 차이를 강조하는 입장과 다른 소수 종족과의 연대를 추구하는 입장으로 나뉘었다. 이민 2세대와 3세대에 해당하는 젊은 한국계 미국인들은 윗세대처럼 출신 국가별 정체성을 내세워 분리되기보다는 아시아계 미국인이라는 더 폭넓은 정체성의 우산 아래 더 많은 사람과 연대하는 태도를 보인다.

　　오늘날의 한국계 미국인은 2분의 1에서 8분의 1에 이르는 혼혈 한국계 미국인, 성인이 된 후 이민 온 1세대 한인, 사춘기 전에 부모를 따라온 1.5세대 한인, 미국에서 태어난 2세대와 3세대 한인, 혼혈 입양인, 해외 입양인, 북한 난민, 제3국에서 다시 이민 온 한인 등으로 다양하다. 이들은 언어에서부터 사고방식, 문화, 경험, 종족 정체성 등에서도 사뭇 큰 차이를 보인다. 그러나 재외 동포를 '해외에 거주하는 한국 국민' 또는 '국적에 관계없이 한민족韓民族의 혈통을 지닌 사람'으로 (재외동포법에서) 정의하는 혈통의 관점으로는, 이러한 한국계 미국인 내부의 미묘하면서도 커다란 차이와 다양성을 담아내기 어렵다. "소수를 생략하는 역사는 분절을 강화하지만, 모두를 포함하는 역사는 집단 간 분절을 잇는 가교가 된다"(292쪽)는 이 책의 지침을 길잡이 삼아 이주 시대의 공존을 모색하는 재외한인의 역사 쓰기 작업도 새로워질 필요가 있다.

김민정 | 강원대학교 문화인류학과 교수

주

1. 미국인은 누구인가

1. Oscar Handlin, The Uprooted: The Epic Story of the Great Migrations that Made the American People (New York, 1951), p. 3.

2. Walt Whitman, Preface, Leaves of Grass (New York, 1958), p. 453.

3. Martin Luther King, Jr., Why We Can't Wait (New York, 1964), pp. 92–93.

4. Congressman Robert Matsui, speech in the House of Representatives, September 17, 1987, Congressional Record (Washington, DC, 1987), p. 7584.

5. Luther Standing Bear, "What the Indian Means to America," in Wayne Moquin, ed., Great Documents in American Indian History (New York, 1973), p. 307.

6. Leon Litwack, North of Slavery: The Negro in the Free States, 1790–1860 (Chicago, 1961), p. 163.

7. Arnold Schrier, Ireland and the American Emigration, 1850–1900 (New York, 1970), p. 24.

8. Kazuo Ito, Issei: A History of Japanese Immigrants (Seattle, 1973), p. 20.

9. Mark Slobin, Tenement Songs: The Popular Music of the Jewish Immigrants (Urbana, IL, 1982), p. 155.

10. Hamilton Holt, ed., The Life Stories of Undistinguished Americans As Told by Themselves (New York, 1906), p. 143.

11. Leslie Marmon Silko, Ceremony (New York, 1978), p. 2.

12. Harriet A. Jacobs, Incidents in the Life of a Slave Girl (Cambridge, MA, 1987, originally published 1857), p. xiii.

13 . "Social document of Pany Lowe, interviewed by C.H. Burnett, Seattle, July 5, 1924," p. 6, Survey of Race Relations, Stanford University, Hoover Institution Archives.

14. Minnie Miller, Autobiography, private manuscript, copy from Richard Balkin.

15. Langston Hughes, in Hughes and Arna Bontemps, eds., The Poetry of the Negro, 1746–1949 (Garden City, NY, 1951), p. 106.

16. Mathilde Bunton, "Negro Work Songs" (1940), typescript in Box 91 ("Music"), Illinois Writers Projects, USWPA, in James R. Grossman's Land of Hope: Chicago, Black Sojourners, and the Great Migration (Chicago, 1989). p. 182.

17. Carl Wittke, The Irish in America (Baton Rouge, LA, 1956), p. 39.

18. Ito, p. 343.

19. Manuel Gamio, Mexican Immigration to the United States (Chicago, 1930), pp. 84–85.

2. "야만인"을 멸하라

1. Nicholas P. Canny, "The Ideology of English Colonization: From Ireland to America," William and Mary Quarterly, 3rd series, vol., 30, no. 4 (October 1973), pp. 593, 582.

2. Robert R. Cawley, "Shake- speare's Use of the Voyages in The Tempest," Publications of the Modern Language Association of America, vol. 41, no. 3 (September 1926), pp, 720, 721.

3. George Frederickson, White Supremacy: A Comparative Study in American & South African History (New York, 1971), p. 12.

4. In Mortimer J. Adler, ed., Annals of America, vol. 1, Discovering a New World (Chicago, 1968), pp. 21, 26.

5. Kirkpatrick Sale, The Conquest of Paradise: Christopher Columbus and the Columbian Legacy (New York, 1990), p. 277.

6. Sale, p. 294.

7. Francis Jennings, The Invasion of America: Indians, Colonialism, and the Cant of Conquest (New York, 1976), p. 153.

8. Howard S. Russell, Indian New Eng- land Before the Mayflower (Hanover, NH, 1980), p. 11.

9. in Carolyn Merchant, Ecological Revolu- tions: Nature, Gender, and Science in New England

(Chapel Hill, NC, 1989), p. 90.

10. David R. Ford, "Mary Rowlandson's Captivity Narrative: A Paradigm of Puritan Representations of Native Americans?" Ethnic Studies 299 paper, fall 1996, University of California, Berkeley.

11. James Axtell, The Invasion Within: The Contest of Cultures in Colonial North America (New York, 1985), p. 167.

12. in Andrew Lipscomb and Albert E. Bergh, eds., Writings of Thomas Jefferson (Washington, DC, 1904), vol., 16, p. 372.

13. Lipscomb and Bergh, vol. 4, pp. 270–271.

14. Lipscomb and Bergh, vol. 16, p. 434.

15. Lipscomb and Bergh, vol. 16, pp. 401, 429.

16. Lipscomb and Bergh, vol. 16, pp. 74–75.

17. James E. Seaver, A Narrative of the Life of Mrs. Mary Jemison, 1823, online at Project Gutenberg.

3. 노예제의 숨겨진 기원

1. Abbot Emerson Smith, Colonists in Bondage: White Servitude and Convict Labor in America, 1607–1776 (Gloucester, MA, 1965), p. 253.

2. T.H. Breen, "A Changing Labor Force and Race Relations in Virginia, 1660–1710," Journal of Social History, vol. 7, Fall 1973, pp. 3–4.

3. Breen, "Changing Labor Force," p. 12.

4. Thomas Jefferson to Brissot de Warville, February 11, 1788, in Julian Boyd, ed., The Papers of Thomas Jefferson, 18 vols. (Princeton, 1950–1965), vol. 12, pp. 577–578.

5. Thomas Jefferson, Notes on the State of Virginia (New York, 1861), pp. 132–133.

6. Thomas Jefferson to John Holmes, April 22, 1820, in Paul L. Ford, ed., The Works of Thomas Jefferson, 20 vols. (New York, 1892–1899), vol. 13, p. 159.

7. Olaudah Equiano, "Early Travels of Olaudah Equiano," in Philip D. Curtain, Africa Remembered: Narratives by West Africans from the Era of the Slave Trade (Madison, WI, 1968), pp. 92–97.

4. 인디언 보호 구역으로 가는 길

1. Michael Paul Rogin, Fathers and Children: Andrew Jackson and the Subjugation of the American Indian (New York, 1975), pp. 140–141.

2. Andrew Jackson, Proclamation, April 2, 1814, Fort Williams, in John Spencer Bassett, ed., Correspondence of Andrew Jackson, 6 vols., (Washington, DC, 1926), vol. 1, p. 494.

3. Andrew Jackson, Speech to the Chicksaws, in James D. Richardson, ed., A Compilation of the Messages and Papers of the Presidents, 1789–1897 (Washington, DC, 1897), vol. 2, p. 241.

4. Jackson, Speech to the Chickasaws.

5. Arthur H. DeRosier Jr., The Removal of Choc- taw Indians (New York, 1972), p. 104.

6. Alexis de Toqueville, Democracy in America, 2 vols. (New York, 1945), vol. 1, pp. 352–353.

7. Angie Debo, The Rise and Fall of the Choctaw Republic (Norman, OK, 1972), p. 56; Wayne Moquin, ed., Great Documents in American Indian History (New York, 1973), pp. 151–153.

8. Thurman Wilkins, Cherokee Tragedy: The Story of the Ridge Family and of the Decimation of a People (New York, 1970), p. 314.

9. "The Spirit of the Times; or the Fast Age," Democratic Review, vol. 33 (September 1853), pp. 260–261.

10. Alfred L. Riggs, "What Shall We Do With the Indians?" The Nation, vol. 67, October 31, 1867), p. 356.

11. Francis Amasa Walker, The Indian Question (Boston, 1874), p. 5.

12. Martha Royce Blaine, Pawnee Passage: 1870–1875 (Norman, OK, 1990), p. 143.

13. Thurman Wilkins, Cherokee Tragedy: The Story of the Ridge Family and of the Decimation of a People (New York, 1970), p. 314.

14. Carrie Bushyhead . . . Details from Famous Cherokee from the Historical Eras, http://www.aaanativearts.com/cherokee/famous- cherokee.htm, Oklahoma Geneaological Society, and her grave marker, which can be viewed online at http://www.findagrave. com/cgi-bin/fg.cgi?page=gr&GRid=5647172

역사에 없는 사람들의 미국사

5. 노예의 삶

1. David Walker, An Appeal to the Colored Citizens of the World (New York, 1965), p. 34.

2. Leon Litwack, North of Slavery: The Negro in the Free States, 1790–1860 (Chicago, 1965), p. 154.

3. Kenneth M. Stampp, The Peculiar Institution: Slavery in the Ante-bellum South (New York, 1956), p. 44.

4. Stampp, p. 146.

5. Frederick Douglass, Narrative of the Life of Frederick Douglass (New York, 1968; originally published 1845), p. 26.

6. Leon Litwack, Been in the Storm So Long: The Aftermath of Slavery (New York, 1979), p. 144.

7. Joel Williamson, After Slavery: The Negro in South Carolina during Reconstruction, 1861–1877 (Chapel Hill, NC, 1965), p. 54.

8. Mr. Loguen's reply," Junius P. Rodriguez, ed., Slavery in the United States: A Social, Political, and Historical Encyclopedia (Santa Barbara, CA, 2007), p. 678.

6. 아일랜드인의 이주 물결

1. Owen Dudley Edwards, "The American Image of Ireland: A Study of Its Early Phases," Perspectives in American History, vol. 4 (1970), p. 236.

2. Kerby A. Miller, Emigrants and Exiles: Ireland and the Irish Exodus to North America (New York, 1985), p. 285.

3. Carl Wittke, The Irish in America (Baton Rouge, 1956), pp. 32–33.

4. Miller, Emigrants and Exiles, p. 318.

5. Kerby A. Miller, "Assimilation and Alienation: Irish Emigrants' Responses to Industrial America, 1871-1921," in P.J. Drudy, ed., Irish in America (Cambridge, MA, 1985), p. 105.

6. Stanley K. Schultz, The Culture Factory: Boston Public Schools, 1789–1860 (New York, 1973), p. 243.

7. David R. Roediger, The Wages of White- ness: Race and the Making of the American Working Class

(London, 1991), p.137.

8. Gilbert Osofsky, Harlem: The Making of a Ghetto, Negro New York, 1890–1930 (New York, 1966), p. 45.

9. Adrian Cook, Armies of the Streets: The New York City Draft Riots of 1863 (Lexington, KY, 1974), p. 205.

10. Helen Campbell, Prisoners of Poverty: Women Wage-Workers, Their Trades and Their Lives (Boston, 1900), p. 226.

11. Arnold Schreier, Ireland and the American Emi- gration, 1850–1900 (New York, 1970), p. 28.

12. Schreier, p. 24.

13. Schreier, p. 38.

14. Miller, Emigrants and Exiles, p. 508.

15. Mother Jones and the Children's Crusade . . . Sources: Simon Cordery, Mother Jones: Raising Cain and Consciousness (Albuquerque, NM, 2010); Elliott J. Gorn, Mother Jones: The Most Dangerous Woman in America (New York, 2002).

16. Mary Harris (Mother) Jones, "The Wail of the Children," Joseph J. Fahey and Richard Arm- strong, eds., A Peace Reader: Essential Readings on War, Justice, Non-Violence and World Order, rev. ed. (Mahwah, NJ, 1992), p. 138.

7. 멕시코 영토 정복 전쟁

1. David J. Weber, ed., Foreigners in Their Native Land: Historical Roots of the Mexican Americans (Albuquerque, NM, 1973), p. 102.

2. Rodolfo Acuña, Occupied America: A History of Chicanos (New York, 1981), p. 6–7.

3. Acuña, p. 8.

4. Weber, p. 95.

5. James K. Polk, in Norman Graeber, Empire on the Pacific: A Study in American Continental Expansion (New York, 1955), p. 50.

6. Acuña, p. 15.

7. Carey McWilliams, North from Mexico: The Spanish-Speaking People of the United States (New York, 1968), p. 102.

8. Reginald Horsman, Race and Manifest Destiny: The Origins of American Racial Anglo-Saxonism (Cam- bridge, MA, 1981), p. 235.

9. Acuña, p. 20.

10. Weber, p. 176.

11. Albert Camarillo, Chicanos in a Changing Society: From Mexican Pueblos to American Barrios in Santa Barbara and Southern California, 1849–1930 (Cambridge, MA, 1979), p. 36.

12. David Montejano, Anglos and Mexicans in the Making of Texas, 1836–1986 (Austin, TX, 1987), p. 113.

13. Andres E. Jimenez Montoya, "Political Discrimination in the Labor Market: Racial Division in the Arizona Copper Industry," Working Paper 103, Institute for the Study of Social Change, University of California, Berkeley (1977), p. 20.

14. Tomas Almaguer, "Racial Domination and Class Conflict in Capitalist Agriculture: The Oxnard Sugar Beet Workers' Strike of 1903," Labor History, vol. 25, no. 3 (Summer 1984), p. 346.

15. M.G. Vallejo, "What the Gold Rush Brought to California," Valeska Bari, ed., The Course of Empire: First Hand Accounts of California in the Days of the Gold Rush of '49 (New York, 1931), p. 53.

8. 중국인, 황금 산을 찾아 떠나다

1. Carey McWilliams, Factories in the Field (Santa Barbara, CA, 1971), p. 74.

2. California Supreme Court, The People v. Hall, October 1, 1854, in Robert F. Heizer and Alan F. Almquist, The Other Californians: Prejudice and Discrimination under Spain, Mexico, and the United States to 1920 (Berkeley, CA, 1971), p. 229.

3. Stuart C. Miller, The Unwelcome Immigrant: The American Image of the Chinese, 1752–1882

(Berkeley, CA, 1969), p. 190.

4. Huie Kin, Reminiscences (Peiping, 1932), p. 27.

5. Victor Wong, "Childhood II," in Nick Harvey, ed., Ting: The Cauldron: Chinese Art and Identity in San Francisco (San Francisco, 1970), p. 71. "Yes, well, we had a dog . . ." Shih-shan Henry Tsai, The Chinese Experience in America (Bloomington, IN, 1986), p. 101.

9. 인디언의 최후

1. Frederick Jackson Turner, "The Signifi- cance of the Frontier in American History," in The Early Writings of Frederick Jackson Turner (Madison, WI, 1939), p. 185.

2. James Mooney, The Ghost-Dance Religion and the Sioux Outbreak of 1890, Fourteenth Annual Report of the Bureau of Ethnology, 1892–1892, Part 2 (Washington, DC, 1896), p. 26.

3. Dee Brown, Bury My Heart at Wounded Knee: An Indian History of the American West (New York, 1970), p. 436.

4. Black Elk, Black Elk Speaks: Being the Life Story of a Holy Man of the Oglala Sioux, as told to John G. Neihardt (Lincoln, NE, 1961), pp. 161–162.

5. Black Elk, p. 259.

6. George A. Custer, Wild Life on the Plains and Horrors of Indian Warfare (St. Louis, 1891), pp. 139–140.

7. Francis Prucha, Americanizing the American Indians: Writings by the "Friends of the Indian": 1800–1900 (Cambridge, MA, 1973), p.108.

8. Hoxie, p. 160.

9. John Collier, From Every Zenith: A Memoir and Some Essays on Life and Thought (Denver, 1963), p. 203.

10. Collier, p. 252.

11. Peter Nabokov, ed., Native American Testimony (New York, 1978), p. 330.

12. Frederick E. Hoxie, A Final Promise: The Campaign to Assimilate the Indians, 1880–1920 (Lincoln,

역사에 없는 사람들의 미국사

NE, 1984), p. 180.

10. 돈이 열리는 나무를 찾아온 일본인

1. Kazuo Ito, Issei: A History of the Japanese Immi- grants in North America (Seattle, 1973), p. 29.

2. Ito, p. 38.

3. Eileen Sunada Sarasohn, ed., The Issei: Portrait of a Pioneer, an Oral History (Palo Alto, CA, 1983),

34.

4. G.C. Hewitt to W.G. Irwin and Company, March 18, 1896, Hutchinson Plantation Records.

5. Machiyo Mitamura, "Life on a Hawaiian Plan- tation: An Interview," in Social Process in Hawaii,

vol. 6 (1940), p. 51.

6. Ethnic Studies Oral History Project, Uchinanchu: A History of Okinawans in Hawaii (Honolulu,

1981), p. 513.

7. Song, in Yukuo Uyehara, "The Horehore- Bushi: A Type of Japanese Folksong Developed and Sung

Among the Early Immigrants in Hawaii," Social Process in Hawaii, vol. 28 (1980–1981), p. 114.

8. Letter to plantation manager E. K. Bull, signed by ninety-two strikers, May 19, 1909, reprinted in

Bureau of Labor Statistics, Report of the Commissioner of Labor on Hawaii (Washington, 1910), p.

80.

9. Takashi Tsutsumi, History of Hawaii Laborers' Movement (Honolulu, 1922), p. 22.

10. Donald S. Bowman, "Housing the Plantation Worker," The Hawaiian Planter's Record, vol. 22, no.

4 (April 1920), p. 202–203.

11. Ethnic Studies Oral History Project, Waialua and Haleiwa: The People Tell Their Story (Honolulu,

1977), vol.3, p. 11.

12. Song, Hawaii Herald, February 2, 1973.

13. William C. Smith, The Second Generation Oriental in America (Honolulu, 1927), p. 21.

14. Ito, p. 889

15. Interview with Miss Esther B. Bartlett of Y.W.C.A.," December 12, 1925, p. 5, Survey of Race

Relations, Stanford University. Hoover Institution Library.

16. Eileen Sunada Sarasohn, ed. The Issei: Portrait of a Pioneer, an Oral History (Palo Alto, CA, 1983), p. 44, pp. 31–32.

11. 유대인의 러시아 탈출

1. Irving Howe, World of Our Fathers: The Journey of the East European Jews to America and the Life They Found and Made (New York, 1983), p. 10.

2. Sydelle Kramer and Jenny Masur, eds. Jewish Grandmothers (Boston, 1976), p. 64.

3. Abraham Cahan, The Education of Abra- ham Cahan, translated by Leon Stein, Abraham P. Conan, and Lynn Davison (Philadelphia, 1969), p. 188.

4. Ronald Sanders, Shores of Refuge: A Hundred Years of Jewish Emigration (New York, 1988), p. 161.

5. Milton Meltzer, Taking Root: Jewish Immigrants in America (New York, 1976), pp. 111–112.

6. Elizabeth Ewen, Immigrant Women in the Land of Dollars: Life and Culture on the Lower East Side, 1890–1925 (New York, 1985), p. 260.

7. Susan A. Glenn, Daughters of the Shtetl: Life and Labor in the Immigrant Generation (Ithaca, NY, 1990), p. 169.

8. Ewen, p. 72.

9. Stephen Steinberg, The Ethnic Myth: Race, Ethnicity, and Class in America (New York, 1981), p. 234.

10. Mayor James Curley, in Marcia Graham Synnott, The Half-Opened Door: Discrimination and Admissions at Harvard, Yale, and Princeton, 1900–1970 (Westport, CT, 1979), p. 112.

11. Clara Lemlich, in Howe, p. 298, and Howard M. Sachar, A History of the Jews in America (New York, 1992), p. 183. Additional information about Clara Lemlich from Annelise Orleck, "Clara Lemlich Shavelson," Jewish Women: A Comprehensive Historical Encyclopedia, Jewish Women's Archive, online at http://jwa.org/encyclopedia/article/shavelson- clara-lemlich

12. 멕시코의 북쪽을 향해

1. Mario T. Garcia, Desert Immigrants: The Mexicans of El Paso, 1880–1920 (New Haven, CT, 1981), p. 37.

2. Ricardo Romo, East Lost Angeles: History of a Barrio (Austin, TX, 1983), p. 45.

3. Romo, p. 6.

4. David J. Weber, Foreigners in Their Native Land: Historical Roots of the Mexican Americans (Albuquerque, NM, 1973), p. 260.

5. Manuel Gamio, Mexican Immigration to the United States, (Chicago, 1930), pp. 91–92.

6. Garcia, p. 68.

7. Mark Reisler, By the Sweat of Their Brow: Mexican Immigrant Labor in the United States, 1900–1940 (West- port, CT, 1976), p. 85.

8. Reisler, p. 240.

9. Devra A. Weber, "Mexican Women on Strike: Memory, History, and Oral Narrative," in Adelaida R. Del Castillo, ed., Between Borders: Essays on Mexicana/Chicana History (Encino, CA, 1990), p. 192.

10. Gamio, p. 147.

11. Interview with Inder Singh," Survey of Race Relations, Stanford University, Hoover Institution Archives, p. 1.

12. David Montejano, Anglos and Mexicans in the Making of Texas, 1936–1986 (Austin, TX, 1987), pp. 226-227.

13. Rosalinda M. Gonzalez, "Chicanas and Mexican Immigrant Families, 1920–1940: Women's Subordina- tion and Family Exploitation," in Lois Scharf and Joan M. Jenson, eds., Decades of Discontent: The Women's Movement, 1920–1940 (Westport, CT, 1983), p. 66.

14. Garcia, p. 125.

15. Ernesto Galarza, Barrio Boy: The Story of a Boy's Acculturation (Notre Dame, IN, 1971), p. 211.

16. Reisler, p. 155.

17. Ignacio Piña details and quotes from Wendy Koch, "U.S. urged to apologize for 1930s

deportations," USA Today, April 5, 2006, online at http://www.usatoday.com/ news/nation/2006-04-04-1930s-deportees-cover_x.htm

13. 흑인, 북부로 진출하다

1. Zora Neale Hurston, Jonah's Gourd Vine (New York, 1990, originally published in 1934), pp. 147–148.

2. Gilbert Osofsky, Harlem: The Making of a Ghetto, Negro New York, 1890–1930 (New York, 1965), p. 23.

3. Ray Stannard Baker, "The Negro Goes North," World's Work, vol. 34 (July 1917), p. 315.

4. Baker, p. 314.

5. Osofsky, pp. 24–25.

6. Emmett J. Scott, Negro Migration Dur- ing the War (London, 1920), p. 33.

7. Allan H. Spear, Black Chicago: The Making of a Negro Ghetto, 1890–1920 (Chicago, 1967), p. 202.

8. Spear, p. 209.

9. Raymond Wolters, Negroes and the Great Depression: The Problem of Economic Recovery (Westport, CT, 1970), p. 250.

10. E. David Cronon, Black Moses: The Story of Marcus Garvey and the Universal Negro Improvement Asso- ciation (Madison, WI, 1966), p. 70.

11. Marcus Garvey, "The Negro's Greatest Enemy," Current History, vol. 18 (September 1923), p. 951–953.

12. Cronon, p. 65.

13. Cronon, p. 136.

14. 차별받는 이민자들, 참전하다

1. Personal Justice Denied: Commission on Wartime Relocation and Internment of Civilians (Washington, DC, 1982), p. 265.

2. Adam Clayton Powell, Jr., Marching Blacks (New York, 1945), p. 125.

3. Victor G. and Brett de Bary Nee, Longtime Californ': A Documentary Study of an American Chinatown (San Francisco, 1972), pp. 154–155.

4. Diane Mark and Ginger Chih, A Place Called Chinese America (Dubuque, IA, 19820, pp. 97–98

5. Robert Haro, interview, July 25, 1988.

6. Richard Santillán, "Rosita the Riveter: Midwest Mexican American Women During World War II," Perspectives in Mexican American Studies, vol. 2 (1989), p. 128.

7. Jere Franco, "Bringing Them Alive: Selective Service and Native Americans," Journal of Ethnic Studies, vol. 18, no. 3 (Fall 1990), p. 18.

8. Cozy Stanley Brown, inter- view, in Broderick H. Johnson, ed., Navajos and World War II (Tsaile, Navajo Nation, AZ, 1977), p. 54.

9. Isabel Simmons, "The Unbreakable Code," Marine Corps Gazette, November 1971.

10. Bruce Watson, "Navajo Code Talkers: A Few Good Men," Smithsonian, vol. 24, no. 5 (August 1993), p. 40.

11. Kenji Kawano, Warriors: Navajo Code Talkers (Flagstaff, AZ, 1990), p. 16.

12. Harry Truman, Diary, in Robert H. Ferrell, ed., Off the Record: The Private Papers of Harry S. Truman (New York, 1982), p. 53.

13. Francis L. Broderick, W. E. B. Du Bois: Negro Leader in a Time of Crisis (Stanford, CA, 1966), p. 196.

14. James Thompson, reprinted in Philip McGuire, ed., Taps for a Jim Crow Army: Letters from Black Soldiers in World War II (Lexington, KY, 1993), pp. 19–20; see also PBS, Soldiers Without Swords: The Black Press, "Newspapers: The Pittsburgh Courier," online at http://www.pbs.org/ blackpress/ news_bios/courier.html and Andrew Buni, Robert L. Vann of the Pittsburgh Courier: Politics and Black Journalism (Pittsburgh, 1974).

15. 변화의 목소리

1. Philip McGuire, ed., Taps for a Jim Crow Army: Letters from Black Soldiers in World War II (Lexington, KY, 1993), p. 248.

2. US Supreme Court, Oyama v. California, 332 (US) 633, 1948, online at http://caselaw.lp.findlaw. com/scripts/getcase.pl?court=US&vol=332&invol=633

3. Kiyoko Nieda, in Lucille Nixon and Tomoe Tana, eds. and trans., Sounds from the Unknown: A Collec- tion of Japanese-American Tanka (Denver, 1963), p. 49.

4. San Francisco Chronicle, August 11, 1988.

5. Juana Caudillo, in Richard Santillán, "Midwestern Mexican American Women and the Struggle for Gender Equality," Perspectives in Modern Mexican American Studies, vol. 5 (1995), p. 98.

6. Eva Hernandez, in Santillán, p. 138.

7. Quoted by James Farmer, in Francis L. Broderick and August Meier, Negro Protest Thought in the Twen- tieth Century (New York, 1965), p. 372.

8. Martin Luther King, Jr., "I Have a Dream," in Broderick and Meier, pp. 400–405.

9. James H. Cone, Martin & Malcolm & America: A Dream or a Nightmare (Maryknoll, NY, 1991), p. 1.

10. Richard Rodriquez, "Horizontal City," This World, San Francisco Chronicle, May 24, 1992, p. 16.

11. Ellen Levine, Freedom's Children: Young Civil Rights Activists Tell Their Own Stories (New York, 2000).

16. 새로운 이민의 물결

1. David Reimers, Still the Golden Door: The Third World Comes to America (New York, 1985), pp. 67–83.

2. Alexander Reid, "New Asian Immigrants, New Garment Center," New York Times, October 5, 1986.

3. Lesleyanne Hawthorne, Refugee: The Vietnamese Experience, (Melbourne, Australia, 1982), p. 237.

4. Alan Hope, "Language, Culture Are Biggest Hurdles for Vietnamese," Gainesville Times (GA), March 31, 1985.

5. Jonathan Curiel, "Afghan Angst: Bay Area Community Watches Taliban Depredations from Afar," San Francisco Chronicle, March 18, 2001.

6. Nadeem Saeed, email to Professor Ronald Takaki, September 11, 2007.

7. Fatema Nourzaie, email to Professor Ronald Takaki, September 15, 2007.

8. Haya El Nasser and Paul Overberg, "Census shows growth among Asian Indians," USA Today, May 17, 2011, online at http://www.usatoday.com/news/nation/ census/2011-05-12-asian-indian-population-Census_n.htm

9. Immigration: Why Amnesty Makes Sense," Time, June 18, 2007, p. 42.

10. David Bacon, "What a Vote for Free Trade Means for the U.S.," San Francisco Chronicle, November 20, 2007.

11. Ronald Reagan, quoted in Fareed Zakaria, "America's New Know-Nothings," Newsweek, May 28, 2007, p. 39.

12. Franco Ordoñez, "Immigrants arrested at Charlotte 'coming out' rally," Rock Hill Herald, September 7, 2011, online at http://www.heraldonline.com/2011/09/07/3346765/ immigrants-arrested-at-charlotte.html

13. Kate Brumback, "Illegal immigrant youth, like journalist Vargas, 'come out' in reform push," Denver Post, June 23, 2011, online at http://www.denverpost.com/break- ingnews/ci_18339986

17. 우리는 모두 소수가 될 것이다

1. President Bill Clinton, "One America in the Twenty-First Cen- tury: The President's Initiative on Race" (Washington, DC, White House, 1997).

2. Langston Hughes, "Let America Be America Again," in Langston Hughes and Arna Bontemps, eds., The Poetry of the Negro, 1746–1949 (Garden City, NY, 1951), p. 106.

게토ghetto : 법이나 관습으로 특정 집단이 거주하도록 지정된 지역. 게토에서 살아야 하
　는 집단은 법적 또는 경제적 이유로 그 밖의 지역에서 사는 것이 어려울 수도 있다. 본
　래 이탈리아의 도시 베니스에서 유대인이 모여 살아야 했던 지역을 지칭했으나 후에
　전 유럽의 도시에서 유대인이 사는 구역을 가리키는 말로 쓰이기 시작했다. 오래된 게
　토 중에는 유대인이 자발적으로 모여 살던 곳도 있으나, 유대인을 사회로부터 따로 떨
　어져 살게 한 당국의 조치와 법에 따라 분리 구역으로 지정된 곳이 많았다.

고정 관념stereotype : 특정 사람에 대해 떠올리는 생각이나 이미지. 사실이나 경험이 아닌
　의견이나 느낌을 바탕으로 한다.

공산주의자communist : 공산주의를 지지하는 사람. 공산주의는 국가가 공장이나 토지와
　같은 경제적 생산수단을 소유하고 경제를 관리한다는 정치·경제 제도를 말한다. 19
　세기 독일 사상가 카를 마르크스가 발전시킨 정치 이론으로, 인간의 정치와 경제가 발
　달한 결과 계급이나 국가 없는 공산주의 사회가 도래한다고 보았다.

귀화 시민naturalized citizen : 외국 출생이나 법적 절차를 거쳐 시민이 된 사람.

동화assimilation : 더 큰 집단에 섞이거나 그 집단의 특성을 띠는 과정.

민병대militia : 군인은 아니지만 비상시에 무기를 소지하고 군인의 역할을 맡을 수 있는
　시민.

민족성ethnicity : 국가와 인종, 문화적 또는 종족적 배경이 동일한 민족 집단에 적용되는 특
　성이나 자질.

민족주의nationalism : 자신이 속한 국가나 문화가 다른 나라보다 우월하다는 신념. 또는
　자국의 이익이나 문화를 더 앞세우는 행위.

반역treason : 자기가 속한 정부를 무너뜨리거나 공격하려는 범죄 행위.

법외 처형lynching : 인종을 이유로 저지르는 폭력 행위. 미국사에서는 대개 백인이 흑인을 대상으로 저지르는 불법 살인을 가리킨다. 살해된 흑인은 대부분 남성이다.

본토인 우선주의nativism : 이민자보다 자국 출신 시민을 더 우선하는 정책. 또는 본토 출신 시민이 이민자보다 더 우월하다는 믿음.

분리segregation : 서로 나뉘어 떨어짐. 또는 그리 되게 함. 미국사에서는 보통 법에 따라 인종을 갈라놓는 행위를 말한다.

사면amnesty : 정부나 다른 당국이 과거에 저지른 행위에 대한 책임을 면해주기 위해 내린 결정.

수용internment : 군대를 동원하거나 법 집행으로 특정 집단 사람들을 대중에게서 떨어뜨려 가두는 행위.

엘리트elite : 어느 사회에서 정치적 권력, 부, 타고난 높은 신분 때문에 우월한 지위를 누리는 집단.

집단 학살genocide : 특정 인종이나 민족, 종교나 문화적 집단을 조직적으로 제거하는 행위.

차별discrimination : 인종, 성별, 출신 민족, 종교와 같은 특성을 근거로 개인이나 집단을 불평등, 불공정하게 대우하는 행위. 그런 행위의 근원에는 편견이 자리 잡고 있다.

착취exploit : 본인의 이익을 위해 누군가를 이용하는 행위.

통합integration : 함께 섞임. 미국사에서는 보통 인종에 따라 사람을 나누고 분리하는 법의 폐지로 나타난 효과를 언급한다. 20세기 중반의 민권운동과 민권법으로 통합이 실현되었다.

투기speculation : 토지나 물건 등을 사용하지 않고 짧은 기간 내에 되팔아 이익을 남길 목적으로 대량으로 사들이는 행위.

파시즘fascism : 국가의 정체성이 공통의 민족적 정체성과 동일해야 하며, 국가는 조상과 문화, 종교나 가치가 같은 사람들도 구성된다는 믿음. 공통의 정체성에 해당하지 않는 사람들이나 집단이 국가를 약화시킨다는 파시스트적 사고는 소수 집단에 대한 편견이나 폭력으로 이어질 수 있다. 정치적으로 파시즘은 대개 막강한 권력을 가진 일당이나 지도자가 이끄는 권위주의적 정부의 형태를 띤다. 제2차 세계대전기 독일의 아돌프 히틀러와 이탈리아의 베니토 무솔리니가 파시즘적 성격의 대표적인 지도자다.

폐지abolition : 본래 무엇을 끝내거나 없앤다는 뜻이다. 미국사에서는 보통 노예제를 폐지하거나 끝내려는 운동을 말한다.

포그롬pogrom : 힘없는 사람들에 대한 조직적 학살 행위. 종종 유대계 사람들에게 행해진 학살을 가리킨다.

행정 명령executive order : 대통령, 주지사, 시장 등 정부의 행정 단위의 수장이 내리는 명령이나 제한, 또는 지시.

사진 및 삽화 저작권 목록

1. Dutch Slave Ship Arrives in Virginia © Hulton Archive/Getty Images (버지니아에 도착한 네덜란드 노예선)

2. "Native Americans' pallisaded village" © North Wind Picture Archives; Title Page of Narrative of the Captivity of Mary Rowlandson courtesy of the American Antiquarian Society (벽에 둘러싸인 북미 원주민 부락 / 메리 롤랜드슨의 포로 수기 표지)

3. Bacon's Rebellion © MPI/Getty Images; Tobacco Plant © North Wind Picture Archives (베이컨의 반란 / 작물 담배)

4. Men Shooting Buffalo from a Moving Train © Corbis (달리는 기차에서 버펄로를 쏘는 사람들)

5. Oliver Scott's Big Minstrel Carnival. Color lithograph, 1899. © akg-images/ The Image Works; "Black Recruitment Poster for Union Army, 1860s" © Getty Images (올리버 스콧의 순회극 / 연방군의 흑인병사 모집 포스터)

6. "Katie (13 years) and Angelina Javella (11 years)," by Lewis Wickes Hine, 1912. From the National Child Labor Committee Collection, courtesy of the Library of Congress. (케이티(13살)와 앤젤리나(11살) 저벨라 자매)

7. Frederick Remington, A Vaquero, 1881 - 1901. © Corbis (프레더릭 레밍턴 작, 바케로)

8. Asian and European Immigrant Workers © North Wind Picture Archives; "Chinese Americans" © akg-images/The Image Works (아시아와 유럽 출신 이주 노동자들 / 중국계 미국인들)

9. "Navajo Herding a Flock of Sheep" © Marilyn Angel Wynn/The Image Works (양떼를 모는 나바호족 사람)

10. "Japanese Cutting Sugar Cane on Maui" © Bettman/Corbis/AP Images (마우이의 농장에서 사탕수수를 베는 일본인)

11. "Home-work (crochet) in East Side Tenement Home," by Lewis Wickes Hine, 1912. From the National Child Labor Committee Collection, courtesy of the Library of Congress. (이스트사이드의 공동 주택, 뜨개질 하는 가정의 모습)

12. "Boarder Guards Speaking with Mexicans on a Road, 1940 - 1950" © Gamma-Keyston via Getty Images (멕시코인과 대화하는 국경 순찰 대원)

13. "Renaissance Casino in Harlem," by Frank Driggs. © Getty Images (할렘의 르네상스 카지노)

14. "Crowd Celebrating Victory Day in Times Square" © Bettman/Corbis (타임스광장에서 승전일을 축하하는 군중)

15. "St. Petersburg, FL: Sit-in" © St. Petersburg Times/The Image Works; "Freedom Riders on a Bus" by Paul Schutzer © Time & Life Pictures/Getty Images (플로리다주 세인트피터즈버그의 연좌 운동 / 버스에 올라탄 프리덤 라이더들)

16. "Brooklyn, New York: 2005 Pakistani Independence ⋯" © David Grossman/The Image Works; "'One Family, One Alabama' Repeal HB 56 Campaign Launch" © Corbis (뉴욕시 브루클린의 파키스탄인 동네 / 하나 된 가족, 하나 된 앨라배마)

역사에 없는 사람들의 미국사

역사에 없는 사람들의 미국사
밀려오고 적응하고 내쫓기며⋯ 이민자들이 만든 나라, 미국

1판 1쇄 인쇄 2021년 12월 27일
1판 1쇄 발행 2022년 1월 5일

지은이 로널드 다카키, 레베카 스테포프 | 옮긴이 오필선
책임편집 김지하 | 편집부 김지은 | 표지 디자인 GRAFIK PLF

펴낸이 임병삼 | 펴낸곳 갈라파고스
등록 2002년 10월 29일 제2003-000147호
주소 03938 서울시 마포구 월드컵로 196 대명비첸시티오피스텔 801호
전화 02-3142-3797 | 전송 02-3142-2408
전자우편 books.galapagos@gmail.com
ISBN 979-11-87038-82-5 (03900)

갈라파고스 자연과 인간, 인간과 인간의 공존을 희망하며, 함께 읽으면 좋은 책들을 만듭니다.